2008版质量管理体系国家标准

理 解 与 实 施

全国质量管理和质量保证标准化技术委员会
中 国 合 格 评 定 国 家 认 可 委 员 会 编著
中 国 认 证 认 可 协 会

中国标准出版社
北 京

图书在版编目(CIP)数据

2008版质量管理体系国家标准理解与实施/全国质量管理和质量保证标准化技术委员会,中国合格评定国家认可委员会,中国认证认可协会编著. —北京:中国标准出版社,2009(2012.3重印)
ISBN 978-7-5066-5228-5

Ⅰ.2… Ⅱ.①全…②中…③中… Ⅲ.质量管理体系-国家标准-中国-教材 Ⅳ.F273.2-65

中国版本图书馆CIP数据核字(2009)第059326号

中国标准出版社出版发行
北京复兴门外三里河北街16号
邮政编码:100045
网址 www.spc.net.cn
电话:68523946 68517548
中国标准出版社秦皇岛印刷厂印刷
各地新华书店经销
*
开本 880×1230 1/16 印张 14.25 字数 294 千字
2009年5月第一版 2012年3月第六次印刷
*
定价 **50.00** 元

《2008版质量管理体系国家标准理解与实施》

编审委员会

前 言

国家质量监督检验检疫总局、国家标准化管理委员会分别于2008年10月29日和2008年12月30日正式发布了GB/T 19000—2008/ISO 9000:2005《质量管理体系　基础和术语》和GB/T 19001—2008/ISO 9001:2008《质量管理体系　要求》两项国家标准，并分别于2009年5月1日和2009年3月1日开始实施。

ISO 9000质量管理体系系列标准自国际标准化组织(ISO)1987年首次发布以来，经历了1994版、2000版的修改完善。此次2008版ISO 9001基本维持了2000版的结构和内容，没有引入新的要求，只是根据世界上170多个国家大约100万个通过ISO 9001认证的组织的8年实践，更清晰、明确地表达ISO 9001:2000的要求，并增强了与ISO 14001:2004的相容性。长期以来，我国一直采取等同采用的原则将ISO 9000族标准转化为GB/T 19000族国家标准，在国内推广实施。本次GB/T 19000族标准根据2008版ISO 9000族标准作了相应的修改和完善。值得注意的是，修订后的GB/T 19001国家标准不仅根据ISO 9001原文的变化部分作出了相应的修改，同时结合我国采用GB/T 19000族标准的实践，对2000版标准的中文表述作了一定的修正，更清晰、明确地表达了标准的要求。此次标准换版为我国质量管理工作和认证认可工作提供了一次难得的契机，对于加深各类组织、有关人员对标准的认识与理解，促进组织建立健全质量管理体系，提高认证有效性具有积极的意义。

为了促进社会各界对标准的准确理解和统一认识，根据国家认证认可监督管理委员会(CNCA)的要求，全国质量管理和质量保证标准化技术委员会(SAC/TC 151)、中国合格评定国家认可委员会(CNAS)和中国认证认可协会(CCAA)共同组织标准起草人和标准化、质量管理、质量认证等方面的专家，编写了《2008版质量管理体系国家标准理解与实施》。本书全面阐述了2008版质量管理体系标准的背景、理论基础及常用的基本术语；对

GB/T 19001标准的要求逐项作出了解释，并介绍了GB/T 19001标准应用、实施的思路和方法。本书针对2008版GB/T 19001标准的变化内容，以及2000版GB/T 19001标准运用中经常遇到的难点、疑点进行了重点阐述，以期促进一致的理解。本书是全体编审人员和我国广大标准使用者在以往实践的基础上，对2008版ISO 9000族国际标准修订过程进行长时间跟踪研究和探索的结果。

本书是2008版质量管理体系国家标准的主要培训教材，亦可作为组织按照2008版GB/T 19001标准建立、实施与改进质量管理体系和认证机构按照2008版GB/T 19001标准实施认证审核的主要参考用书。书后的附件提供了有关ISO 9000族标准修订的背景资料、有关ISO 9000族标准实施的指南以及对标准转换过渡期有关事宜的规定。这些文件有助于促进对标准的准确理解和统一认识，对提高2008版GB/T 19001标准实施的有效性具有重要的参考价值，希望广大读者给予足够的关注。

本书第一章由田武和李荷芳负责编写，第二章由李镜和汪修慈负责编写，第三章由徐沄、张莉、张艳芬和李平负责编写，附录七至附录十三由李钊负责编写。

我们热忱地欢迎广大读者对本书提出宝贵的意见和建议。

全国质量管理和质量保证标准化技术委员会
中国合格评定国家认可委员会
中国认证认可协会
2009年3月

目　录

第一章 概 述

ISO 9000 族标准是由 ISO/TC 176(国际标准化组织/质量管理和质量保证技术委员会)制定的一系列关于质量管理的正式国际标准、技术规范、技术报告、手册和网络文件的统称(注意许多 ISO 9000 族中的国际标准被编在 ISO 10000 范围内)。本章简要介绍 ISO 9000 族标准的产生和发展、目前 ISO 9000 族标准的构成以及我国国家标准 GB/T 19000 族标准的编制和修订过程。

第一节 ISO 9000 族标准的产生和发展

一、ISO 9000 族标准的产生

为了适应经济全球化的趋势,1979 年,ISO 成立了第 176 技术委员会,即 ISO/TC 176。其愿景是"通过在全世界范围内接受和使用 ISO 9000 族标准,为提高组织的绩效提供有效的方法,增强组织和个人的信心,从世界各地得到任何期望的产品,以及将自己的产品顺利地销往世界各地,促进贸易、经济繁荣和发展"。ISO/TC 176 的使命是"识别和理解社会、标准的使用者及其顾客在质量管理领域的需求,制定、支持和改进通用的或行业特定的(经国际标准化组织技术管理局批准)质量管理体系标准以满足所识别的需求,维护标准使用(包括合格评定活动)的完整性,抑制质量管理体系标准数量的增多,促进管理体系标准的相容性。"

ISO/TC 176 负责制定质量管理和质量保证领域的国际标准及相关文件,下设 3 个分技术委员会:SC1 概念和术语、SC2 质量体系和 SC3 支持技术。制定标准的工作是由代表广泛相关方的国家标准组织提名的质量和各行业专家来进行的,再由这些专家在"少数服从多数"的基础上完成。

ISO/TC 176 于 1986 年发布了 ISO 8402《质量管理和质量保证 术语》;1987 年发布了 ISO 9000《质量管理和质量保证标准 选择和使用指南》、ISO 9001《质量体系 设计、开发、生产、安装和服务的质量保证模式》、ISO 9002《质量体系 生产、安装和服务的质量保证模式》、ISO 9003《质量体系 最终检验和试验的质量保证模式》以及 ISO 9004《质量管理和质量体系要素 指南》。这 6 项国际标准通称为 ISO 9000 系列标准,或称为 1987 版 ISO 9000 系列国际标准。1990 年,ISO/TC 176 开始对 ISO 9000 系列标准进行修订,于 1994 年发布了 ISO 8402《质量管理和质量保证 术语》、ISO 9000-1《质量管理和质量保证 第 1 部分:选择和使用指南》、ISO 9000-2《质量管理和质量保证 第 2 部分:ISO 9001、ISO 9002 和 ISO 9003 的实施通用指南》、ISO 9000-3《质量管理和质

量保证　第3部分:ISO 9001在软件开发、供应和维护中的使用指南》、ISO 9000-4《质量管理和质量保证　第4部分:可信性大纲管理指南》、ISO 9001《质量体系　设计、开发、生产、安装和服务的质量保证模式》、ISO 9002《质量体系　生产、安装和服务的质量保证模式》、ISO 9003《质量体系　最终检验和试验的质量保证模式》、ISO 9004-1《质量管理和质量体系要素　第1部分:指南》、ISO 9004-2《质量管理和质量体系要素　第2部分:服务指南》、ISO 9004-3《质量管理和质量体系要素　第3部分:流程性材料指南》、ISO 9004-4《质量管理和质量体系要素　第4部分:质量改进指南》等国际标准,通称为1994版ISO 9000族标准,这些标准分别取代1987版6项ISO 9000系列标准。随后,ISO 9000族标准进一步扩充到包含27个标准和技术文件的标准"家族"。

二、2000版ISO 9000族标准的修订情况

质量管理体系标准问世以来,在全球范围内得到广泛的采用,对推动组织的质量管理工作和促进国际贸易的发展发挥了积极的作用。但是,各国的标准使用者也反映这套标准还存在着一些不足和需要解决的问题。如1994版标准所采用的"过程"和语言的表述主要是针对生产硬件的组织,其他行业采用标准时,对于标准的理解和具体实施带来诸多不便;标准的框架主要是针对规模较大的组织而设计的,而对于规模较小、机构简单的组织就难以使用;标准提供了3种质量保证模式,给标准的应用带来一定的局限性;标准采用20项质量体系要素的结构,要素间的相关性不好,不尽合理;标准对20项质量体系要素中的17项规定了应建立程序并形成文件,在一定程度上限制了改进的机会;标准过多地强调了质量体系的符合性,忽视了对产品质量的保证和组织整体业绩的提高;标准对与顾客有关的接口仅作了有限的规定和要求,尤其是缺少对顾客满意和不满意信息的监控;标准没有建立ISO 9001与ISO 9004的联系,两项标准间协调性不好,结构不一致;标准没有考虑与ISO 14000环境管理体系等其他管理体系标准的相容性,使组织实施综合性管理体系时产生困难;标准的通用性差,为此制定了许多指南性标准来弥补致使这套ISO 9000族标准的数量太多,而实际上只有少数几项标准得到广泛应用。

鉴于上述情况,ISO/TC 176充分考虑了1987版和1994版标准以及现有其他管理体系标准的使用经验,对ISO 9000族标准进行了第二次修改,并于2000年12月15日正式发布了2000版的ISO 9000族标准,其中ISO 19011标准于2002年10月1日正式发布。

2000版标准在总结质量管理实践经验的基础上,将国际质量宗师(朱兰、戴明、费根堡姆等)对质量管理的经营理念和质量改进的方法以及质量管理思想,全面地融合在2000版标准中,给标准注入了更为丰富的内涵。2000版标准以质量管理的八项原则作为ISO 9000族质量管理体系标准的理论基础,表述了建立和运行质量管理体系应遵循的12个方面的质量管理体系基础知识,体现了八项质量管理原则的具体应用。

2000版ISO 9000族标准包括了以下一组密切相关的质量管理体系核心标准:

- ISO 9000:2000《质量管理体系　基础和术语》;

- ISO 9001:2000《质量管理体系 要求》;
- ISO 9004:2000《质量管理体系 业绩改进指南》;
- ISO 19011:2002《质量和(或)环境管理体系审核指南》。

从结构和内容上看,2000版质量管理体系标准具有以下特点:

- 标准可适用于所有产品类别、不同规模和各种类型的组织,并可根据实际需要删减某些质量管理体系要求;
- 采用了以过程为基础的质量管理体系模式,强调了过程的联系和相互作用,逻辑性更强,相关性更好;
- 强调了质量管理体系是组织其他管理体系的一个组成部分,便于与其他管理体系相容;
- 更注重质量管理体系的有效性和持续改进,减少了对形成文件的程序的强制性要求;
- 将质量管理体系要求和质量管理体系业绩改进指南这两项标准作为协调一致的标准使用。

三、2008版ISO 9001标准的修订情况

(一) 2000版ISO 9001标准的系统评审

2004年,各成员国对ISO 9001:2000进行了系统评审,以确定是否撤销、保持原状、修正或修订ISO 9001:2000。评审结果表明,需要修正ISO 9001:2000。所谓"修正"是指"对规范性文件内容的特定部分的修改、增加或删除"。

根据ISO指南72:2001《管理体系标准论证和制定指南》的要求,ISO/TC 176/SC 2(国际标准化组织/质量管理和质量保证技术委员会/质量体系分委员会)向TC 176提交了论证报告,以表明有足够的合理性需要对ISO 9001:2000进行修正。

在2004年ISO/TC 176年会上,ISO/TC 176认可了有关修正ISO 9001:2000的论证报告,并决定成立项目组(ISO/TC 176/SC 2/WG 18/TG 1.19),对ISO 9001:2000进行有限修正。

(二) 2008版ISO 9001标准设计规范的主要内容

ISO/TC 176/SC 2于2005年制定了设计规范,2006年对设计规范进行了修改。该设计规范用于指导ISO/TC 176/SC 2的专家起草ISO 9001的修正版,并用于验证起草过程的输出。

1. 修正的目的和范围

修正ISO 9001的目的是更加明确地表述2000版ISO 9001标准的内容,并加强与ISO 14001:2004标准的相容性。

主要要求为:标题、范围保持不变;继续保持过程方法;修正的标准仍然适用于各

行业不同规模和类型的组织；尽可能地提高与 ISO 14001:2004《环境管理体系 要求及使用指南》的相容性；ISO 9001 和 ISO 9004 仍然是一对协调一致的质量管理体系标准；使用相关支持信息协助识别需要明确的问题；根据设计规范进行修正，并经验证和确认。

2. 相容性

在管理体系标准中，“相容性”意味着标准的共同要素能够以共享的方式实施，而不会在整体或部分上形成重复或冲突的要求。“相容性”并不要求标准的共同要素具有相同的文本，虽然这在实际上是可行的。

与 ISO 14001:1996 相比，ISO 14001:2004 已经提高了与 ISO 9001:2000 的相容性，修正版 ISO 9001:2008 须提高与 ISO 14001:2004 的相容性，尽管这两项标准可能存在：共同要素或术语中的不同文本；条款的不同编号；不同模式和结构；不同的指南、注释或附录的内容等现象，但并不代表存在潜在冲突。

很多管理体系标准是以 ISO 9001:2000 为基础制定的，并使用了其结构和文本。起草者应注意 ISO 9001 标准与其他管理体系标准的相容性。

3. 与 ISO 9004 的协调一致

ISO 9001 与 ISO 9004 的协调一致是指：

- 两个标准之间不存在冲突；
- 两个标准可以相互补充，也可以单独使用；
- 协调一致的概念和术语；
- 易于从一个标准转换为另一个标准；
- 两个标准便于应用于相同的质量管理体系。

不强调 ISO 9001 与 ISO 9004 标准在结构上和发布时间上的协调一致。实际上，在 2008 年 5 月塞尔维亚诺维萨德召开的第 25 届 ISO/TC 176 会议上决定 ISO 9004 进入 DIS 阶段，2008 年 8 月，开始对 ISO/DIS 9004 标准进行投票表决，2009 年 1 月底，结束投票表决；2009 年 2 月在日本东京召开第 26 届 ISO/TC 176 会议，对收集的针对 ISO/DIS 9004 标准的意见进行评议，并起草 ISO/FDIS 9004 标准；2009 年 4 月，将 ISO 9004 FDIS 稿提交 TC 176 秘书处；计划在 2009 年 7 月 1 日，在 ISO 各成员国中开始对 ISO/FDIS 9004 标准进行投票表决，2009 年 9 月 1 日，结束投票表决；计划 2009 年 10 月正式发布 ISO 9004:2009 标准。

四、GB/T 19000 族标准的制修订情况

1987 年 3 月 ISO 9000 系列标准正式发布以后，我国在原国家标准局部署下组成了“全国质量保证标准化特别工作组”，按照等效采用国际标准的指导思想，参考 1987 版的 ISO 9000 系列标准，于 1988 年 12 月正式发布了等效采用 ISO 9000 系列标准的

GB/T 10300《质量管理和质量保证》系列国家标准，1989 年 8 月 1 日起在全国实施，并授权有关机构开始对企业开展了贯标试点工作。国家技术监督局成立后，按照《中华人民共和国标准化法》和《中华人民共和国产品质量法》的相关要求，于 1989 年成立了全国质量管理和质量保证标准化技术委员会（CSBTS/TC 151，后因国家标准化行政主管部门更名为国家标准化管理委员会，代号改为 SAC/TC 151），下设 4 个分技术委员会：SC1 术语、SC2 质量体系、SC3 实施技术和 SC4 质量管理方法。对口 ISO/TC 176（SC1 基础和术语、SC2 质量体系和 SC3 支持技术）。2000 年 9 月进行了换届，成立了第二届 CSBTS/TC 151，取消各分技术委员会；2008 年 4 月成立了第三届 SAC/TC 151。

全国质量管理和质量保证标准化技术委员会秘书处设在中国标准化研究院，对口 ISO/TC 176 的工作，负责将 ISO 9000 族标准转化为国家标准，并制定质量管理和质量保证领域的其他国家标准。

1992 年，全国质量管理和质量保证标准化技术委员会在广泛听取专家、学者、质量管理和标准化工作者意见的基础上，进一步对 ISO 9000 系列标准进行研究，决定由等效采用变为等同采用，于 1992 年 10 月发布等同采用 ISO 9000：1987 的 GB/T 19000 质量管理和质量保证系列标准，并在全国范围内进行宣贯。此后，我国质量管理和质量保证方面的核心标准基本上保持了与国际标准的同步发布，1994 年发布了 GB/T 19001—1994《质量体系　设计/开发、生产、安装和服务的质量保证模式》（idt ISO 9001：1994），2000 年发布了 GB/T 19001—2000《质量管理体系　要求》（idt ISO 9001：2000），2008 年 12 月发布 GB/T 19001—2008/ISO 9001：2008《质量管理体系　要求》。

全国质量管理和质量保证标准化技术委员会通过全面跟踪、及时转化 ISO 9000 族标准，并编写相关宣贯教材，为我国质量管理体系认证的发展提供了技术保障。1999 年，1994 版 GB/T 19000 族标准获国家质检总局科技进步一等奖；2006 年，2000 版 GB/T 19000 族标准获首届中国标准创新奖二等奖。

全国质量管理和质量保证标准化技术委员会组织专家积极参加 ISO/TC 176 年会和有关活动，按时完成对质量管理和质量保证各项国际标准草案的投票工作，并积极参加有关国际标准化工作。由于我国积极参与 ISO/TC 176 年会等国际标准化有关活动，并取得了令人瞩目的成绩，得到了 ISO/TC 176 的好评，越来越受到 ISO/TC 176 等国际标准化组织的重视。2002 年在 ISO/TC 176 墨西哥年会上，由于我国代表团的积极参与，被大会授予“积极参与奖”；2004 年经国家标准化管理委员会推荐，中国代表成为 ISO/TC 176/CSAG（主席战略顾问组）成员；2006 年经国家标准化管理委员会推荐，中国代表出任 ISO/TC 176 副主席；2007 年 3 月，与英国标准协会（BSI）达成协议，联合承担 ISO/TC 176/SC 2（质量管理和质量保证技术委员会/质量体系分委员会）秘书处。

五、实施 GB/T 19000 族标准和推行质量管理体系认证情况

1992 年，根据国内外 ISO 9000 质量管理与质量保证体系认证发展需要，原国家技术监督局和原国家进出口商品检验局分别开始启动质量管理体系认证工作，由国家技

术监督局批准成立的“中国质量体系认证机构国家认可委员会”(CNACR,1994年成立)和由国务院机电办、外经贸部和国家商检局等部门发起成立的“中国国家进出口企业认证机构认可委员会”(CNAB,1992年成立)各自开展对相应的质量管理体系认证机构的认可工作,负责推动各自管辖范围内的质量管理体系认证工作。CNACR和CNAB于1998年分别签署了太平洋认可合作组织(PAC)的PAC/MLA质量管理体系认证多边互认协议,还在1998年和1999年分别签署了国际认可认坛(IAF)的IAF/MLA质量管理体系认证多边互认协议,实现了质量管理体系认证结果的国际互认。

2001年,经国务院批准成立国家认证认可监督管理委员会(以下称国家认监委)统一管理和综合协调全国的认证认可工作,2002年4月国家质检总局和国家认监委批准成立了中国认证机构国家认可委员会(CNAB),合并了原CNACR和原CNAB,并正式授权其统一实施对认证机构的认可工作,2006年3月CNAB与中国实验室国家认可委员会(CNAL)合并,成立了中国合格评定国家认可委员会(CNAS),统一负责对认证机构和实验室、检查机构的认可。统一的认证认可管理制度,在促进包括质量管理体系认证在内的认证工作的规范性、有效性,充分发挥质量管理体系提高组织管理水平、产品和服务质量,提高企业市场竞争能力方面发挥了重要作用。

根据ISO 2008年11月的最新统计,截至2007年底,中国通过ISO 9001认证的组织数量居全球第一位(其次为意大利、日本、西班牙、印度、德国、美国、英国、法国、新西兰等)。

第二节 质量管理体系标准的构成和现状

一、质量管理体系标准的构成

根据ISO指南72《管理体系标准的论证和制定指南》中的规定,管理体系标准分为三类。

A类——管理体系要求标准。向市场提供有关组织的管理体系的相关规范,以证明组织的管理体系是否符合内部和外部要求(例如通过内部和外部各方予以评定)的标准。例如管理体系要求标准(规范)、专业管理体系要求标准。

B类——管理体系指导标准。通过对管理体系要求标准各要素提供附加指导或提供非同于管理体系要求标准的独立指导,以帮助组织实施和(或)完善管理体系的标准。例如关于使用管理体系要求标准的指导、关于建立管理体系的指导、关于改进和完善管理体系的指导、专业管理体系指导标准。

C类——管理体系相关标准。就管理体系的特定部分提供详细信息或就管理体系的相关支持技术提供指导的标准。例如管理体系术语文件,评审、文件提供、培训、监督、测量绩效评价标准,标记和生命周期评定标准。

目前,ISO/TC 176发布的各类标准如下。

1. A 类——管理体系要求标准

(1) ISO 9001:2008　Quality management systems—Requirements

该标准已被等同采用为国家标准 GB/T 19001—2008《质量管理体系　要求》。

该标准为各种类型、不同规模和提供不同产品的组织规定了质量管理体系的通用要求，以证实其具有稳定地提供满足顾客要求和适用的法律法规要求的产品的能力，并通过体系的有效应用，包括体系持续改进过程以及保证符合顾客要求和适用的法律法规要求，增强顾客满意。该标准是用于质量管理体系第三方认证的"要求"标准。

(2) ISO/TS 16949:2002　Quality management systems—Particular requirements for the application of ISO 9001:2000 for automotive production and relevant service part organizations

该标准已被等同采用为国家标准 GB/T 18305—2003《质量管理体系　汽车生产件及相关维修零件组织应用 GB/T 19001—2000 的特别要求》。

该标准适用于整个汽车产业生产零部件与服务件的供应链，包括整车厂，是为了进行持续改进，加强缺陷预防、减少变差和浪费，从而达到优质、高效、低成本的目的。该标准可用于汽车行业的质量管理体系认证。

2. B 类——管理体系指导标准

(1) ISO 9004:2000　Quality management systems—Guidelines for performance improvements

该标准已被等同采用为国家标准 GB/T 19004—2000《质量管理体系　业绩改进指南》。该标准提供了改进质量管理体系业绩的指南，包括持续改进的过程，提高业绩，使组织的顾客和其他相关方满意。GB/T 19001 和 GB/T 19004 都是质量管理体系标准，这两项标准相互补充，但也可单独使用。

目前，ISO 9004 处于修订过程中。修订后的 ISO 9004 将为组织的管理者在复杂的、要求更高的和易变动的环境中获得持续成功提供指南。与 ISO 9001 相比，ISO 9004 针对质量管理体系的更宽范围；通过系统地和持续地改进组织的绩效，满足所有相关方的需求和期望。然而，ISO 9004 不拟用于认证、法律法规和合同目的。

(2) ISO 10006:2003　Quality management systems—Guidelines for quality management in projects

该标准已被等同采用为国家标准 GB/T 19016—2005《质量管理体系　项目质量管理指南》。

该标准为质量管理在项目中的应用提供指南，适用于不同环境下的复杂程度不同、规模大小不一、周期长短不等的各种类型产品或过程的项目。该标准不是"项目管理"本身的指南，而是项目管理过程中的质量指南。

(3) ISO 10012:2003　Measurement management systems—Requirements for measure-

ment processes and measuring equipment

该标准已被等同采用为国家标准 GB/T 19022—2003《测量管理体系 测量过程和测量设备的要求》。

该标准规定了测量过程和测量设备计量确认管理的通用要求，并提供了指南，用于支持和证明符合计量要求。它规定了测量管理体系的质量管理要求，可由执行测量的组织作为整个管理体系的一部分，以确保计量要求。该标准不拟作为用于证明符合 GB/T 19001、GB/T 24001 和任何其他标准的必要条件。相关方可以允许在认证活动中使用该标准作为满足测量管理体系要求的输入。

(4) ISO 10014:2006/Cor 1:2007 Quality management—Guidelines for realizing financial and economic benefits

该标准已被等同采用为国家标准 GB/T 19024—2008《质量管理 实现财务和经济效益的指南》。

该标准提供了通过应用 GB/T 19000—2008 中所描述的质量管理原则来实现财务和经济效益的指南，旨在为组织的最高管理者提供指导，为 GB/T 19004 提供补充，从而提高组织的绩效。该标准列举了可实现的效益的示例，并识别了有助于获得这些效益的管理方法和工具。

(5) ISO 手册:2002 ISO 9001 for small businesses—What to do: Advice from ISO/TC 176

该手册将被转化为国家标准化指导性技术文件《质量管理体系 GB/T 19001 在中小型组织中的应用指南》。

该指导性技术文件为 GB/T 19001 在中小型组织中的应用提供指导，对大型组织也有指导意义，无论是何种类型的组织或提供何种类型产品的组织。该指导性技术文件不设定任何要求，也不增加或更改 GB/T 19001 标准的要求。

3. C 类——管理体系相关标准

(1) ISO 9000:2005 Quality management systems—Fundamentals and vocabulary

该标准已被等同采用为国家标准 GB/T 19000—2008《质量管理体系 基础和术语》。

该标准表述了构成 ISO 9000 族标准主体内容的质量管理体系的基础，并定义了相关的术语。

(2) ISO 10001:2007 Quality management—Customer satisfaction—Guidelines for codes of conduct for organizations

该标准将被等同采用为国家标准《质量管理 顾客满意 组织行为规范指南》。

该标准为策划、设计、开发、运行、保持和改进顾客满意行为规范提供了指南，适用于与产品相关的规范，包括组织就其行为对顾客的承诺，这种承诺和相关规定是为了增强顾客满意度。

(3) ISO 10002:2004 Quality management—Customer satisfaction—Guidelines

for complaints handling in organizations

该标准已被等同采用为国家标准 GB/T 19012—2008《质量管理　顾客满意　组织处理投诉指南》。

该标准为组织内与产品相关的投诉处理过程提供指南，包括策划、设计、运行、保持和改进等过程，所描述的投诉处理过程适合作为整个质量管理体系的过程之一。该标准适用于各个行业和不同规模的组织，但不适用于需要在组织以外寻求解决的争议和雇佣关系争议。

（4）ISO 10003：2007　Quality management—Customer satisfaction—Guidelines for dispute resolution external to organizations

该标准将被等同采用为国家标准《质量管理　顾客满意　组织外部争议解决指南》。

该标准为组织策划、设计、开发、运行、保持和改进有效和高效的争议解决过程提供指南，该争议过程是针对组织未能解决的投诉。本标准适用于组织提供给顾客或顾客要求的产品、投诉处理过程或争议解决过程相关的投诉。该标准可供不同类型、不同规模和提供不同产品的组织使用，但不宜用于认证或合同目的，也不适用于其他类型的争议，如雇佣关系争议。本标准无意改变适用的法律法规所规定的权利和义务。

（5）ISO 10005：2005　Quality management systems—Guidelines for quality plans

该标准已被等同采用为国家标准 GB/T 19015—2008《质量管理体系　质量计划指南》。

该标准对质量计划的制定、评审、接受、实施和修订提供了指南，适用于已建立或尚未建立符合 GB/T 19001 要求的质量管理体系的组织，可用于任何行业、任何产品类别（硬件、软件、流程性材料和服务）的过程、产品、项目或合同的质量计划。该标准主要针对产品实现的质量计划提供指南，而不是对组织的质量管理体系的策划提供指南。

（6）ISO 10007：2003　Quality management systems—Guidelines for configuration management

该标准已被等同采用为国家标准 GB/T 19017—2008《质量管理体系　技术状态管理指南》。

该标准为在组织内进行技术状态管理提供了指南，适用于支持产品从概念到处置的各个阶段。该标准首先规定了实施技术状态管理的职责和权限，其次是描述了技术状态管理的过程，包括技术状态管理策划、技术状态标识、更改控制、技术状态记实和技术状态审核。

（7）ISO/TR 10013：2001　Guidelines for quality management system documentation

该标准已被等同采用为国家标准 GB/T 19023—2003《质量管理体系文件指南》。

该标准为质量管理体系文件的建立和保持提供指南，这些适合于组织特定需要的文件是确保一个有效的质量管理体系所必需的。指南的使用有助于按适用的质量管理体系标准的要求建立形成文件的体系。该标准不仅适用于将按照 GB/T 19000 族标准建立的质量管理体系形成文件，也适用于将环境管理体系和职业健康安全管理体系形成文件。

（8）ISO 10015:1999 Quality management—Guidelines for training

该标准已被等同采用为国家标准 GB/T 19025—2001《质量管理 培训指南》。

该标准覆盖了影响组织提供产品的质量的培训战略和体系的开发、实施、保持和改进，适用于任何类型的组织，但不拟用于任何合同、法规或认证。

（9）ISO/TR 10017:2003 Guidance on statistical techniques for ISO 9001:2000

该标准已被等同采用为国家标准化指导性技术文件 GB/Z 19027—2005《GB/T 19001—2000 的统计技术指南》。

该指导性技术文件提供了选择适宜的统计技术的指南，这些统计技术对组织建立、实施、保持和改进 GB/T 19001 所要求的质量管理体系时可能有用。首先通过查找 GB/T 19001 涉及使用定量数据的要求，然后识别并表述适用于这些数据的统计技术即可达此目的。

（10）ISO 10019:2005 Guidelines for the selection of quality management system consultants and use of their services

该标准将被等同采用为国家标准《质量管理体系咨询师的选择及其服务使用的指南》。

该标准为质量管理体系咨询师的选择及其服务的使用提供了指南，旨在帮助组织选择质量管理体系咨询师。该标准也为质量管理体系咨询师的能力评价过程提供指南，为咨询师的服务满足组织的需求和期望提供信任。

（11）ISO 19011:2002 Guidelines for quality and/or environmental management systems auditing

该标准已被等同采用为国家标准 GB/T 19011—2003《质量和（或）环境管理体系审核指南》。

该标准为审核原则、审核方案的管理、质量管理体系审核和环境管理体系审核的实施提供了指南，也对质量和环境管理体系审核员的能力提供了指南，适用于需要实施质量和（或）环境管理体系内部或外部审核或需要管理审核方案的所有组织。

二、质量管理体系标准的现状

根据 2008 年 12 月发布的 ISO/TC 176 N817R8 文件，目前 ISO 9000 族质量管理体系标准的状况如表 1-1 和表 1-2 所示。

表 1-1 现行标准和文件

编 号	名 称	版次	发布日期	类型
ISO 9000:2005	质量管理体系 基础和术语	第 3 版	2005-09-15	C
ISO 9001:2008	质量管理体系 要求	第 4 版	2008-11-15	A
ISO 9004:2000	质量管理体系 业绩改进指南	第 2 版	2000-12-15	B
ISO 10001:2007	质量管理 顾客满意 组织行为规范指南	第 1 版	2007-01-12	C

表 1-1(续)

编　　号	名　　称	版次	发布日期	类型
ISO 10002:2004	质量管理　顾客满意　组织处理投诉指南	第 1 版	2004-07-01	C
ISO 10003:2007	质量管理　顾客满意　组织外部争议解决指南	第 1 版	2007-01-12	C
ISO 10005:2005	质量管理　质量计划指南	第 2 版	2005-06-01	C
ISO 10006:2003	质量管理　项目质量管理指南	第 2 版	2003-06-15	B
ISO 10007:2003	质量管理　技术状态管理指南	第 2 版	2003-06-15	C
ISO 10012:2003	质量管理体系　测量过程和测量设备的要求	第 2 版	2003-04-14	B
ISO/TR 10013:2003	质量管理体系文件指南	第 2 版	2001-07-15	C
ISO 10014:2006	质量管理　实现财务和经济效益的指南	第 1 版	2006-07-01	B
ISO 10015:1999	质量管理　培训指南	第 1 版	1999-12-15	C
ISO/TR 10017:2003	ISO 9001:2000 统计技术指南	第 2 版	2003-05-15	C
ISO 10019:2005	质量管理体系咨询师的选择及其服务使用的指南	第 1 版	2005-01-05	C
ISO/TS 16949:2002	质量管理体系　汽车生产件及相关维修零件组织应用 ISO 9001:2000 的特别要求	第 2 版	2002-03-01	A
ISO 19011:2002	质量和(或)环境管理体系审核指南	第 1 版	2002-10-01	C
ISO 小册子:2008	ISO 9000 族标准的选择和使用	第 2 版	2008-01	C
ISO 小册子	质量管理原则及其应用指南	第 1 版	2000-11	C
ISO 手册:2002	小型组织实施 ISO 9001:2000 指南	第 2 版	2002-07	B

表 1-2　正在制修订的标准和文件

编　　号	名　　称	版次	制修订阶段	类型
ISO 9004	组织持续成功管理　一种质量管理方法	第 3 版	DIS	B
ISO/TS 10004	监视和测量顾客满意指南	第 1 版	CD	C
ISO 10018	质量管理　人员参与和能力指南	第 1 版	WD	C
ISO/TS 16949	质量管理体系　汽车生产件及相关维修零件组织应用 ISO 9001:2008 的特别要求	第 3 版	DTS	A
ISO 手册	小型组织实施 ISO 9001:2008 指南	第 3 版	Draft	B

第三节　我国国家标准起草过程与编制原则

一、标准修订原则

GB/T 19001—2008 标准的修订依据以下原则：

1. 等同采用原则。GB/T 19001—2008《质量管理体系 要求》等同采用ISO 9001：2008《质量管理体系 要求》。

2. 一致性原则。GB/T 19001—2008《质量管理体系 要求》与GB/T 19000族其他标准保持协调一致。

3. 继承性与进一步完善相结合的原则。由于ISO 9001:2008标准没有引入新的要求，只是更清晰、明确地表达ISO 9001:2000的要求，并增强与ISO 14001:2004的相容性。所以，对于国际标准无变化的部分，原则上沿用2000版GB/T 19001标准。根据进一步完善的原则，若需要更改，应经充分讨论，达成一致后方可更改。

4. 相容性原则。GB/T 19001—2008《质量管理体系 要求》与GB/T 24001—2004《环境管理体系 要求及使用指南》和GB/T 28001—2001《职业健康安全管理体系 规范》相容。

5. 规范性原则。标准的编写遵守国家标准GB/T 1.1—2000《标准化工作导则 第1部分:标准的结构和编写规则》;GB/T 20000.1—2002《标准化工作指南 第1部分:标准化和相关活动的通用词汇》;GB/T 20000.2—2002《标准化工作指南 第2部分:采用国际标准的规则》和GB/T 20001.1～20001.4—2001《标准编写规则》。

二、主要工作过程

2007年4月，负责修正ISO 9001标准的ISO/TC 176/SC 2/WG 18/TG 1.19吸收中国代表为注册专家，SAC/TC 151成立了国内对口工作组，从CD稿开始，跟踪研究ISO 9001标准的修订情况，并及时提交中国意见。

2008年6月，通过中国标准化研究院、中国认证认可协会网站，向社会征集起草专家，2008年8月29日，成立了该国家标准的起草组。

2008年9月12日，召开了第一次工作组会议，介绍了2008版ISO 9001修订概况、ISO 9001修正设计规范、ISO和IAF有关2008版ISO 9001标准认证的联合公告以及2008版GB/T 19001标准起草工作。起草组成员讨论了GB/T 19001《质量管理体系 要求》国家标准的修订原则，初步确定了工作计划安排，决定及时转化国际标准，与ISO 9001:2008国际标准同年发布GB/T 19001—2008国家标准。

起草组根据修订原则，对照ISO/FDIS 9001标准，对2008版GB/T 19001《质量管理体系 要求》讨论稿逐字逐句地进行了讨论、推敲，在此基础上形成了该国家标准草案的征求意见稿，于2008年9月20日向全国质量管理和质量保证标准化技术委员会(SCA/TC 151)成员单位征求意见，并在中国标准化研究院网站上公开向社会征求意见。2008年11月13日至14日，起草组召开了第二次会议，对提交的300余条意见进行了逐条评议，并根据ISO对ISO/FDIS 9001的修订意见修改2008版GB/T 19001征求意见稿，形成了送审稿初稿。2008年11月底，根据正式的2008版ISO 9001标准形成了国家标准的送审稿，2008年12月23日召开该国家标准的审查会，完成报批稿，2008年12月30日，2008版GB/T 19001标准正式发布，实施日期为2009年3月1日。

第四节 实施ISO 9000族标准的作用和新标准转换的意义

一、实施ISO 9000族标准的作用

ISO 9000族标准是世界上许多经济发达国家质量管理实践经验的科学总结，具有通用性和指导性。实施ISO 9000族标准，可以促进组织质量管理体系的改进和完善，对促进国际经济贸易活动、消除贸易技术壁垒、提高组织的管理水平都能起到良好的作用。概括起来主要有以下几方面的作用。

1. 有利于提高产品质量，保护消费者利益

现代科学技术的飞速发展，使产品向高科技、多功能、精细化和复杂化发展。但是，消费者在采购或使用这些产品时，一般都很难在技术上对产品加以鉴别。即使产品是按照技术规范生产的，但当技术规范本身不完善或组织质量管理体系不健全时，就无法保证持续提供满足要求的产品。按ISO 9000族标准建立质量管理体系，通过体系的有效应用，促进组织持续地改进产品和过程，实现产品质量的稳定和提高，无疑是对消费者利益的一种最有效的保护，也增加了合格供应商的产品的可信程度。

2. 为提高组织的运作能力提供了有效的方法

ISO 9000族标准鼓励组织在制定、实施质量管理体系时采用过程方法，通过识别和管理众多相互关联的活动，以及对这些活动进行系统的管理和连续的监视与控制，以实现顾客能接受的产品。此外，质量管理体系提供了持续改进的框架，增加顾客和其他相关方满意的机会。因此，ISO 9000族标准为有效提高组织的运作能力和增强市场竞争能力提供了有效的方法。

3. 有利于增进国际贸易，消除技术壁垒

在国际经济技术合作和贸易中，ISO 9000族标准被作为相互认可的技术基础，ISO 9000质量管理体系认证制度也在国际范围中得到互认，并纳入合作评定的程序之中。世界贸易组织/技术壁垒协定(WTO/TBT协定)是WTO达成的一系列协定之一，它涉及技术法规、标准和合格评定程序。贯彻ISO 9000族标准为国际经济技术合作提供了国际通用的共同语言和准则；取得质量管理体系认证，已成为参与国内和国际贸易，增强竞争能力的有力武器。因此，贯彻ISO 9000族标准对消除技术壁垒，排除贸易障碍起到了十分积极的作用。

4. 有利于组织的持续改进和持续满足顾客的需求和期望

顾客要求产品具有满足其需求和期望的特性，这些需求和期望在产品的技术要求或规范中表述。因为顾客的需求和期望是不断变化的，这就促使组织持续地改进产品

和过程。而质量管理体系要求恰恰为组织改进其产品和过程提供了一条有效途径。因而，ISO 9000 族标准将质量管理体系要求和产品要求区分开来，它不是取代产品要求而是把质量管理体系要求作为对产品要求的补充，这样有利于组织的持续改进和持续满足顾客的需求和期望。

二、开展 2008 版新标准转换的意义

修订后的国家标准——GB/T 19001—2008 不仅根据 ISO/TC 176 的要求对原文变化部分作出了修改，同时结合我国采用 GB/T 19000 族标准的实践，对很多地方作了修正，更清晰、明确地表达标准的要求。国家认监委、中国合格评定国家认可中心和中国认证认可协会都发布了相关 2008 版标准的转换要求。做好标准换版工作，以标准换版为契机，提高各有关组织、人员对标准的认识与理解，对促进质量管理体系认证有效性的不断提高，实现质量管理体系认证工作的一次整体提升具有积极的意义。

第二章　GB/T 19000—2008 标准的理解

GB/T 19000 是 GB/T 19000 族标准中的基础性标准，它主要包括了三大部分内容：一是八项质量管理原则；二是有关质量管理体系的基础知识，共有 12 条；三是 GB/T 19000 族标准中使用的 84 项术语和定义。

国际标准化组织(ISO)质量管理和质量保证技术委员会(TC 176)曾在有关文件中明确指出，学习 ISO 9000 族标准的顺序应该是：首先学习 ISO 9000，其次学习 ISO 9001，然后学习 ISO 9004，ISO 9000 族内的其他标准及各类指南根据需要选择。

由于 GB/T 19000 标准的基础性特征，所有希望了解和掌握 GB/T 19000 族标准知识的人，都应该把学习和理解 GB/T 19000 标准作为自己增长质量管理体系知识的起点，因为理解这些基本概念和术语对学好其他质量管理体系的知识是很有意义的。

第一节　八项质量管理原则

质量管理在现代企业中已经无处不在，无论是国有的还是民营的组织，也无论是制造业还是服务业的组织，都正在越来越广泛地开展这项活动。以往的研究和实践已经充分显示出质量管理的价值。尽管如此，仍然有许多组织没有得到预期的结果。在许多情况下，这是源于对质量管理的肤浅理解。通常，在许多人的认识中，质量管理只是被当作一些技术或方法，似乎也能像购买产品制造技术那样，花些钱买来就能用。实际上，一个组织成功地开展质量管理活动，从而收到相当明显的效果，这其中充满了深刻和广泛的内涵。GB/T 19000 质量管理体系标准中提出的八项质量管理原则是主导质量管理体系要求的一种哲学思想，它包含了质量管理的全部精华，构成了质量管理知识体系的理论基础。我们应该将这些质量管理的基础性内容看成是需要组织各级人员深刻领悟的，在未来的行动中努力实践的一种追求。

组织应将质量管理的原则、理念、意识和价值观作为质量管理知识体系的重要组成部分。一个组织的质量管理能否成功的关键，就是看它是否能将这些质量管理的原则、理念、意识和价值观渗透到组织中的各个层次和领域。当我们认真地总结质量管理方面的经验时，发现有相当数量的质量问题与这些原则、理念、意识和价值观有着密切的联系，而下面所阐述的质量管理八项原则，对组织树立有益于自身发展的质量管理的原则、理念、意识和价值观是具有普遍意义的。

一、以顾客为关注焦点

【标准条款】

> a) **以顾客为关注焦点**
>
> 组织依存于顾客。因此,组织应当理解顾客当前和未来的需求,满足顾客要求并争取超越顾客期望。

【理解要点】

这个观念的价值在于所有的努力都应该直接以使顾客满意为目标。根据 GB/T 19000 中的定义,顾客是"接受产品的组织或个人",就是指那些接受组织活动的结果的人,这也就是说所有的组织都有活动,有活动就有结果,而组织的结果是要有人接受的,而这个接受的人就是顾客。

在这种情况下,组织都有顾客,包括政府机构也不例外。顾客这个词不仅是平常所表述的购买商品的人,小学生、家长、病人、市民或其他一些团体和个人,在某些情况下都可以称为特定组织的顾客。这里所关注的重点是"最终顾客"。有些组织的产品直接交付给最终顾客,而另外一些组织的产品并不直接与最终顾客接触,无论是哪一类组织,都应该始终关注"最终顾客"的当前和未来的需求。

顾客对于组织至关重要,他是决定组织是否能够生存下去的决定性因素。任何一个组织,如果顾客众多,它一定具有很大的发展潜力,如果失去了顾客,也就失去了继续存在的价值。因此,任何组织都无一例外地依顾客的存在而存在。那么,组织如何才能不失去顾客并且不断增加顾客的数量呢?理解并满足顾客的需求是留住并增加顾客的不可替代的重要途径,而超越顾客期望,则是使顾客满意的最有效的方式。

任何顾客都希望为自己提供产品的组织是值得信赖的,这是顾客对组织的最基本的要求。当一个组织满足了这个要求,顾客才能放心地购买其产品(即使这个组织的产品偶尔也会出现这样或那样的问题),因为顾客认为这样的组织比较可靠。

但是,顾客怎么会信赖那些不关注他们的需求,而一味的只是关注自身利益的组织呢?在这种情况下,顾客与组织之间的活动就像是"博弈",组织与顾客的关系变成了"斗争"的关系,正像有些人讲的:"商场如战场。"顾客千方百计掌握各种产品的知识,以防受骗;组织千方百计地"推陈出新",以获取更多的利益。产品一旦出现问题,顾客便怒不可遏,组织就成了过街老鼠。这无形之中就增加了顾客采购和组织经营的风险,这必然进一步造成整个社会运行成本的上升。

因此,"关注顾客的需求,让顾客满意,做一个值得顾客信赖的组织",是对任何组织最起码的要求,是所有管理原则中最基本的原则,应该成为每个组织始终不渝的追求。

二、领导作用

【标准条款】

> b) 领导作用
>
> 领导者应确保组织的目的与方向的一致。他们应当创造并保持良好的内部环境,使员工能充分参与实现组织目标的活动。

【理解要点】

这个观念的含义是领导者应该找准组织发展的正确方向,并营造环境,带领全体员工,为实现组织的美好愿景和历史使命而不懈努力。在这里领导者是指最高管理层。在以往的质量管理活动中,质量通常是由质量部门和质量负责人负责的,而现代质量管理则普遍认为,正确的质量意识必须首先渗入到整个组织的所有层次和领域;质量职责不应该只赋予一个部门,而应该始终作为最高管理层关注的重点。

但这并不意味着他们一定要采取某种特定的领导方式,他们最需要做的,同时也是最有义务做的,就是创造并保持使广大员工能够充分和顺畅地发挥作用的内部环境,这些可能包括:充分考虑员工的各种需求,建立优秀的企业文化,在整个组织中建立充分和牢固的信任感,并通过各种方式解除员工的疑虑,使每个员工在其职责范围内均能得到充分的授权,持续提升所有员工的能力,表彰先进、鼓励提高、奖励创新,保持员工心情舒畅,提高员工企业自豪感,保持上下沟通渠道的通畅,维护员工在规定范围内的各项自主权,保持员工个人与企业共同发展,等等。在这些方面,最高管理者的细致入微的工作方式是很必要的。此时,便体现出"细节决定成败"。

某些组织的最高管理者之所以能够获得成功,其主要原因之一在于他们能够全心全意地履行其质量职责,以及始终如一地保持使广大员工积极主动参与实现组织目标的环境。

三、全员参与

【标准条款】

> c) 全员参与
>
> 各级人员都是组织之本,唯有其充分参与,才能使他们为组织的利益发挥其才干。

【理解要点】

这个观念的价值与上一条是相关的。在质量管理活动中,不是只有最高管理者发挥作用,而是需要每一个员工都参与到这项活动中来。这也是对传统的质量管理观念的一个挑战，即质量管理工作与其他工作一样，仅由质量部门来负责。

我们应该认识到，要想改进一个过程就必须先要了解它，并且了解得越深，才有可能改进得越好。组织中的过程很多，而最了解某个过程的人，一定是经常接触这个过程的人。因此，从质量管理的角度来看，每个员工对组织来说都是非常重要的。为了促使全体员工为组织的发展作出贡献，就必须让他们投入到质量改进的活动中，就需要有全体员工的参与作为质量改进的必要条件。

在质量改进的过程中，由于没有人袖手旁观，此时组织将变得生气勃勃。在全体员工的参与下，组织中的每个过程都向着越来越好的方向发展着，而整个组织也就向着越来越好的方向发展着。只有全体员工的共同努力，才能获得这样的结果。

四、过程方法

【标准条款】

> **d）过程方法**
>
> 将活动和相关资源作为过程进行管理，可以更高效地得到期望的结果。

【理解要点】

通常，一个组织都具有一定的结构，并且组织会通过一些规章制度和活动使组织结构中的各个部门都能胜任其所承担的任务。在某些情况下，一些与目标相关的必要的活动或过程，可能未被划入某个部门的职能范围从而被忽略，而另外一些活动或过程则由于很难分清职责，而在不同的部门之间引起争议。为了避免出现这种情况，我们应该寻找一条使顾客满意为目标的主线作为活动的开始。首先，组织需要找出顾客的需求；其次，需要考虑的问题是通过什么活动或过程可以使顾客的需求得到满足，这些活动或过程可以由一个部门完成，也可以通过若干个部门的协作来完成；最后，组织才能够确定以过程为基础的组织结构，从而沿着以顾客满意为目标的主线完善组织结构，避免出现无人管理的范围和重复管理的范围。这就是用“过程方法”实现目标的方式。

实践证明，首先考虑目标和过程，然后再建立一个支持这些过程运行的科学、合理、适宜的组织结构，比在组织结构固定不变的情况下，通过在过程运行中解决不断出现的问题，效率要高得多。因为此时的组织结构是根据过程运行的特点而建立的，所以也就能够避免出现那种“无人管理的过程”或“重复管理同一过程”的情况，因而过程就可以更高效地运行。

这个观念中的一个重要内容就是“过程”的概念。它意味着对于每一个过程和分过程，其功能都是将输入转化为输出，组织在这种转化中实现目标。

五、管理的系统方法

【标准条款】

> e）管理的系统方法
>
> 将相互关联的过程作为体系来看待、理解和管理，有助于组织提高实现目标的有效性和效率。

【理解要点】

质量管理的作用主要是能够使组织的工作结果符合要求，即实现预期的目标，但是绝大多数结果都要经过复杂的过程才能得到。传统的质量管理只是在结果出现后去鉴别其是否符合要求，然后将符合要求的结果作为产品，不符合要求的结果予以处置；而服务行业由于其自身的工作特点，还无法预先鉴别要交付的结果，所以也就无法采用上述方式进行管理。这种传统的管理方式不但效率低，而且造成大量的浪费，从而使成本上升，对于服务行业还可能会造成不良影响。

现代质量管理理论认为：既然结果都要经过复杂的过程才能得到，那么过程运行的状况将直接影响到结果是否能达到其目标。因此，要想使工作结果符合要求，对工作过程的有效控制是必不可少的。而复杂的工作过程又往往涉及许多部门、人员、设施（备）、材料、规章制度等，所以要想对工作过程进行有效的控制，就必须对这个过程所涉及的方方面面提出系统性的要求。所谓系统性要求就是说这一系列要求之间是有关联性的，不是相互独立的。只有这种系统的管理方式才能既治标又治本，才能使管理具有预防的作用。传统的"头疼医头，脚疼医脚"的管理方式已完全不适应现代社会里人们对各类组织的普遍要求。

这个观念中的一个重要内容是系统的概念。它意味着出现质量问题的环节，未必就一定在那个环节存在着产生这个问题的原因。在大多数情况下，解决质量问题需要采用综合治理的方式。

六、持续改进

【标准条款】

> f）持续改进
>
> 持续改进总体业绩应当是组织的永恒目标。

【理解要点】

从传统的观念来讲，一个组织如果能够做到不间断地改进，这显然是已经达到了比较理想的质量管理水平。但是这种状况也似乎容易使人们认为，持续改进是由于在质量方面一直存在问题。人们之所以产生这样的看法，是因为他们把组织的活动和组织所处的环境都看成是静态的。

现代质量管理对此提出了挑战。在一个充满活力的环境中，总会有人设法寻找更好的方法来达到他们预期的目标，如果这些人不是你，就可能是你同行中的竞争对手。因此，组织要想通过改进获得持续的发展，首先就需要不断地改变你自己头脑中陈旧、过时和不适宜的质量观念，同时通过建立持续改进的机制，尽最大的努力使组织不断产生有益的变化，从而促使组织整体业绩的持续改进。

这个观念中的一个重要内容是持续的概念，它意味着改进是无止境的，永远也不可能达到终点。因此，我们不应该把改进看成是一种负担，而应该把它看作为一种乐趣。

七、基于事实的决策方法

【标准条款】

> **g) 基于事实的决策方法**
> 有效决策建立在数据和信息分析的基础上。

【理解要点】

这是一个比较难以理解的概念，它的含意是做所有的决策都应以可靠的事实为基础，这显然是非常合乎逻辑的。在质量管理活动中，收集并保留适当的数据和信息作为记录，并对其进行适当的分析，为有效决策提供依据，便是这个观念的一种实践。

通常，在人类活动中完全清楚和明确的事实是不多见的。按照传统的质量管理的观点，我们能够获得的数字信息才是客观明确的。然而，在组织中有很多基本现象，如感觉、关系、气氛、文化、情绪等都是很难量化的，因此也就很难把这些现象变得清楚和明确。比如，在机器上要想测量加工产品的速率是很容易的事，但是要想测量操作机器的那个人的工作态度则是很难的。这些因素是直接影响组织的过程和产品质量的因素，同样也是组织的领导和顾客非常关心的因素。我们要想得到一个与人相关的完全客观真实的调查资料是很困难的事，因为通常人都是很难客观的。因此，涉及人的资料一般很难摆脱其主观性，真实的情况到底是什么样是不可欲求的。但是透过我们自身的主观性，我们能了解其他人的感受，并且理解、领会和醒悟是一名合格的质量管理人员掌握质量管理知识、开展质量管理工作和提高质量管理水平的一个非常重要的素质。

虽然上述的这个观念似乎还很不完善，但是为了作出一个有效的决策而去寻找可靠的依据，这本身就是一个非常值得赞赏的做法。通常，在实践中所获得的数据和信息，以及通过对这些数据和信息的分析所得出的结果都是很有价值的，特别是在能意识到获取的数据和信息中存在误差时就更是如此。当然，获取了这些数据和信息也

不一定就意味着掌握了无可争辩的事实，其实，它们有一部分只是一些主观的可变因素的累积。虽然它们是有用的，但是我们应该抱着怀疑的态度来利用这些数据和信息，并且可以通过应用一些适宜的科学方法来分析这些数据和信息，从而指导我们的改进工作。

组织在质量管理体系中的“监视和测量”活动，就是获取数据和信息的方法，尽管可能有许多信息无法用数字来表达；而后的“数据分析”工作，就是利用获取的数据和信息，向组织提供用于决策的基础的活动，只有这样才能够使组织的充满活力的价值理念得到更深层次的理解。

这个观念中的一个重要内容就是实事求是的概念，它意味着组织的质量管理活动要从实际情况出发，正确地对待和处理组织在运行中出现的各种问题。

八、与供方互利的关系

【标准条款】

> **h）　与供方互利的关系**
>
> 组织与供方相互依存，互利的关系可增强双方创造价值的能力。

【理解要点】

随着社会的发展，为了不断地提高效率、降低成本，同时迅速地掌握并提升专业化水平，无论是制造业还是服务业，其分工都越来越细。每个组织一般只完成其产品生产或服务提供中的一部分实际工作，而其余大量的工作是针对供方的协作、外包和采购。因此，供方的工作结果的质量，包括工作过程的质量，显然都会最终影响到组织的工作结果。

传统的质量管理中，人们认为供方的产品质量应该是最好的，供方的产品价格应该是最低的，其实，这两者本身就不存在对应的关系。在传统的管理方式中，组织与供方之间仅存在简单的“供—需”关系，双方都为自身的利益与对方讨价还价，任何一方的愉快几乎都伴随着另一方的痛苦。在这里“没有永远的朋友，只有永远的利益”成为一条铁律，而这里的利益只是供需双方各自的利益，只是那种“有你没我，有我没你”的利益。

但是，在现代的质量管理中，人们已经充分地认识到了“满意”这个词对双方合作意味着什么。组织与供方之间不再是简单的“供—需”关系，而是合作伙伴的关系，双方都在为共同的利益而不懈地努力。同样的铁律有了不同的理解，此时的利益是双方的共同利益，而这种利益将他们紧密地联系在一起。

第二节　质量管理体系基础

在 GB/T 19000 族标准中，GB/T 19000 标准一直被作为整个 GB/T 19000 族标准的基础。在标准的历次修订中，都考虑在本标准中增加对 GB/T 19000 族的其他标准中不断出现的基本概念和术语的解释，其目的在于协助 GB/T 19000 族标准的使用者准确理解标准所涉及的基本概念并使其能够方便地采用标准；同时，也为其后修订 GB/T 19000族标准的内容做了准备。在 GB/T 19000—2008 标准中，这些基础知识被精炼为 12 条“质量管理体系基础”，从具备一个质量管理体系的必要性，质量管理体系标准要求的特征和作用，建立和实施质量管理体系应遵循的思路，以及应考虑的一些重要因素，质量管理体系与其他管理体系及管理模式的关系等方面对质量管理体系的基本概念都作了精辟的阐述。

一、质量管理体系的理论说明

【标准条款】

> **2.1　质量管理体系的理论说明**
>
> 质量管理体系能够帮助组织增进顾客满意。
>
> 顾客要求产品具有满足其需求和期望的特性，这些需求和期望在产品规范中表述，并集中归结为顾客要求。顾客要求可以由顾客以合同方式规定或由组织自己确定。在任一情况下，产品是否可接受最终由顾客确定。因为顾客的需求和期望是不断变化的，以及竞争的压力和技术的发展，这些都促使组织持续地改进产品和过程。
>
> 质量管理体系方法鼓励组织分析顾客要求，规定相关的过程，并使其持续受控，以实现顾客能接受的产品。质量管理体系能提供持续改进的框架，以增加组织提升顾客和其他相关方满意的机率。质量管理体系还能够针对提供持续满足要求的产品向组织及其顾客提供信任。

【理解要点】

顾客最终确定组织的产品是否满足其要求并可接受，组织的一切质量管理活动都是为了满足顾客的不断变化的要求，提高组织的效率和效益。为此，组织要做到：

1. 根据质量要求，达到并保持其声称的产品质量；
2. 改进其运作过程和产品质量；
3. 向组织和顾客证实组织有能力提供持续满足要求的产品。

上述目的的达到，受组织从产品设计到顾客满意使用产品全过程中各种活动的影响。要得到顾客满意并获取效益，不仅取决于组织各方面工作及各自采取的质量活动的完善程度，还取决于这些工作共同发挥作用的情况。自 20 世纪中叶，质量工程方面的有关专家即提出组织应建立质量管理体系，构成全组织协调一致运转的工作结构，以文件形式列出有效和一致的技术与管理程序，以便以最有效、最符合实际的方式指导组织质量活动，从而达到顾客满意和组织受益。

半个世纪以来，随着人们对质量管理体系的实际运用和认识的不断深入，对这“一组相互作用的要素”(体系)的目的、要求以及应展开的活动有了渐趋一致的理解，也提出了应用于不同环境和满足各类需求的各种质量管理体系模式，这些模式都体现了质

量管理的原则。国际标准化组织(ISO)于20世纪80年代首次发布了质量管理体系标准，经过二十多年的推行和完善，已成为运用最为广泛的质量管理体系模式。

二、质量管理体系要求与产品要求

【标准条款】

> **2.2　质量管理体系要求与产品要求**
>
> GB/T 19000族标准区分了质量管理体系要求和产品要求。
>
> GB/T 19001规定了质量管理体系要求。质量管理体系要求是通用的，适用于所有行业或经济领域，不论其提供何种类别的产品。GB/T 19001本身并不规定产品要求。
>
> 产品要求可由顾客规定，或由组织通过预测顾客的要求规定，或由法规规定。产品要求有时与相关的过程要求一起，被包含在诸如技术规范、产品标准、过程标准、合同协议和法规要求中。

【理解要点】

尽管国际标准化组织(ISO)制定ISO 9000族标准有种种动机，但当时提出该系列标准的主要原因是促进国际经济合作的需要，以使不同国家和各类组织之间在技术交流、贸易往来等合作中，在质量方面具有共同语言、统一的认识和共同遵守的规范。因此，ISO在制定质量管理体系要求标准时，一直告诫使用者要将质量管理体系要求与产品要求予以区分，使质量管理体系要求标准可应用于各种行业、经济部门，不同类型和规模、提供不同产品的组织。标准只描述质量管理体系应满足的目的，不规定达到这些目的的途径；允许组织在一定的条件下，根据删减的原则，选择部分适用的质量管理体系要求。根据组织和产品的性质，可选择某一要求适用的程度("必要时"，"适用时")，以最简明的要求提供质量保证的方式，保证标准的通用性；同时为标准的使用者建立和运作其质量管理体系提供了一种简明、有序、高效的途径。

产品要求则依产品特性不同而不同，而产品要求的达到或超越才是顾客满意的基本要素。

对组织而言，质量管理体系要求与产品要求相辅相成，满足质量管理体系要求的质量管理体系帮助组织持续稳定地使其产品达到质量要求。

应注意质量管理体系要求的通用并不意味着质量管理体系的通用，质量管理体系的策划和实施，应根据组织和相应产品的具体情况进行。

三、质量管理体系方法

【标准条款】

> **2.3　质量管理体系方法**
>
> 建立和实施质量管理体系的方法包括以下步骤：

a) 确定顾客和其他相关方的需求和期望；

b) 建立组织的质量方针和质量目标；

c) 确定实现质量目标必需的过程和职责；

d) 确定和提供实现质量目标必需的资源；

e) 规定测量每个过程的有效性和效率的方法；

f) 应用这些测量方法确定每个过程的有效性和效率；

g) 确定防止不合格并消除其产生原因的措施；

h) 建立和应用持续改进质量管理体系的过程。

上述方法也适用于保持和改进现有的质量管理体系。

采用上述方法的组织能对其过程能力和产品质量树立信心，为持续改进提供基础，从而增进顾客和其他相关方满意，并使组织成功。

【理解要点】

标准描述了建立质量管理体系的步骤，应注意到质量管理体系策划的起点是顾客要求和相关方要求的确定。按照这些步骤逐步展开建立的质量管理体系，才能有效地保持产品符合质量要求和组织获益，使质量管理体系的策划和运行不仅要考虑若干单独的活动，还要追求整体优化的质量管理活动。

目前，很多组织建立质量管理体系时并未依据以上的思路和步骤，而是寻求套用其他组织的“现成”体系，以满足某一体系要求的外部评价；其结果常常是质量管理体系与组织的实际运作状况脱节，组织各级人员均看不出体系运行的实际意义，自然也就对此失去了信心。

四、过程方法

【标准条款】

2.4 过程方法

使用资源将输入转化为输出的任何一项或一组活动均可视为一个过程。

为使组织有效运行，必须识别和管理许多相互关联和相互作用的过程。通常，一个过程的输出将直接成为下一个过程的输入。系统地识别和管理组织所应用的过程，特别是这些过程之间的相互作用，称为“过程方法”。

本标准鼓励采用过程方法管理组织。

由 GB/T 19000 族标准表述的，以过程为基础的质量管理体系模式如图 1 所示。该图表明在向组织提供输入方面相关方起重要作用。监视相关方满意程度需要评价有关相关方感受的信息，这种信息可以表明其需求和期望已得到满足的程度。图 1 中的模式未表明更详细的过程。

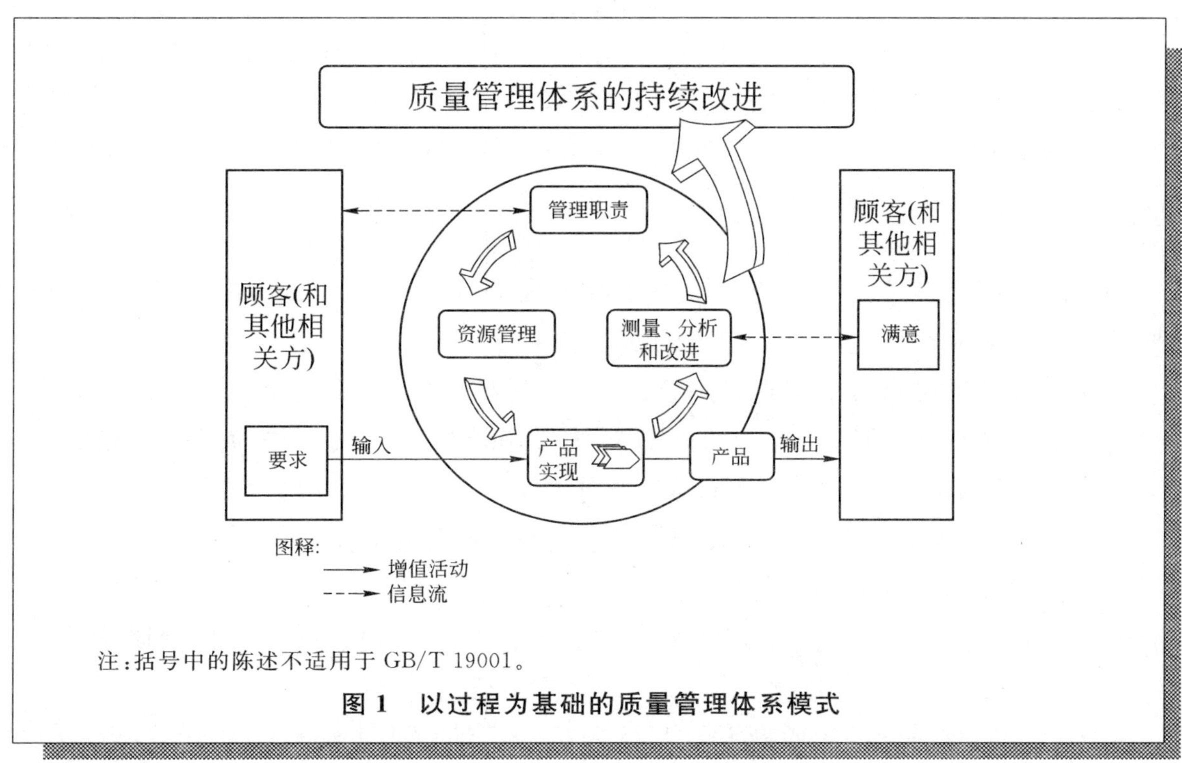

注：括号中的陈述不适用于GB/T 19001。

图1　以过程为基础的质量管理体系模式

【理解要点】

ISO 9000族标准是建立在“所有工作都是通过过程来完成”的认识基础上。强调过程管理的作用也是质量管理的一个基本概念，因为：

1. 过程的输出(产品)质量取决于过程的输入、活动、结构等因素，控制这些因素即可控制输出质量；

2. 组织有很多职能，错综复杂。质量管理需要强调、简化和优化主要过程，以提高管理和运作效率；

3. 当需要同时管理若干个过程，特别是跨职能过程时，容易出现问题，因此需要明确接口和职责权限；

4. 将有关促进目标实现的活动和资源按过程管理，为保持其实现组织目标的一致性提供了机制，以尽量减少内部冲突并提高实现目标的有效性和效率。

GB/T 19001—2008对质量管理体系涉及的过程应满足的要求作出了规定，也描述了这些过程的相互关系。

五、质量方针和质量目标

【标准条款】

2.5　质量方针和质量目标

质量方针和质量目标的建立为组织提供了关注的焦点。两者确定了期望的结果，并帮助组织利用其资源得到这些结果。质量方针为建立和评审质量目标提供了框架。质量目标需要与质量方针和持续改进的承诺相一致，其实现需是可测量的。质量目标的实现对产品质量、运行有效性和财务业绩都有积极影响，因此对相关方的满意和信任也会产生积极影响。

【理解要点】

每一个组织为谋求在变化的环境中生存和发展都需要做好自己的战略策划，设定长期的组织目标并识别达到目标所需的活动。

质量方针和质量目标的确定是组织战略策划的组成部分。质量方针为建立和评审质量目标提供了框架，质量目标为质量方针的实施提供了手段。作为战略策划的组成部分，质量方针和质量目标构成组织质量工作导向的关注点，即应：

- 向组织的人员表明质量对我们意味着什么，我们追求什么；
- 构成组织人员决策的依据和原则；
- 能引导全体人员意识到本组织和其自身质量工作重点，为人员提升质量绩效提供导向和绩效评价依据。

一个放之四海而皆准的质量方针和比人员现有绩效水准还低的质量目标，是不能成为组织质量管理工作的"关注点"的。

六、最高管理者在质量管理体系中的作用

【标准条款】

2.6　最高管理者在质量管理体系中的作用

最高管理者通过其领导作用和实际行动，可以创造一个员工充分参与的环境，质量管理体系能够在这种环境中有效运行。最高管理者可以运用质量管理原则（见 0.2）作为发挥以下作用的基础：

a）制定并保持组织的质量方针和质量目标；

b）通过在整个组织内宣传质量方针并促进质量目标的实现，增强员工的意识、积极性和参与程度；

c）确保整个组织关注顾客要求；

d）确保实施适宜的过程，以满足顾客和其他相关方要求并实现质量目标；

e）确保建立、实施和保持一个有效和高效的质量管理体系以实现这些质量目标；

f）确保获得必要资源；

g）定期评审质量管理体系；

h）决定有关质量方针和质量目标的措施；

i）决定改进质量管理体系的措施。

【理解要点】

作为在组织中具有最高权力，能最全面了解组织的生产经营情况和各方需求，并有

最大影响力的一个或一组人，最高管理者的任务通常包括：

1. 考虑组织的使命、目标、战略和计划；

2. 平衡长短期利益，合理利用组织资源；

3. 考虑组织未来的发展规划和组织结构设计，培养人力资源；

4. 确立标准和榜样，树立关键领域的价值观，衡量应做到和实际做到的差距并决定采取措施；

5. 建立和维护与组织的各关键相关方的关系，如顾客、供方等。

质量管理是组织经营管理的重要内容，顾客满意的产品，源于全组织内每个从事影响质量工作的人员的共同努力。现代质量管理的一个共识就是，质量管理应该是在组织的最高管理者领导下，由全体员工参与完成的活动。标准明确了最高管理者在建立和运行质量管理体系中的职责。最高管理者应将质量管理原则的意图和应用融会贯通于这些职责的履行中，因为质量管理八项原则的首要使用者，就是组织的最高管理者。

七、文件

【标准条款】

2.7　文件

2.7.1　文件的价值

文件能够沟通意图、统一行动，其使用有助于：

a）满足顾客要求和质量改进；

b）提供适宜的培训；

c）重复性和可追溯性；

d）提供客观证据；

e）评价质量管理体系的有效性和持续适宜性。

文件的形成本身并不是目的，它应当是一项增值的活动。

2.7.2　质量管理体系中使用的文件类型

在质量管理体系中使用下列几种类型的文件：

a）向组织内部和外部提供关于质量管理体系符合性信息的文件，这类文件称为质量手册；

b）表述质量管理体系如何应用于特定产品、项目或合同的文件，这类文件称为质量计划；

c）阐明要求的文件，这类文件称为规范；

d）阐明推荐的方法或建议的文件，这类文件称为指南；

e）提供使过程能始终如一完成的信息的文件，这类文件包括形成文件的程序、作业指导书和图样；

f）为完成的活动或得到的结果提供客观证据的文件，这类文件称为记录。

每个组织确定其所需文件的数量和详略程度及采用的媒介，这取决于下述因素，诸如：组织的类型和规模、过程的复杂性和相互作用、产品的复杂性、顾客要求、适用的法规要求、经证实的人员能力，以及满足质量管理体系要求所需证实的程度。

【理解要点】

文件是“信息及其承载媒介”，其中符号化和图形化的文件（如书面文件及记录）是人类所发明的沟通效率最高、传递内容一致性最好、持续稳定的信息沟通手段。此类文件的制定、分发和记录的保持往往本身就是一个信息整理、检索、优化、形成知识和分享知识的一个过程，即一个信息增值的过程。质量管理体系要求协调运作其组成的过程，需要稳定、一致、高效的信息沟通手段。因此，质量管理体系从概念诞生起就伴随着“文件化”的要求，当质量管理体系涉及在经济合作中提供所具备的能力的信任时，这一要求当然更有必要。

GB/T 19000—2008 标准对文件在质量管理体系中的用途和质量管理体系常用的文件类型作了说明。

组织应用文件的多少和详略程度取决于其过程、产品、人员能力等诸多因素。

八、质量管理体系评价

【标准条款】

2.8　质量管理体系评价

2.8.1　质量管理体系过程的评价

评价质量管理体系时，应当对每一个被评价的过程提出如下四个基本问题：

a）　过程是否已被识别并适当规定？

b）　职责是否已被分配？

c）　程序是否得到实施和保持？

d）　在实现所要求的结果方面，过程是否有效？

综合上述问题的答案可以确定评价结果。质量管理体系评价可在不同的范围内，通过一系列活动来开展，如审核和评审质量管理体系以及自我评定。

2.8.2　质量管理体系审核

审核用于确定符合质量管理体系要求的程度。审核发现用于评定质量管理体系的有效性和识别改进的机会。

第一方审核由组织自己或以组织的名义进行，用于内部目的，可作为组织自我合格声明的基础。

第二方审核由组织的顾客或由其他人以顾客的名义进行。

第三方审核由外部独立的组织进行。这类组织通常是经认可的，提供符合要求（如：GB/T 19001）的认证。

GB/T 19011 提供了审核指南。

2.8.3　质量管理体系评审

最高管理者的任务之一是对照质量方针和质量目标，定期和系统地评价质量管理体系的适宜性、充分性、有效性和效率。这种评审可包括考虑是否需要修改质量方针和质量目标，以响应相关方需求和期望的变化。评审包括确定是否需要采取措施。

审核报告与其他信息源一同用于质量管理体系的评审。

2.8.4 **自我评定**

组织的自我评定是参照质量管理体系或卓越模式，对组织的活动和结果所进行的全面和系统的评审。

自我评定可对组织业绩和质量管理体系成熟程度提供全面的情况。它还有助于识别组织中需要改进的领域并确定优先开展的事项。

【理解要点】

1. 测量评价是主动了解事物现状和寻求改进机会的主要手段。评价质量管理体系时应对每一个过程了解以下四个基本问题：

(1) 过程是否已被识别并适当规定，如是否已确定被评价过程的活动、输入、输出、顾客、顾客要求、资源需求、与其他过程的关系；

(2) 职责是否已被分配，如过程的责任者及其职责和权限的明确，过程以及相互作用所涉及的人员职责的明确，这些职责也可能由一个团队承担；

(3) 程序是否得到实施和保持，即相应策划是否得到落实，包括过程结果及其影响因素的监视和测量的情况，过程的分析、调整和改进；

(4) 在实现所要求的结果方面，过程是否有效。即过程的结果与相关方期望的方针和目标的一致性。

2. 标准对质量管理体系评价的三种手段作了描述：

(1) 独立评价质量管理体系符合性和有效性的质量管理体系审核，包括内部审核和外部审核。有关内部审核请见第三章对 GB/T 19001—2008 标准 8.2.2 条款的介绍。

(2) 由最高管理者评价质量管理体系的适宜性、充分性、有效性和效率的质量管理体系评审(管理评审)请见第三章对 GB/T 19001—2008 标准 5.6 条款的介绍。

(3) 关注识别差距的自我评价(评定)。相对前两种评价方式，自我评价在识别差距、确定改进机会方面有其优势。对于各种卓越模式准则，ISO 9004:2000 标准以及正在修订中的 ISO 9004 标准草案都介绍了其相应的自我评价方法。自我评价是由组织内部人员或聘请外部人员对组织进行的自我诊断，通常采用成熟度评价方式，对每一个评价项目的成熟度判定，评价准则都有明确陈述，以增强人员所作评价的客观性。采用成熟度量化评价，大大增加了信息容量和可以考虑的参数维度，可以更全面地了解组织各项活动和结果的状况，提高识别差距的效率，同时还可用于评价改进的进度和状况。

九、持续改进

【标准条款】

2.9 **持续改进**

持续改进质量管理体系的目的在于增加组织提升顾客和其他相关方满意的几率，改进包括下列活动：

a）分析和评价现状，以识别改进区域；

b）确定改进目标；

c）寻找可能的解决办法，以实现这些目标；

d）评价这些解决办法并作出选择；

e）实施选定的解决办法；

f）测量、验证、分析和评价实施的结果，以确定这些目标已经实现；

g）正式采纳更改。

必要时，对结果进行评审，以确定进一步改进的机会。从这种意义上说，改进是一种持续的活动。顾客和其他相关方的反馈以及质量管理体系的审核和评审均能用于识别改进的机会。

【理解要点】

顾客需求的变化、同业的竞争和技术的进步，都迫使组织必须持续改进。从这个意义上来说，组织可持续发展的状况可能在很大的程度上取决于：

1. 持续改进是源于主动地寻找机会，还是被动地迫于生存；
2. 改进活动的有效性和效率；
3. 改进活动是否能真正持续地开展下去。

本条款描述了主动和系统地持续改进活动的机制。

十、统计技术的作用

【标准条款】

2.10　统计技术的作用

应用统计技术有助于了解变异，从而可帮助组织解决问题并提高有效性和效率。这些技术也有助于更好地利用可获得的数据进行决策。

在许多过程的运行和结果中，甚至是在明显的稳定条件下，均可观察到变异。这种变异可通过产品和过程的可测量特性观察到，也可在产品的整个寿命周期（从市场调研到顾客服务和最终处置）的不同阶段中看到。

统计技术有助于对这种变异进行测量、描述、分析、解释和建立模型，甚至在数据相对有限的情况下也可实现。这种数据的统计分析能对更好地理解变异的性质、程度和原因提供帮助，从而有助于解决，甚至防止由变异引起的问题，并促进持续改进。

GB/Z 19027 给出了质量管理体系中的统计技术指南。

【理解要点】

原始数据固然重要，但许多原始数据直接应用价值不大，需通过一定的方式对这些原始数据进行处理分析，方可得到可供决策使用的信息。数据分析就是对原始数

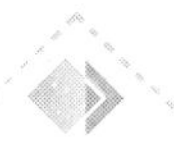

据进行处理的过程，它是质量管理体系中必不可少的一项活动，而质量数据常有以下特点：

1. 数量大、种类多；
2. 某些数据难以获取，只能有少量样本数据；
3. 量值存在波动；
4. 某些数据之间有相互联系。

我们常需要从这样的数据中寻找某一研究对象的规律，如：

1. 质量的趋势，是否有显著变化，变化的范围和方向；
2. 某一因素是否对结果有显著影响；
3. 某一因素对另一事物有什么影响，有多大影响；
4. 是否存在某种异常等。

面对具有以上特点的质量数据，就需要利用适用的统计技术，才能以可预见的风险得出合理结论。统计工具的应用能大幅度提升质量管理工作的有效性和效率。

十一、质量管理体系与其他管理体系的关注点

【标准条款】

> **2.11 质量管理体系与其他管理体系的关注点**
>
> 质量管理体系是组织的管理体系的一部分，它致力于实现与质量目标有关的结果。适当时，满足相关方的需求、期望和要求。组织的质量目标补充其他目标，如成长、筹资、收益性、环境及职业健康与安全等目标。一个组织的若干个管理体系，可以与质量管理体系整合成一个使用通用要素的综合管理体系。这将有利于策划、资源配置、确定互补的目标以及评价组织的整体有效性。组织的管理体系可以对照其要求进行评价，也可以对照国家标准如 GB/T 19001 和 GB/T 24001 的要求进行审核，这些审核可分开进行，也可合并进行。

【理解要点】

新经济的产生、贸易全球化、外包和海外资源的利用、技术融合、买方市场、对集合智慧而非个人才华的依赖、人类活动所导致的气候变化、自然资源的开发和利用对环境的影响、生产和生活水平以及知识水平的提高促进了对社会公平的关注等等，这一切已是今天组织谋求可持续发展必须面对的现实因素，同时也对组织的管理体系提出了多方面的要求和目标。

质量管理体系是组织管理体系的一部分，组织的管理体系可能还需要包含财务管理、环境管理、职业健康安全管理、信息安全管理、应急管理、风险管理、知识管理、创新管理、道德与社会责任管理等内容。不同的管理体系要实现的目标不同，但这些目标应该相互补充。如果一个组织在质量管理体系之外，又根据自身的需要建立和实施了其他的管理体系，那么，将质量管理体系与其他管理体系整合为一个协调的综合管理体系，无疑能提高组织整体运营的有效性和效率。

十二、质量管理体系与卓越模式之间的关系

【标准条款】

2.12　质量管理体系与卓越模式之间的关系

GB/T 19000 族标准和组织卓越模式提出的质量管理体系方法均依据共同的原则。它们两者均：

a)　使组织能够识别它的强项和弱项；

b)　包含对照通用模式进行评价的规定；

c)　为持续改进提供基础；

d)　包含外部承认的规定。

GB/T 19000 族质量管理体系方法与卓越模式之间的差别在于它们的应用范围不同。GB/T 19000 族标准提出了质量管理体系要求和业绩改进指南，质量管理体系评价可确定这些要求是否得到满足。卓越模式包含能够对组织业绩进行比较评价的准则，并能适用于组织的全部活动和所有相关方。卓越模式评价准则提供了一个组织与其他组织进行业绩比较的基础。

【理解要点】

卓越模式准则本是比较和评选优秀质量管理企业的评价项目和评价依据。全球有很多卓越模式准则，如：戴明奖准则、波多里奇奖准则、欧洲质量奖准则及各国（地区）制定的质量奖准则，但大都以波多里奇奖准则为典型模式。

组织卓越模式本质上是从一个整合的管理体系着眼，为一个组织提升其整体绩效提供框架和识别差距的机会，其特点是注重组织的全面发展。组织卓越模式适用于组织的所有活动并考虑到所有相关方的利益，其评价准则包含了对组织绩效的比较和评价，采用成熟度评价方式。卓越模式被认为是各种模式中识别重点改进区域的最突出的方法，广泛应用于组织的自我评价。正在修订中的 ISO 9004 标准，虽声称不打算成为另一个组织卓越模式，但是从目前的标准草案中，仍可见到多处采纳了组织卓越模式的思路。

ISO 9001 的质量管理体系方法则专注于实现与质量目标相关的结果。通过实施满足标准要求的质量管理体系，可为组织具有稳定提供满足顾客要求和法律法规要求产品的能力提供信任。正是由于其应用目的专一，实施要求明确，评价简明可靠等特点，ISO 9001 的质量管理体系方法才得到了广泛的应用。

第三节　术语和定义

为了让 GB/T 19000 族标准的使用者对标准能有统一的理解，在 GB/T 19000 标准中给许多术语规定了定义。其中有些术语在核心标准中未出现，还有一些术语的定义

比较通俗易懂，这些术语我们在此均不作解释。另外还有一些术语放在GB/T 19001的标准条款里解释比较容易理解，这部分术语请读者在阅读第三章的内容时，结合GB/T 19001标准中的要求来学习。

从GB/T 19000系列标准首次发布算起已有二十多年了，有相当多的组织已有十年以上采用该系列标准的经历。在这个过程中，经过大家的共同努力，对标准中使用的绝大部分术语已经基本上达成了共识，同样这些术语在此也不需要作出解释。

本节仅就部分常见的，同时又不太好理解的，或者在理解上存在较大分歧的术语，给出我们的理解。为便于表述，对于逻辑关系比较密切的若干个术语将放在一起解释，供大家参考。

一、质量和特性

【标准条款】

3.1.1

质量　quality

一组固有**特性**(3.5.1)满足**要求**(3.1.2)的程度

注1：术语“质量”可使用形容词，如：差、好或优秀来修饰。

注2：“固有的”(其反义是“赋予的”)是指本来就有的，尤其是那种永久的特性。

3.5.1

特性　characteristic

可区分的特征

注1：特性可以是固有的或赋予的。

注2：特性可以是定性的或定量的。

注3：有各种类别的特性，如：

——物理的(如：机械的、电的、化学的或生物学的特性)；

——感官的(如：嗅觉、触觉、味觉、视觉、听觉)；

——行为的(如：礼貌、诚实、正直)；

——时间的(如：准时性、可靠性、可用性)；

——人因工效的(如：生理的特性或有关人身安全的特性)；

——功能的(如：飞机的最高速度)。

【理解要点】

所谓“特性”就是特有的性质，能够与其他的对象区分开的性质。

质量是针对一组特性而言，不同对象所具有的质量特性是不一样的。就一般硬件产品而言，通常包括：安全性、可靠性、耐用性、可维护性、可维修性等。这些特性是在产品加工中逐渐形成的，所以我们说这些特性是固有的，即随着产品在加工过程中流转，最后与产品一道作为过程的输出而提供出来。质量便是这组固有的特性满足要求的程度，满足要求的程度越高，质量就越好。因此，如果用质量来反映某种状况，就必须加修饰词，如：好、差、高、低等。

二、要求

【标准条款】

> 3.1.2
>
> **要求 requirement**
>
> 明示的、通常隐含的或必须履行的需求或期望
>
> 注1："通常隐含"是指**组织**(3.3.1)、**顾客**(3.3.5)和其他**相关方**(3.3.7)的惯例或一般做法，所考虑的需求或期望是不言而喻的。
>
> 注2：特定要求可使用限定词表示，如：产品要求、质量管理要求、顾客要求。
>
> 注3：规定要求是经明示的要求，如：在**文件**(3.7.2)中阐明。
>
> 注4：要求可由不同的**相关方**(3.3.7)提出。
>
> 注5：本定义与ISO/IEC导则第2部分：2004的3.12.1中给出的定义不同。
>
> 3.12.1
>
> **要求 requirement**
>
> 表达应遵守的准则的条款

【理解要点】

理解这个术语，关键是要知道这里的"要求"都包括哪些内容，即术语的外延。定义中给出了三部分内容：即"明示的要求"、"隐含的要求"和"必须履行的要求"。

1. 明示的要求就是通过口头、书面或其他明确的方式提出的要求。

2. 隐含的要求是属于不言而喻的要求，一般是所有的顾客都有的要求，这是一种常识性要求，这种要求在很多情况下顾客是不会提出的。如人们去某饭店用餐，可能会对口味提出要求，因为每个人喜好的口味不同，但一般不会对饭店提供的餐具提出要求，因为绝大多数人对用不用或用什么餐具没有特别的需求。因此这一要求是众所周知的，不需多言，但饭店对此必须作出规定。

3. 必须履行的要求一般是泛指法律法规等强制性要求。

三、顾客满意

【标准条款】

> 3.1.4
>
> **顾客满意 customer satisfaction**
>
> 顾客对其**要求**(3.1.2)已被满足程度的感受
>
> 注1：顾客抱怨是一种满意程度低的最常见的表达方式，但没有抱怨并不一定表明顾客很满意。
>
> 注2：即使规定的顾客要求符合顾客的愿望并得到满足，也不一定确保顾客很满意。

【理解要点】

既然顾客满意是一种感受，那么它一定是在很大程度上取决于顾客本身，而不是完全取决于组织及其产品，即它是主观的。只有了解了这一点，才能知道如何让顾客满意。现实中，在组织不了解顾客要求、又缺乏一定的经验的情况下，要想让顾客满意是不太容易的事情。唯一的办法就是要及时与顾客沟通，了解顾客的感受，然后根据顾客当时的实际感受来调整组织自身的行为，以达到顾客满意。

四、能力

【标准条款】

3.1.6

能力　competence

经证实的应用知识和技能的本领

注1：在本标准中，所定义的能力的概念是通用的。在ISO其他的文件中，本词汇的使用可能更加具体。

注2：在GB/T 19000族标准中，术语**能力(capability)**(3.1.5)特指组织、体系或过程的“能力”，而**能力(competence)**(3.1.6)则特指人员的“能力”。

【理解要点】

这里我们讨论的是人员的能力。由术语的定义我们可以看到，能力就是“应用知识和技能的本领”。因此，如果说一个人有能力，就要具备两个条件：

1. 有知识和技能；
2. 能应用这些知识和技能解决实际问题。

两个条件，缺一不可。没有知识和技能，就谈不上应用。可是有了知识和技能，并不等于你就能应用了。所以，要了解一个人是否具备某种能力，首先要看他是否掌握某种知识，通常可通过考试来确定；其次，是看他是否具备某种技能，是否能应用这种知识和技能来解决实际问题，这方面仅通过考试是难以作出准确判断的，只有通过观察他应用知识和技能解决实际问题的过程，才能作出相对准确的结论。

五、质量管理体系

【标准条款】

3.2.3

质量管理体系　quality management system

在**质量**(3.1.1)方面指挥和控制**组织**(3.3.1)的**管理体系**(3.2.2)

【理解要点】

按照标准后面的附录A所规定的术语替代规则,我们不妨尝试一下替代的方法,那么"质量管理体系"的定义是:"在质量方面指挥和控制组织的,建立方针和目标并实现这些目标的,相互关联或相互作用的一组要素",定义最终是落在了"要素"上。这里的"要素"指的就是对过程的控制要求。所以,通俗地讲,质量管理体系就是为实现质量方针和质量目标所规定的一组相关的对过程的控制要求。换一句更简单的话说,就是防止过程失控的一组相关要求。

六、质量管理和质量策划

【标准条款】

3.2.8

质量管理 **quality management**

在**质量**(3.1.1)方面指挥和控制**组织**(3.3.1)的协调的活动

注:在质量方面的指挥和控制活动,通常包括制定**质量方针**(3.2.4)和**质量目标**(3.2.5),以及**质量策划**(3.2.9)、**质量控制**(3.2.10)、**质量保证**(3.2.11)和**质量改进**(3.2.12)。

3.2.9

质量策划 **quality planning**

质量管理(3.2.8)的一部分,致力于制定**质量目标**(3.2.5)并规定必要的运行**过程**(3.4.1)和相关资源以实现质量目标

注:编制**质量计划**(3.7.5)可以是质量策划的一部分。

【理解要点】

一般来说,组织中的人员为了有关质量方面的事宜所开展的一系列活动就是质量管理。3.2.8"质量管理"定义下面的注列出了它所包括的几项活动,而"质量策划"就是其中的一项活动。

所谓"策划"就是在做某件事情之前,为了能把这件事情做好,而预先所做的准备工作。可以说,做所有工作都需要事先策划,所以就有许多种策划。这里所讲的"质量策划"就是在质量方面的策划。

"质量策划"就是组织为了做好某件事,而预先确定质量目标,并为实现这个目标所做的一系列准备工作,比如:确定必要的过程;规定相关的职责;提供充分的资源等等。

七、质量控制

【标准条款】

3.2.10

质量控制 **quality control**

质量管理(3.2.8)的一部分,致力于满足质量要求

【理解要点】

质量控制就是为满足质量要求而开展的一系列活动。为简单起见，我们删除"质量"二字，那么控制就是为满足要求而开展的一系列活动。这些活动都包括什么呢？一般包括下述三要素：

1. 规定要求，即：要满足要求，就必须首先有要求；

2. 让所有人员遵守规定的要求，这是满足要求所必需的；

3. 设法达到要求的目的。

质量管理体系对过程的控制主要就是开展这三项活动，质量管理体系审核也主要审核这三项活动，即检查组织的过程是否受控。因此，判断某个过程是否受控，主要审核三点：

1. 组织对这个过程是否有要求？（包括：法律法规要求、顾客要求、组织自身的要求等）

2. 与过程有关的人员是否能始终严格遵守这些要求？

3. 效果如何？（如：实现质量目标的程度）

如果审核的结果是：组织对过程有适宜和充分的要求；与过程有关的人员能始终严格遵守这些要求；最后达到了或正在达到要求所要实现的目标，此时就可以认定，该过程是"受控"的。

八、有效性和效率

【标准条款】

3.2.14

有效性 effectiveness

完成策划的活动并得到策划结果的程度

3.2.15

效率 efficiency

得到的结果与所使用的资源之间的关系

【理解要点】

有效性就是"所做的事情的正确程度"。首先，你是否完成了？其次，你是否达到了目的？两方面都做到了，有效性就好；否则，有效性就差。

效率实际就是投入与产出的比值。所谓"得到的结果与所使用的资源之间的关系"就是这种关系。得到的结果圆满，使用的资源比较少，效率就高；反之，效率就低。效率也可以理解为"事情做得正确的程度"。

有效性强调"事情的正确程度"，而效率则强调"做得正确的程度"。

九、顾客

【标准条款】

> 3.3.5
>
> **顾客　customer**
>
> 接受**产品**(3.4.2)的**组织**(3.3.1)或个人
>
> 示例：消费者、委托人、最终使用者、零售商、受益者和采购方。
>
> 注：顾客可以是组织内部的或外部的。

【理解要点】

这个定义很简单，但是如果概念不清楚，有时在实际工作中会出现差错。

例如：婴幼儿食品厂的顾客是谁？是婴幼儿吗？似乎是，似乎又不是。因为，婴幼儿食品是婴幼儿吃的，但肯定不是婴幼儿选择的。那顾客就是婴幼儿的长辈，似乎是，也似乎不是。因为，婴幼儿食品是婴幼儿的长辈选择的，但肯定不是婴幼儿的长辈吃的。

定义只是说“接受”产品的组织或个人，但是并没说如何接受，接受以后做什么。所以，很明显，婴幼儿食品厂的顾客是婴幼儿和他们的长辈。有些人之所以出现差错，主要是因为自然或不自然地认为顾客只能是一类人，即要么是婴幼儿，要么是婴幼儿的长辈，而没考虑到两者全是。

类似的情况有：

- 医疗机构的顾客是病人及家属；
- 教育机构的顾客是学员、付费方、接收单位。

在这里要切记，只要他是产品的接受方，就应该是顾客，无论有几类。

还有一种要予以说明的情况就是：认证机构的顾客是谁？过去有一种流行的说法，认证机构的顾客是接受这个机构审核的组织，由于认证机构提出了使顾客满意的质量方针，因此在整个审核过程中认证机构就尽量让受审核组织满意。比如：在受审核组织的现场审核时，受审核方希望审核员见到不符合项能“通融”些，为了让顾客满意，有些审核员就做得很“宽容”。

其实受审核组织只是认证机构的合同顾客，因此只能在认证的计划、时间的安排、人员的安排、价格的确定等方面尽量满足受审核组织的要求，至于在审核的严格程度上是不能放松的。因为，认证机构还有一个更重要的顾客，那就是它的“最终顾客”，即接受“受审核组织”的产品的组织或个人，他们的要求才是更值得所有认证机构特别关注的。我们试想：他们希望审核员在审核时“宽容”吗？他们希望认证机构“卖”证吗？如果是这样的话，他们如何能依据审核机构颁发的证书来选择理想的供方呢？其实这个问题很明显，只是有很多人当经济利益与顾客满意发生矛盾时，未能始终考虑到“最终顾客”的需求。我们的认证监管机构就是依据“最终顾客”的要求对认证机构进行监管的。

十、合同

【标准条款】

> 3.3.8
>
> **合同　contract**
>
> 有约束力的协议
>
> 注:在本标准中所定义的合同的概念是通用的。在ISO的其他文件中,本词汇的使用可能更加具体。

【理解要点】

合同亦称"契约",是当事人双边(或多边)在从事某项事物时,为了确定各自的权力和义务而订立的共同遵守的条文。

合同是双边(或多边)的法律行为,它的签署必须经双边(或多边)的一致同意。合同可以是书面的,也可以是口头的,但一般都应以书面的形式出现。依法签署的合同具有法律约束力,未经双边(或多边)各方同意,合同不得改变。任何一方无合法原因不履行或不完全履行合同义务时,其他各方有权请求履行或解除合同,并有权就所造成的损失请求赔偿。

本术语是GB/T 19000—2008标准新增加的。

十一、过程和程序

【标准条款】

> 3.4.1
>
> **过程　process**
>
> 将输入转化为输出的相互关联或相互作用的一组活动
>
> 注1:一个过程的输入通常是其他过程的输出。
>
> 注2:**组织**(3.3.1)为了增值通常对过程进行策划并使其在受控条件下运行。
>
> 注3:对形成的**产品**(3.4.2)是否**合格**(3.6.1)不易或不能经济地进行验证的过程,通常称之为"特殊过程"。
>
> 3.4.5
>
> **程序　procedure**
>
> 为进行某项活动或**过程**(3.4.1)所规定的途径
>
> 注1:程序可以形成文件,也可以不形成文件。
>
> 注2:当程序形成文件时,通常称为"书面程序"或"形成文件的程序"。含有程序的**文件**(3.7.2)可称为"程序文件"。

【理解要点】

所谓过程,就是一组相关的活动,活动在开展之前有一些必要的条件,我们称为输入；活动结束后产生一些结果，我们称为输出。这个概念理解起来并不难，问题出在“特殊过程”上。

什么是特殊过程？定义中的注 3 说得很明白，这里不再重述，关键是特殊过程的控制机理是什么？它为什么需要确认？应该确认什么？确认的依据是什么？

其实，对特殊过程的控制思路叫做“控制前移”。对于制造业来说，一般的流程是，经过一系列的加工、组装，在产品出厂前做一次全面的检验，对产品质量进行控制，产品合格就交给顾客，不合格就做进一步的处置。现在的问题是，我们无法通过出厂前的检验来判定产品是否合格。这就是所谓的“特殊过程”。既然在加工制造流程的最后无法对产品质量进行控制，那就只好将这种控制“向前移动”，即移到流程中来，来控制流程中所有影响产品质量的因素，如：人员、设备、原材料、零部件、工艺方法、生产环境等。产品质量的不一致，往往是由于影响产品质量的因素不稳定所造成的，如果我们能够保持这些因素的稳定性，那么，产品的质量就会是一致的。特殊过程的控制思路就是对影响产品质量的因素所具备的能力是否满足产品质量要求进行预先确认，然后再通过对过程的控制确保这些因素始终处在所确认的合格状态，以此来确保特殊过程所输出的产品的质量的一致性。具体内容见本书第三章对 GB/T 19001—2008 的 7.5.2 条款的解释。

所谓“程序”就是组织为顺利开展某项活动而预先确定的路径或步骤。例如：组织为了确保“特殊过程”的输出满足规定的要求，可事先确定其流程以及相关的因素，由此形成必要的程序，用以控制“特殊过程”，以确保其输出符合预期的目标。

十二、产品

【标准条款】

3.4.2

产品　product

过程(3.4.1)的结果

注 1：有下列四种通用的产品类别：

—— 服务(如运输)；

—— 软件(如计算机程序、字典)；

—— 硬件(如发动机机械零件)；

—— 流程性材料(如润滑油)。

许多产品由分属于不同产品类别的成分构成，其属性是服务、软件、硬件或流程性材料取决于产品的主导成分。例如：产品“汽车”是由硬件(如轮胎)、流程性材料(如：燃料、冷却液)、软件(如：发动机控制软件、驾驶员手册)和服务(如销售人员所做的操作说明)所组成。

注 2：服务通常是无形的，并且是在**供方**(3.3.6)和**顾客**(3.3.5)接触面上需要完成至少一项活动的结果。服务的提供可涉及，例如：

—— 在顾客提供的有形产品(如需要维修的汽车)上所完成的活动；

—— 在顾客提供的无形产品(如为准备纳税申报单所需的损益表)上所完成的活动；

—— 无形产品的交付(如知识传授方面的信息提供)；

——为顾客创造氛围(如在宾馆和饭店)。

软件由信息组成,通常是无形产品,并可以方法、报告或**程序**(3.4.5)的形式存在。

硬件通常是有形产品,其量具有计数的**特性**(3.5.1)。流程性材料通常是有形产品,其量具有连续的特性。硬件和流程性材料经常被称为货物。

注3:**质量保证**(3.2.11)主要关注预期的产品。

【理解要点】

如果删除了所有的注,产品的定义就变得极其的简单。首先,它是结果。因此,设计和开发肯定不是产品,因为下面的定义里说得很清楚,它是一个过程;而服务就是产品,因为产品定义中的注2里说它是“活动的结果”。这个结果是过程产生的结果,也叫过程的“输出”。

产品有四种类别:硬件、软件、流程性材料和服务。有些产品只占其中一种类别,而另外一些产品则同时包含几种产品类别。在建立和实施质量管理体系时,这一点应引起注意。

十三、设计和开发

【标准条款】

3.4.4

设计和开发 design and development

将**要求**(3.1.2)转换为**产品**(3.4.2)、**过程**(3.4.1)或**体系**(3.2.1)的规定的**特性**(3.5.1)或**规范**(3.7.3)的一组**过程**(3.4.1)

注1:术语“设计”和“开发”有时是同义的,有时用于规定整个设计和开发过程的不同阶段。

注2:设计和开发的性质可使用限定词表示(如产品设计和开发或过程设计和开发)。

【理解要点】

设计和开发是一组过程(不是产品),而且是一组将输入转换为输出的过程。输入的是要求,即依据要求开展设计;输出的是特性或规范,即设计过程完成后应该产生的有关特性或规范(可放在不同的载体上)。这些特性或规范可以是产品的,也可以是过程的,还可以是体系的,所以,也可以说设计和开发的产品是“特性和规范”,而这些“特性和规范”又是以文件、图纸和样件等形式输出的。

十四、不合格(不符合)和缺陷

【标准条款】

3.6.2

不合格(不符合) nonconformity

未满足**要求**(3.1.2)

3.6.3

缺陷　defect

未满足与预期或规定用途有关的**要求**(3.1.2)

注 1:区分缺陷与**不合格**(3.6.2)的概念是重要的,这是因为其中有法律内涵,特别是在与产品责任问题有关的方面。因此,使用术语"缺陷"应当极其慎重。

注 2:**顾客**(3.3.5)希望的预期用途可能受**供方**(3.3.6)信息的性质影响,如所提供的操作或维护说明。

【理解要点】

首先,我们应该了解,GB/T 19000 中的术语"缺陷"的含义与该术语在其他某些领域的含义是有差异的;其次,我们要能明确区分缺陷与不合格的概念。

产品是要使用的,为了产品能够正常使用,必须对产品的功能、性能等提出要求,以使产品能正常地用于预期的或规定的用途。当产品不能满足这种要求时,即为有"缺陷"。有缺陷的产品是不能正常使用的,但是有些复杂的产品所存在的缺陷不可能在短时间内被发现,还有许多缺陷是随着科学技术的发展逐步被发现的,人们不可能等到产品的所有缺陷被消除后才向社会提供这种产品。目前解决这一问题最有效的办法就是"召回",即:产品缺陷一经发现,立刻向社会公布,同时无条件召回所有已流入社会的产品。原因很简单,这种产品不能正常使用。当然,在具体操作时,还要适当考虑这种缺陷可能给人们带来的危害程度。在许多国家的相关法律中,对产品缺陷给消费者带来损害的情况都有明确的规定,要求产品的生产者必须承担相应的产品责任,要根据消费者受损害的程度给予无条件赔偿,有时这种赔偿是惩罚性的,即明显超出消费者实际受到损害的程度。

按标准中的定义来理解,产品不合格就是产品"未满足要求",而要求是多方面的。"缺陷"是指"未满足与预期或规定用途有关的要求"。如果生产加工企业的现行有效的产品标准包括了所有已知的"与预期或规定用途有关的要求",那么,如果出厂的产品满足产品标准要求,此时这种产品就应该认为是合格的,并且无缺陷。因为这种产品一定会满足"与预期或规定用途有关的要求"。

但是,如果生产加工企业的现行有效的产品标准没有包括所有已知的"与预期或规定用途有关的要求",那么,即使出厂的产品满足产品标准要求,此时这种产品只能认为是合格的,但有可能带有缺陷。因为这种产品有可能"未满足与预期或规定用途有关的要求"。

因此,为防止带有缺陷的产品出厂,企业应确保将"与预期或规定用途有关的要求"纳入到产品标准中来,使出厂的产品尽可能远离"缺陷"。

下面举例说明:

1. 某袋装食品,声称 500 克,正负误差小于 5 克,开袋即食。

由于包装时用于称重的设备出了问题,致使一批产品中有个别产品的质量只有 485 克,即分量不足,出厂抽检时未被发现。这属于不合格,但不影响食用,发现后可做降价处理。

如该袋装食品的生产企业接供方通知,一批原料混入对人身体有害物质,该物质无法经当前常用的方法检出。但该原料已用于加工食品,并有部分产品流入社会。这就

属于缺陷，应立即召回；但产品出厂时是合格品。

2. 某批家用轿车从生产厂到销售地的运输过程中，由于防护不当，致使部分车辆表层漆有轻微划痕。这属于不合格，但不影响正常使用，应做返工处理。

如汽车在销售两年后，厂家才发现由于设计的不完善，这批车的刹车系统在较长时期的使用后存在瞬间失灵的危险。这就属于缺陷，应立即召回；但出厂时是合格品。

十五、纠正、纠正措施和预防措施

【标准条款】

> 3.6.6
>
> **纠正　correction**
>
> 为消除已发现的**不合格**(3.6.2)所采取的措施
>
> 注 1：纠正可连同**纠正措施**(3.6.5)一起实施。
>
> 注 2：**返工**(3.6.7)或**降级**(3.6.8)可作为纠正的示例。

> 3.6.5
>
> **纠正措施　corrective action**
>
> 为消除已发现的**不合格**(3.6.2)或其他不期望情况的原因所采取的措施
>
> 注 1：一个不合格可以有若干个原因。
>
> 注 2：采取纠正措施是为了防止再发生，而采取**预防措施**(3.6.4)是为了防止发生。
>
> 注 3：**纠正**(3.6.6)和纠正措施是有区别的。

> 3.6.4
>
> **预防措施　preventive action**
>
> 为消除潜在**不合格**(3.6.2)或其他潜在不期望情况的原因所采取的措施
>
> 注 1：一个潜在不合格可以有若干个原因。
>
> 注 2：采取预防措施是为了防止发生，而采取**纠正措施**(3.6.5)是为了防止再发生。

【理解要点】

出现了不合格，把这个问题解决了，就是纠正。即消除了不合格，以后还有可能发生类似问题。

出现了不合格，寻找产生不合格的原因并采取措施将其消除，这个措施就是纠正措施，即消除不合格产生的原因的措施，以后不应再有类似的问题发生。

不合格还没发生，但根据已了解的数据和信息分析它有可能发生。为了不让它发生，所以提前找到可能产生不合格的原因并采取措施将其消除，这个措施就是预防措施。虽然消除的也是原因，但这个原因并未引起问题的实际发生，只是有可能引起问题的发生。

十六、返工和返修

【标准条款】

3.6.7

返工　**rework**

为使不合格**产品**(3.4.2)符合**要求**(3.1.2)而对其采取的措施

注：返修与返工不同，**返修**(3.6.9)可影响或改变不合格产品的某些部分。

3.6.9

返修　**repair**

为使不合格**产品**(3.4.2)满足预期用途而对其采取的措施

注1：返修包括对以前是合格的产品，为重新使用所采取的修复措施，如作为维修的一部分。

注2：返修与**返工**(3.6.7)不同，返修可影响或改变不合格产品的某些部分。

【理解要点】

对不合格产品进行处理而使其成为合格产品，其处理措施就叫返工。通常，这种不合格品是指加工制造过程中，经检验被确定为不合格品，但还未出厂的产品。

对不合格产品进行处理而使其达到所期待的目的，其处理措施就叫返修。返修后的产品不属于合格品，但仍然具有一定的使用价值。例如：某个产品使用多年后发生故障，通过适当的维修后，故障被排除，该产品又可继续使用，但它不能属于合格品。这类维修可以理解为“返修”。通常，这种不合格品可指产品已经交付并经一段时间的使用后，发现了问题的产品。

十七、文件

【标准条款】

3.7.2

文件　**document**

信息(3.7.1)及其承载媒介

示例：**记录**(3.7.6)、**规范**(3.7.3)、程序文件、图样、报告、标准。

注1：媒介可以是纸张，磁性的、电子的、光学的计算机盘片，照片或标准样品，或它们的组合。

注2：一组文件，如若干个规范和记录，英文中通常被称为“documentation”。

注3：某些**要求**(3.1.2)(如易读的要求)与所有类型的文件有关，然而对规范(如修订受控的要求)和记录(如可检索的要求)可以有不同的要求。

【理解要点】

信息连同承载它的载体就叫作文件。通常，文件中的内容是要执行的，因此，发布前

的审批和现行有效性是控制的关键。记录中的内容也是信息，但它是不需要执行的，它是作为某种证据，反映当时的状况，供以后查阅，因此记录就不需要控制其现行有效性。

十八、质量计划

【标准条款】

> 3.7.5
>
> **质量计划 quality plan**
>
> 对特定的**项目**(3.4.3)、**产品**(3.4.2)、**过程**(3.4.1)或合同，规定由谁及何时应使用哪些**程序**(3.4.5)和相关资源的**文件**(3.7.2)
>
> 注1：这些程序通常包括所涉及的那些质量管理过程和产品实现过程。
>
> 注2：通常，质量计划引用**质量手册**(3.7.4)的部分内容或程序文件。
>
> 注3：质量计划通常是**质量策划**(3.2.9)的结果之一。

【理解要点】

组织所建立和实施的质量管理体系，是针对组织的过程，是要使这些过程受控。这些过程要生产和制造许多的产品，这些产品可能是不同型号，不同规格，甚至是不同种类的产品。通常，在一个组织中，不大可能为了生产和制造不同的产品而分别建立几个质量管理体系。另外，一个组织中如果建立了若干个质量管理体系也无法实施，因为它们覆盖了同样的过程，会使参与这些过程运行的人员无所适从。所以对任何一个组织来说，质量管理体系应该是通用的。

但是还有另外一类组织，其工作任务是“项目型”的，即每一个工作任务都是独特的，有开始和结束的时间，有特定的要求，如：建筑施工企业、大型设备制造厂、旅行社、监理公司等。虽然这些组织建立了通用的质量管理体系，但在实际工作中，由于每一项工作任务都有其独特性，因此，这些质量管理体系要求中有一部分是不适用的，同时有一些特殊要求在通用的质量管理体系中未作出规定，组织还需要根据本项工作的特殊情况作出补充规定。作为质量管理体系的补充，质量计划就是应用于这类项目型的组织，或一般组织中具有项目型特点的工作任务。

我们可以做一个比喻：一个组织的质量管理体系，就好比是这个组织的工具库，我们把所有过程中要使用的工具均储存在工具库中，要使哪个就使哪个。而质量计划就好比是工具箱，它是根据特定的工作任务的需要组合在一起的一部分工具。这部分工具有的是从工具库中得到的，有的是根据特定的工作任务而补充的。所以，在质量计划中，有一部分要求是引用了已经建立的质量管理体系的要求，还有一些就是为特定的工作任务规定的要求，这部分要求一般不是通用的，本次工作任务中应用了这些要求，但以后这些要求可能再也不会应用了。

一个组织是否需要编制质量计划作为补充，要根据这个组织的具体情况来确定。有很多情况不是一定要编或一定不用编，而有可能是可编可不编，这完全取决于组织自己的意愿。

另外，有许多组织其实已在工作任务中编制质量计划多年，只是不叫质量计划而已。有时,这些内容写到了一个综合性文件中,只是没有单独形成一份文件。这一点可根据质量计划的术语来予以识别,这里不再予以阐述。

十九、审核计划

【标准条款】

3.9.12

审核计划　audit plan

对**审核**(3.9.1)活动和安排的描述

【理解要点】

审核计划是针对某一次具体的审核而言的,其内容是对某一次具体的审核活动和安排的描述。审核计划的详细程度应反映某一次具体的审核的范围和复杂程度,并有充分的灵活性以便需要时进行修改。

本术语是 GB/T 19000—2008 新增加的。

二十、审核范围

【标准条款】

3.9.13

审核范围　audit scope

审核(3.9.1)的内容和界限

注:审核范围通常包括对受审核组织的实际位置、组织单元、活动和**过程**(3.4.1),以及审核所覆盖的时期的描述。

【理解要点】

审核的内容和界限是针对审核的对象而言的,与受审核方的需求、目的、规模、性质,以及产品、过程或活动等有关,通常包括:实际位置、组织单元、活动和过程,以及所覆盖的时期。

“实际位置”是指受审核方或需审核的活动所处的地理位置。实际位置可以是固定的位置,也可以是流动的位置,如:汽车、火车或民航的运输服务,旅行社的导游服务等。

“组织单元”是指受审核的管理体系所涉及的组织的部门、职能或岗位。如:组织的最高管理层、开发部、生产部、经营部,组织驻各地的办事处、销售网点、连锁店;或针对某一任务成立的项目部、课题组;对航空公司或铁路客运公司还包括公司本部及其乘务组或列车组;对设有分公司的总公司还包括公司总部及其分公司。

“活动和过程”是指受审核的管理体系所涉及的活动和过程。

“覆盖的时期”是指受审核的管理体系实施或运行的时间段,如第三方认证的初次

审核所覆盖的时期，通常是受审核方质量手册实施之日（亦即受审核方管理体系实施之时）至初次现场审核的时间段。

审核范围包括的是这一覆盖时期内管理体系实施或运行所涉及的组织单元、活动和过程以及所在的实际位置。

针对每一次具体的审核，审核范围应形成文件，其中包括对实际位置、组织单元、活动和过程以及所覆盖的时期的描述。

本术语是 GB/T 19000—2008 新增加的。

第三章　GB/T 19001—2008 标准理解与实施

引　　言

一、总则

【标准条款】

> 0.1　总则
>
> 采用质量管理体系是组织的一项战略性决策。一个组织质量管理体系的设计和实施受下列因素的影响：
>
> a）组织的环境、该环境的变化以及与该环境有关的风险；
>
> b）组织不断变化的需求；
>
> c）组织的具体目标；
>
> d）组织所提供的产品；
>
> e）组织所采用的过程；
>
> f）组织的规模和组织结构。
>
> 统一质量管理体系的结构或文件不是本标准的目的。
>
> 本标准所规定的质量管理体系要求是对产品要求的补充。“注”是理解和说明有关要求的指南。
>
> 本标准能用于内部和外部（包括认证机构）评定组织满足顾客要求、适用于产品的法律法规要求和组织自身要求的能力。
>
> 本标准的制定已经考虑了 GB/T 19000 和 GB/T 19004 中所阐明的质量管理原则。

【理解要点】

本部分内容明确了按 GB/T 19001 标准建立质量管理体系的要求和标准的作用。对 GB/T 19001 标准的使用者来说不是要求，但理解这部分内容可帮助标准使用者充分了解标准的目的和意义，尤其可提高愿意按本标准要求建立质量管理体系的组织最高管理者的管理理念，以达到结合本组织的实际合理运用标准的目的。

1. 质量管理是组织管理的一部分，质量管理体系是组织管理体系的一部分，组织可采用多种管理方法实施质量管理，但按 ISO 9001 标准建立质量管理体系是国际上较通行的有效的方法，并已得到广泛应用。这种类型的质量管理体系能够帮助组织增强顾客满意，并可以向组织及其顾客提供信任（见 GB/T 19000—2008 中 2.1）；这类管理模式很透明，是一种科学系统的管理体系，在组织的对外贸易活动中会起到较大的、有

益的作用。

GB/T 19001—2008 标准是 GB/T 19000 族质量管理体系标准之一。GB/T 19000 族质量管理体系标准的基础是八项质量管理原则，八项质量管理原则是世界各国质量管理和质量保证的经验的高度概括，渗透了现代质量管理的理念、思想、意识。因此，对一个组织来说，按 GB/T 19001 标准建立、实施、保持和改进质量管理体系应是组织的一项战略性决策，是一项重大的、带全局性或决定全局的策划，涉及与体系所覆盖产品相关的所有部门和所有过程；最高管理者应给予充分理解和高度重视，应确立以八项质量管理原则为指导思想改进组织绩效的管理理念，并将这一理念与组织的质量管理活动相结合，将 GB/T 19001 标准的要求融入组织的质量管理体系。只有最高管理者重视了，按 GB/T 19001 标准建立的质量管理体系才能持续、有效地运行。

2. GB/T 19001 标准给出了组织运行质量管理体系应满足的最基本要求，但并未规定如何满足这些要求的方法、途径和措施。组织需设计符合自身特点的质量管理体系，并在实施过程中不断调整。

本部分给出了影响质量管理体系设计和实施的六个方面的因素：环境、变化的需求、具体目标、提供的产品、采用的过程、组织的规模和组织结构，这些均与组织自身的特点和产品的性质有关，组织在按 GB/T 19001 标准建立质量管理体系时要给予充分的考虑；当这些因素发生变化时，组织应随之评审已有的质量管理体系，并对其进行相应的调整。特别需要说明的是 2008 版标准中增加的内容“a)组织的环境、该环境的变化以及与该环境有关的风险”，组织的环境包括组织内部和外部的环境，可能涉及国家和行业政策、法律法规、市场、顾客需求、组织机制或结构、人员状况、产品、技术、基础设施等，组织应特别关注外部环境及其变化。2008 版标准引入了“风险”的概念，组织在设计质量管理体系时，要识别内外部环境可能给组织的经营带来的风险，对这些风险要进行评价，评价的结果要在确定组织的目标和过程的活动中加以考虑；当组织的环境发生了变化，组织也需审视已运行的质量管理体系的适宜性，必要时需变更已建立的质量管理体系。

3. 一般来说，对于能够正常提供产品的组织而言，都存在一个能够保证其正常运行的质量管理体系，并会形成相应的管理文件；但这一质量管理体系不一定能够完全符合 GB/T 19001 标准的要求。如果组织愿意按 GB/T 19001 标准建立质量管理体系，则应该按标准的要求形成文件。组织在按本标准建立质量管理体系时，不一定要完全放弃原有的质量管理体系和体系文件，可在对原有的体系文件进行评审的基础上，适当进行修改和完善，以符合 GB/T 19001 标准对文件的要求。另外，文件的多少和详略程度也应与组织的规模、产品的性质、过程的复杂程度和人员的能力等相适应。

4. GB/T 19001 标准可作为内、外部评定组织质量管理能力的依据，如作为第一方审核、第二方审核和第三方审核评价组织质量管理体系符合性和有效性的判定准则。标准中的“注”只是对正文内容的说明和解释，不是要求，不能作为评定依据。

5. 质量管理体系要求是对产品要求的补充，组织的质量管理体系要求可以帮助组织实现产品要求。质量管理体系要求与产品要求是两类不同的要求；质量管理体系要求是通用的，适用于所有行业的任何组织，无论其提供何种类型的产品或服务；产品要求是针对产品特性的要求，是具体产品特有的，不具有通用性。

【2008 版标准的主要变化】

1. 英文原版标准在一个组织质量管理体系的设计和实施的影响因素中增加了“a) 组织的环境、该环境的变化以及与该环境有关的风险”，引入了“风险”的概念；并将六个影响因素按 a) 至 f) 进行了排列。

2. 英文原版标准在“法律法规要求”前增加了“适用于产品的”，进一步明确了对法律法规的要求。

二、过程方法

【标准条款】

0.2 过程方法

本标准鼓励在建立、实施质量管理体系以及改进其有效性时采用过程方法，通过满足顾客要求，增强顾客满意。

为使组织有效运行，必须确定和管理众多相互关联的活动。通过使用资源和管理，将输入转化为输出的一项或一组活动，可以视为一个过程。通常，一个过程的输出直接形成下一个过程的输入。

为了产生期望的结果，由过程组成的系统在组织内的应用，连同这些过程的识别和相互作用，以及对这些过程的管理，可称之为“过程方法”。

过程方法的优点是对过程系统中单个过程之间的联系以及过程的组合和相互作用进行连续的控制。

在质量管理体系中应用过程方法时，强调以下方面的重要性：

a) 理解和满足要求；

b) 需要从增值的角度考虑过程；

c) 获得过程绩效和有效性的结果；

d) 在客观测量的基础上，持续改进过程。

图 1 所反映的以过程为基础的质量管理体系模式展示了第 4 章至第 8 章中所提出的过程联系。该图反映了在规定输入要求时，顾客起着重要的作用。对顾客满意的监视，要求组织对顾客关于组织是否已满足其要求的感受的信息进行评价。该模式虽覆盖了本标准的所有要求，但却未详细地反映各过程。

注：此外，称之为“PDCA”的方法可适用于所有过程。PDCA 模式可简述如下：

P——策划：根据顾客的要求和组织的方针，为提供结果建立必要的目标和过程；

D——实施：实施过程；

C——检查：根据方针、目标和产品要求，对过程和产品进行监视和测量，并报告结果；

A——处置：采取措施，以持续改进过程绩效。

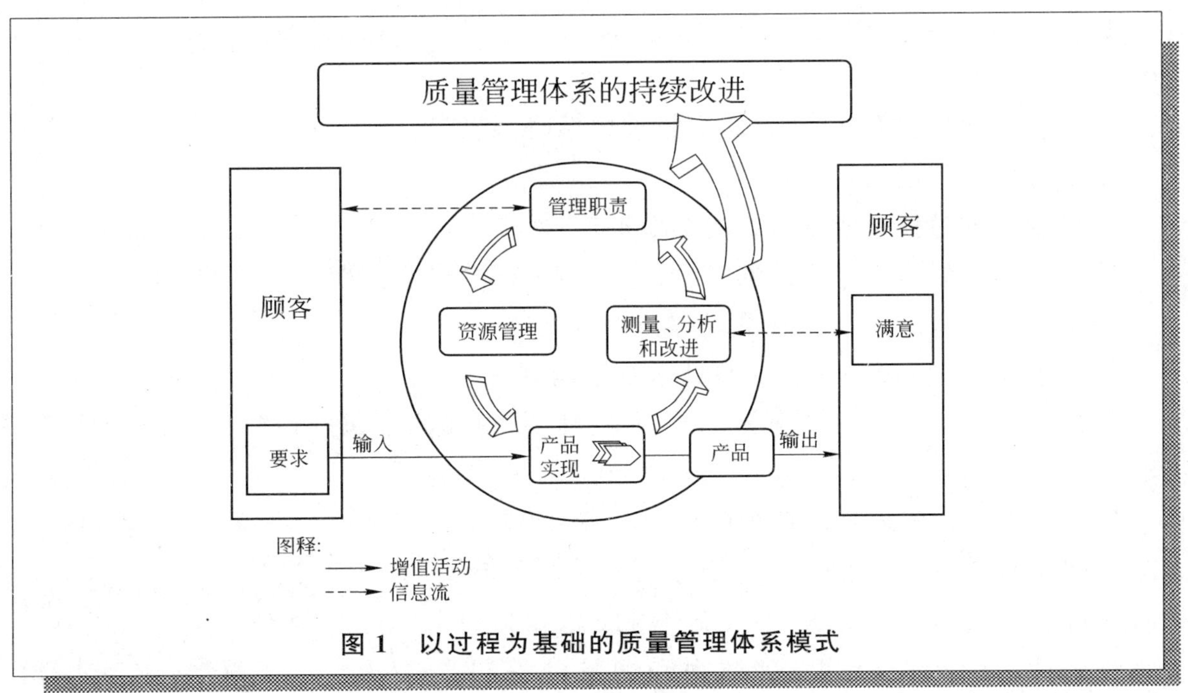

图1　以过程为基础的质量管理体系模式

【理解要点】

本部分内容明确了“过程方法”的作用和使用要求。对标准使用者而言,也不是要求;但理解这部分内容可帮助标准使用者加深对过程方法的认识,在运行符合GB/T 19001标准的质量管理体系时更好地应用过程方法。

1. 在本教材第二章的八项质量管理原则和质量管理体系基础中都对“过程方法”的概念和目的作了论述,过程方法旨在提高组织在实现既定目标方面的有效性和效率;按GB/T 19001标准的要求,采用过程方法建立和实施质量管理体系的结果能够满足顾客需要,提供符合顾客要求和法律法规要求的产品;由于此质量管理体系能提供持续改进的框架,在改进质量管理体系有效性时采用过程方法能够增强客户满意。

2. “过程方法”是原则,组织在运用过程方法建立质量管理体系时,应将其与组织的实际相结合。

(1) 应用过程方法通常包括过程的确定和过程的管理两个方面。

① 过程的确定。组织首先要结合管理的宗旨和顾客要求、适用的法律法规要求,确定组织的质量方针和质量目标;随后确定为实现质量方针和质量目标所需的过程、过程的顺序和相互关系;并确定负责过程的部门或人员以及必需的文件。

② 过程的管理。组织应对所确定的每一个过程实施管理。过程管理是在确定过程的输入和输出的基础上,确定所需的活动和资源、确定对过程和活动的监视和测量的要求;按确定的结果实施测量、监视和控制;对测量、监视和控制的结果进行分析,并识别改进过程的机会。

由于是按过程方法来设置部门和规定相应的职责和权限,因此可以将部门和其人员的关注焦点集中到组织的质量目标上，可以改进过程接口的管理。这也是过程方法的优点之一。

（2）在应用“过程方法”建立质量管理体系时，需特别关注：

① 明确应达到或满足的要求；

② 所确定的过程应能为组织的绩效增值；

③ 过程的结果与期望输出的符合性、体系运行结果达到期望结果的程度；

④ 通过对过程的监视和测量，不断改进过程。

有关过程方法应用的详细说明见本章第四节。

3．PDCA 方法（循环）是确定、实施和控制、监视和测量、分析和改进过程的一种有用工具。

图 3-1 给出了 PDCA 循环中的要点。图中“策划”指确定满足顾客要求、法律法规要求、组织的宗旨所必需的目标和过程。“实施”指实施各过程。“检查”指对照方针、目标和产品要求，监视和测量过程和产品，并报告结果。“处置”指采取措施持续改进过程绩效。

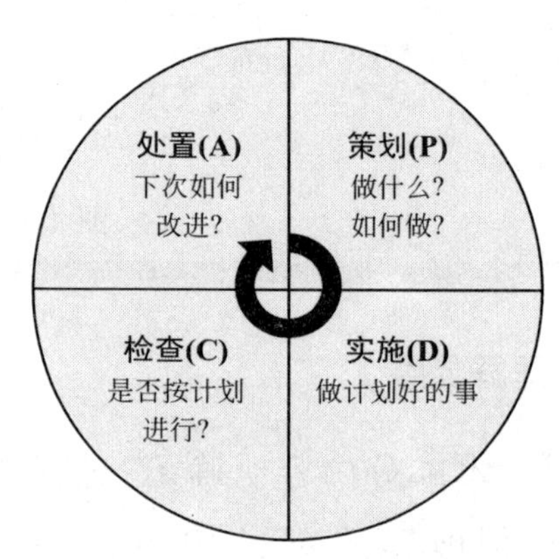

图 3-1　PDCA 循环示意图

PDCA 是一种动态方法，可以在组织内的各个过程及过程间的所有相互作用中进行实施。组织可以在各层次运用 PDCA 循环进行管理，如组织的最高管理层、职能管理层、运行层；不同层次在 PDCA 四个阶段所要做的事情是不相同的。

4．2008 版标准在“过程方法”的含义中增加了“为了产生期望的结果”，强调了在应用过程方法时，组织更应关注事先确定的目标的达成程度。如前所述，组织在应用过程方法时，首先要确定组织的质量方针和质量目标，随后的确定过程和管理过程的活动都是为了达到所设定的质量方针和质量目标，一个完整的符合 GB/T 19001 标准要求的质量管理体系应该能够提供符合顾客要求和适用于产品有关的法律法规要求的合格产品，并能够保证产品的一致性。因此，组织应认识到，确保每一个过程（如文件控制、记录控制、管理评审、内部审核等过程）与标准的符合性固然重要，但这只是实现所期望结果的手段；组织更应该关心实施质量管理体系的最终结果，以增强顾客满意。

5．标准中图 1 给出了适用于 GB/T 19001—2008 标准的以过程为基础的质量管理体系模式。

（1）GB/T 19001 所描述的质量管理体系由管理职责，资源管理，测量、分析和改进，产品实现四个大过程组成，每个大过程中还包括若干子过程，前三个过程可统称为“管理过程”。

（2）产品实现过程涉及了标准第 7 章的内容，其输入主要是顾客的要求（包括顾客

提出的要求、组织确定的隐含的要求、组织确定的适用于产品的法律法规的要求)，输出是提交给顾客的产品，这是一个可以直接增值的过程。

(3) 管理职责过程主要涉及了标准第5章的内容。最高管理者在质量管理体系的建立、实施、保持和改进中有十分重要的作用，要不断了解顾客的要求并将这些要求作为确定质量方针和质量目标的依据；同时，对质量管理体系进行策划，包括过程和文件的确定，使其与组织的产品和特点相符合。

(4) 资源管理过程涉及了标准第6章的内容，组织要确保有足够的资源保证产品实现过程的输出结果(产品)的质量达到预期的要求。

(5) 测量、分析和改进过程涉及了标准第8章的内容。“顾客满意”体现了质量管理体系的绩效，组织要监视顾客满意的程度，并将其作为改进质量管理体系过程的输入的一部分；同时组织还应该监视和测量质量管理体系的运行和产品要求的符合性，通过监视和测量发现问题，并予以改进。

【2008版标准的主要变化】

1. 英文原版标准将原2000版“为使组织有效运行，必须识别和管理众多相互关联的活动”中的“识别”改为“确定”。

2. 英文原版标准在“过程方法”的含义中增加了“为了产生期望的结果”，强调了输出(结果)的重要性。

3. 国家标准统一将原2000版的“业绩”改为“绩效”，与GB/T 24001—2004标准相容。

三、与GB/T 19004的关系

【标准条款】

0.3 与GB/T 19004的关系

GB/T 19001和GB/T 19004都是质量管理体系标准，这两项标准相互补充，但也可单独使用。

GB/T 19001规定了质量管理体系要求，可供组织内部使用，也可用于认证或合同目的。GB/T 19001所关注的是质量管理体系在满足顾客要求方面的有效性。

在本标准发布时，GB/T 19004处于修订过程中。修订后的GB/T 19004将为组织在复杂的、要求更高的和不断变化的环境中获得持续成功提供管理指南。与GB/T 19001相比，GB/T 19004关注质量管理的更宽范围；通过系统和持续改进组织的绩效，满足所有相关方的需求和期望。然而，GB/T 19004不拟用于认证、法律法规和合同的目的。

【理解要点】

这部分的内容在本教材第一章中已有说明。

四、与其他管理体系的相容性

【标准条款】

> **0.4　与其他管理体系的相容性**
>
> 为方便使用者，本标准在修订过程中适当考虑了 GB/T 24001—2004 的内容，以增强两个标准的相容性。附录 A 表明了 GB/T 19001—2008 与 GB/T 24001—2004 之间的对应关系。
>
> 本标准不包括针对其他管理体系的特定要求，如环境管理、职业健康与安全管理、财务管理或风险管理的特定要求。然而，本标准使组织能够将自身的质量管理体系与相关的管理体系要求相协调或整合。组织为了建立符合本标准要求的质量管理体系，可能会改变现行的管理体系。

【理解要点】

本部分内容阐述了质量管理体系与其他管理体系之间的相容关系。

1. GB/T 24001 标准在 2004 年修订时，适当考虑了 GB/T 19001—2000 标准的内容；此次 GB/T 19001 标准的修订又适当考虑了 GB/T 24001—2004 标准的内容，进一步增强了两个标准之间的相容性，尤其是在两个管理体系的通用要素（如文件控制、记录控制等）方面。

在 GB/T 19000—2008 标准"2. 11 质量管理体系与其他管理体系的关注点"中提到："一个组织的若干个管理体系，可以与质量管理体系整合成一个使用通用要素的综合管理体系。这将有利于策划、资源配置、确定互补的目标以及评价组织的整体有效性。"质量管理体系、环境管理体系以及职业健康安全管理体系标准之间的相容性对这些管理体系的整合是十分有利的。

2. 如果组织已存在一个符合 GB/T 24001—2004 标准的环境管理体系，需要按 GB/T 19001—2008 标准建立质量管理体系时，可以在已有环境管理体系的基础上进行策划，按照管理体系目标相互补充的原则，设定质量方针和质量目标，增加符合质量管理体系特定要求的过程；形成一个既能满足质量管理体系特定要求和环境管理体系特定要求，又能满足两个体系通用要求的整合管理体系。这对组织充分利用资源、提高整体管理的有效性和效率是很有利的。

3. 本标准鼓励在建立、实施、保持质量管理体系以及改进其有效性时采用过程方法，这种以过程为基础的质量管理体系模式，与组织现有的以职能为基础的质量管理体系模式不尽相同。组织如要建立符合 GB/T 19001—2008 标准的质量管理体系，领导者应转变观念，理解、认识和积极运用过程方法，需要时可能要对现行的质量管理体系进行必要的改变。

第一节 范 围

一、总则

【标准条款】

> **1.1 总则**
>
> 本标准为有下列需求的组织规定了质量管理体系要求：
>
> a） 需要证实其具有稳定地提供满足顾客要求和适用的法律法规要求的产品的能力；
>
> b） 通过体系的有效应用，包括体系持续改进过程的有效应用，以及保证符合顾客要求和适用的法律法规要求，旨在增强顾客满意。
>
> 注 1：在本标准中，术语“产品”仅适用于：
>
> a） 预期提供给顾客的或顾客所要求的产品；
>
> b） 产品实现过程所产生的任何预期输出。
>
> 注 2：法律法规要求可称作法定要求。

【目的和意图】

第 1 章明确了质量管理体系的适用范围。1.1 条款说明有哪些需求的组织可以采用 GB/T 19001 标准，采用了 GB/T 19001 标准，组织可以得到什么结果。

【理解与实施要点】

1. GB/T 19000 标准中“组织”的定义是：“职责、权限和相互关系得到安排的一组人员及设施。”组织可以是各种类型的，如公司、集团、商行、企事业单位、研究机构、慈善机构、代理商、社团或上述组织的部分或组合，可以是公有的，也可以是私有的。在组织的内部，通过职责、权限和相互关系的规定要对人员及设施之间的关系进行有序的安排。GB/T 19001 标准的应用主体就是上述意义的各类“组织”。

GB/T 19000 标准中“质量管理体系”的定义是：“在质量方面指挥和控制组织的管理体系。”“管理体系”的定义是：“建立方针和目标并实现这些目标的体系。”“体系（系统）”的定义是：“相互关联或相互作用的一组要素”。体系、管理体系和质量管理体系三个术语构成属种关系，在这种关系的基础上可以理解为：体系（系统）是由一个或多个要素构成的，这些要素之间存在着相互关联或相互作用的关系；管理体系是一组通过建立方针和目标，并实现这些目标的“相互关联或相互作用的要素”；而质量管理体系就是在质量方面指挥和控制组织的一组通过建立质量方针和质量目标，并实现这些质量目标的“相互关联或相互作用的要素。”

GB/T 19000 标准中“顾客满意”的定义是：“顾客对其要求已被满足程度的感受”。从定义可以看出，顾客满意是顾客的感受，必须是顾客的亲身体验，组织不能去推测、估计。没有顾客抱怨、投诉并不意味着顾客满意，顾客不发表意见或表示无所谓也不表明顾客是满意的。

2. 本条款从适用范围的角度说明：有1.1 a)和b)条款所述需求的组织可以采用GB/T 19001标准。此处“范围”是指GB/T 19001标准的应用范围，不能与组织的质量管理体系范围相混淆。

(1) 如果组织需要证实其具有稳定地提供满足顾客要求和适用的法律法规要求的产品的能力，则可以采用GB/T 19001标准。组织提供的产品应满足其顾客的要求，还应满足与产品有关的法律法规的要求，这是组织在质量管理方面追求的目标。GB/T 19001标准提供了一个系统的质量管理模式，能够使组织及其管理活动具有一种能力（本领），这种能力（本领）能够使组织实现提供合格产品，满足顾客要求和适用的法律法规要求。需要注意的是：应用GB/T 19001标准使组织具有的这种能力，是一种稳定的能力，能够保持产品实现过程稳定受控，不产生大的波动，确保产品持续满足要求。

(2) 如果组织需要通过体系的有效应用，包括体系持续改进过程的有效应用，以及保证符合顾客要求和适用的法律法规要求，增强顾客满意，则可以采用GB/T 19001标准。组织的质量管理应关注结果，要努力实现预期的目标，保证提供合格产品，满足顾客需求。不但如此，组织的质量管理还应关注改进，要不断改进管理水平，持续增强实现预期结果的能力，以满足顾客不断发展变化的需求，增强顾客满意。按照GB/T 19001标准建立和实施质量管理体系可以帮助组织实现上述目标。

3. 需要特别明确的是，GB/T 19001标准关注过程，更关注结果。GB/T 19001标准给出了质量管理的模式，组织应按照标准的要求系统地开展质量管理活动，但应用GB/T 19001标准更重要的是要关注顾客、关注质量管理体系的结果即有效性。组织应通过应用GB/T 19001标准实现提供合格产品、满足顾客要求和适用的法律法规要求、不断增强顾客满意的预期目标，这样应用GB/T 19001标准才有真正的意义。

4. 组织能满足顾客要求、增强顾客满意只是其总体目标的一个最基础的方面，对组织而言，GB/T 19001标准的要求仅仅是对组织的最基本要求。组织最根本的追求应该是总体绩效的提高，如质量好、成本低、效益高、风险小，不但顾客满意，还要其他相关方（如员工、所有者和投资者、供方和合作者、政府和社会等）满意，以尽可能少的资源投入实现预期目标。组织如果期望关注质量管理的更宽范围，改进组织的总体绩效，不仅追求体系的有效性，还要追求组织的效率，使所有相关方满意，GB/T 19001标准能够起到的作用就非常有限了。组织可以应用ISO 9004标准（正在修订之中）和其他的质量管理卓越模式获得帮助。

5. GB/T 19001标准可以用于组织在“稳定地提供满足顾客要求和适用的法律法规要求的产品的能力”方面的内外部证实。通过证实活动能使组织持续提供合格产品的能力被社会或组织自己所感知、了解，使人们对组织在产品质量方面的信任变得直接、简单和清晰。如果通过证实，确认组织满足了GB/T 19001标准的要求，那就意味

着这个组织建立并实施了一个有效的质量管理体系，确立了质量方针和质量目标，并开展了为实现质量方针和质量目标的管理活动，包括管理职责的相关活动、资源管理、产品实现过程的控制、测量和分析活动、改进活动等。

外部证实活动包括获得第三方质量管理体系认证，接受顾客或顾客代表的第二方审核，组织向外界作出的自我声明等；内部证实可以是组织自己依据 GB/T 19001 标准所作的内部评价，如内部审核等。

6. 在 GB/T 19001 标准中，"产品"的概念要比 GB/T 19000 标准狭义，仅指要提供给顾客的或顾客所要求的产品，是产品的加工、生产、服务提供等产品形成过程中预期得到的产品，不包括在产品形成过程中不期望得到的结果，如对环境产生影响的污染、废料和对工作场所中人的安全健康产生影响的不良结果，这些不期望的结果是环境管理体系和职业健康与安全管理体系要控制的。

GB/T 19001 标准中，术语"产品"仅适用于"b)产品实现过程所产生的任何预期输出"的注释，明确了 GB/T 19001 标准中术语"产品"是产品实现过程的任何输出，是这些过程的预期要得到的结果，包括了原材料(采购过程的输出)、半成品(中间过程的输出)、最终产品(整个产品实现过程的输出)。

7. GB/T 19001 标准表述的"法律法规要求"，与我国对法律法规的表述是一致的。法律法规要求对于质量管理是重要的，满足产品适用的法律法规要求是必须的，是质量管理必须达到的目标。

【2008 版标准的主要变化】

1. 国家标准对 2000 版 1.1a)条款的语法结构进行了调整，强调了 GB/T 19001 标准证实的是组织的"能力"。

2. 国家标准对 2000 版 1.1b)条款的语法结构进行了调整，在"顾客"后增加了"要求"，使标准的要求更易于阅读和理解。

3. 英文原版标准增加了注 1 中"b)产品实现过程所产生的任何预期输出"。

4. 英文原版标准增加了注 2"法律法规要求可称作法定要求"。

二、应用

【标准条款】

1.2 应用

本标准规定的所有要求是通用的，旨在适用于各种类型、不同规模和提供不同产品的组织。

由于组织及其产品的性质导致本标准的任何要求不适用时，可以考虑对其进行删减。

如果进行删减，应仅限于本标准第 7 章的要求，并且这样的删减不影响组织提供满足顾客要求和适用法律法规要求的产品的能力或责任，否则不能声称符合本标准。

【目的和意图】

1.2 条款说明了 GB/T 19001 标准规定的质量管理体系的适用对象，并明确了在应用 GB/T 19001 标准时删减的要求。

【理解与实施要点】

1. GB/T 19001 标准的要求是通用的，可以应用于所有行业和经济领域，适合各种类型、不同规模和提供不同产品的组织。但因各组织实际产品的性质和过程特性不同，GB/T 19001 标准的某些要求确实存在不适用的情况，这时可以考虑对 GB/T 19001 标准的这些要求进行删减。

2. 本条款规定了对 GB/T 19001 标准要求的删减，以使组织在应用标准时更加灵活。当标准的任何要求对组织及其产品的性质而言不适用时，可以考虑删减这些要求。删减的正当理由是由组织及其产品的“性质”决定的，应是客观的和本质的。如因组织的特定产品使其质量管理活动确实不存在某个过程或确实不存在某项事物，则可以考虑对相关的标准要求进行删减。

(1) 根据特定产品的实际情况，组织的质量管理活动确实不存在某个过程，可考虑删减与这个过程相应的 GB/T 19001 标准的要求。

如 A 公司由顾客负责产品设计，顾客提供制造规范及零件的规格，顾客也负责向 A 公司通报设计变更及提供适当的更改信息。A 公司按客户提供的产品图样、加工规范生产，负责采购所有配件并承担加工制造活动，不存在产品的设计和开发，也无权进行设计和开发的更改，则 A 公司质量管理体系可以删减标准“7.3 设计和开发”的要求。

如果组织不存在“当生产和服务提供过程的输出不能由后续的监视和测量加以验证”的生产和服务提供过程时，可以删减“7.5.2 生产和服务提供过程的确认”的要求。

(2) 如果组织的质量管理活动不涉及某项事物，可考虑删减与这个事物相应的 GB/T 19001 标准的要求。

如制造业工厂的各项活动若均未涉及顾客财产，如顾客提供的原材料、关键零部件、设备设施、包装材料、知识产权(标准、规范、图样)等，这些工厂可以删减标准“7.5.4 顾客财产”的要求。但服务业涉及顾客财产较多，如顾客提供的用于运营、维修、维护或升级的产品、服务作业涉及的顾客物资、顾客的知识产权和个人信息等，因此不要轻易删减 7.5.4 的要求。

(3) 标准在许多条款的要求中使用了“适当时”、“适用时”、“必要时”、“当……”的表述，如 6.3、7.4.2、7.5.1、7.5.2、7.5.3、7.5.5、7.6、8.3 等条款。在这些选择性条件下，组织应根据具体情况对这些条款子项中的要求做出准确的取舍，必要时也需要审核员准确判断。对于舍去的部分可以理解为是组织对标准要求进行删减的一种情况，但对这类删减不一定必须按 4.2.2a)条款的要求进行正式声明，因为标准的这些要求本来就是可以选择的。

例如“7.5.5 产品防护”中关于防护标识、搬运、包装、贮存和保护的要求，有些组织

可以视自身的实际情况删减其中的某些要求，如搬运、包装等。然而，这种删减不需要正式声明，因为GB/T 19001标准规定只有在适用时才对防护标识、搬运、包装、贮存和保护进行要求。

（4）组织可以根据不同的原因选择采用GB/T 19001标准的部分要求，如在顾客对供方进行评价选择或实施第二方审核时，可能并不要求供方按照GB/T 19001标准的全部要求进行管理，顾客可能只要求供方按GB/T 19001标准中那些与产品质量直接相关的过程要求，如按7.1、7.3、7.4、7.5、8.2.4和8.3条款进行管理。那么供方组织在满足标准1.1条款的前提下，可以考虑删减除上述条款以外的GB/T 19001标准的要求。但特别要注意的是，如果删减了除第7章以外的GB/T 19001标准要求，组织不能声称符合GB/T 19001标准（如组织的自我声明、对外公开发布的组织信息和产品信息等），也不能寻求第三方认证注册。

3. 标准对删减提出了明确的限制性规定，组织如果声称符合GB/T 19001标准，对标准要求进行的删减必须满足下列条件：

（1）删减的范围只能是GB/T 19001标准第7章"产品实现"的某些要求。当第7章中的某些要求不适用于组织或不适用于所提供的产品和服务时，删减这样的要求不会影响产品和服务的质量；

（2）删减不能影响组织提供满足顾客要求和适用的法律法规要求的产品的能力。

如果组织实际的产品实现过程确实存在GB/T 19001标准第7章要求的某个过程，则不能删减这个过程对应的标准要求，否则无法保证这个过程的能力，也就不能保证整个质量管理体系提供合格产品的能力。例如，组织存在对产品的设计开发过程，就不能以任何理由（如上级单位/行业主管/监管机构未要求、不愿意使产品设计的管理复杂化等）删减"7.3设计和开发"；

（3）删减不能免除组织提供满足顾客要求和适用的法律法规要求的产品的责任。

如果组织存在外包过程，虽然不是自己实施，但这些过程影响到组织交付给顾客的产品的质量，涉及组织应承担的责任，是不能删减的。例如，房地产开发公司的设计、施工、监理都是外包，甚至委托专业的销售公司代理销售，但房地产开发公司对这些外包过程负有责任，应实施控制，所以相关的"7.3设计和开发"、"7.5.1生产和服务提供的控制"的要求是不能删减的，否则不能声称符合GB/T 19001标准。

4. 组织在根据自身的实际状况及产品的性质删减GB/T 19001标准的要求时，应该从顾客的角度仔细评估删减这些要求所带来的影响和后果。如果对顾客有影响，这些条款就不宜被删减，因为确保产品符合顾客要求、增强顾客满意是GB/T 19001标准的最根本目的。在删减时，组织应认真考虑：

（1）顾客是谁？顾客接受的产品是什么？

（2）产品的相关要求，包括明确规定与未明确规定的要求是什么？

（3）如果删减了标准的要求，质量是否会产生波动，是否会影响顾客对产品的接受？

（4）组织向顾客作出了哪些承诺，拟删减的过程与这些承诺有没有关系？

5. 在 GB/T 19001 标准的应用实践中，往往很难有充分的、正当的理由对标准的要求进行合理的删减。例如：

(1) GB/T 19001 标准 7.6 条款的要求通常很难被删减。按照 GB/T 19001 标准 8.2 条款的要求，组织必须建立并实施监视和测量活动。只要存在监视和测量活动，就应该存在监视和测量的手段，即存在监视和测量设备的管理。GB/T 19000 标准中“测量设备”的定义是：“为实现测量过程所必需的测量仪器、软件、测量标准、标准物质或辅助器械或它们的组合”。监视和测量设备的概念是很宽泛的，不仅仅指监视和测量的硬件设备，还应该包括用于监视和测量的软件、标准等。如服务业组织没有硬件类监视和测量设备，只有简单的测量设备，如尺子、水平仪、铅锤等。这种情况可能不存在与监测设备校准、检定有关的过程，但仍应该检测这些设备的准确度。即使连上述这些简单的检测设备都没有，服务类组织也应该有用于评价(即监视和测量)服务质量的诸如技能测试提纲、顾客满意度问卷、考试试卷等，这些提纲、问卷、试卷等也应该进行测试和确认。由此，服务业组织也不能轻易删减“7.6 监视和测量设备的控制”的全部要求。

(2) 某公司无采购权，采购由其母公司负责，但该公司应对供方的评价选择和采购需求提供信息，并且应对采购的产品在投入生产之前实施验证。由此看出该公司负有采购过程的相关责任，其活动也影响采购过程的能力，因此不能删减“7.4 采购”。

(3) 服务类产品因具有其特点，组织的产品实现过程和产品往往不可分。只要有新的服务项目和服务内容的推出，或是因为有不同的需求而存在新的服务过程的开发，就不能轻易删减“7.3 设计和开发”。

6. 组织不能因为不愿接受 GB/T 19001 标准的某些要求，或是简单地因为没有某些过程而删减相应要求。事实上，以往没有执行这些要求并不意味着这些要求不适于组织，如果不理解某个要求，可通过以下问题进行了解：

(1) 该要求背后的理念和原则是什么？

(2) 满足该要求可以防止什么样的问题？

(3) 满足该要求会得到顾客的信任吗？

(4) 如果您不必对此要求负责，那么由谁负责？

总之，组织应审慎决定合适的删减，满足顾客要求；如果实施审核，审核员也应该特别慎重地评价、确认组织删减是否具有正当的理由，是否合理。

7. 删减的情况应在质量手册中加以描述，并要说明删减的细节及正当的理由(见 GB/T 19001 标准 4.2.2 条款的要求)。

8. 本教材附录九中给出了一些案例，可以帮助读者理解和应用 1.2 条款的要求。需要强调的是，这些案例都是虚拟的，在实际情况下必须考虑每个组织的特定情况。

【2008 版标准的主要变化】

1. 国家标准将 2000 版标准本条款的第二句“组织及其产品的特点……”改为“组织及其产品的性质……”。“特点”可以有很多，比较表象、主观和局部，而“性质”特定，更

加本质、客观和全面。这个改动，明确了删减要综合考虑涉及"性质"的本质情况，合理的删减不仅仅在于"特点"的表象和局部，更在于"性质"的本质和全面。

2. 国家标准对2000版本条款的第二句和第三句的语法结构进行了调整，使之更易于阅读和理解。

第二节　规范性引用文件

【标准条款】

> **2　规范性引用文件**
>
> 下列文件中的条款通过本标准的引用而成为本标准的条款。凡是注日期的引用文件，其随后所有的修改单(不包括勘误的内容)或修订版均不适用于本标准，然而，鼓励根据本标准达成协议的各方研究是否可使用这些文件的最新版本。凡是不注日期的引用文件，其最新版本适用于本标准。
>
> GB/T 19000—2008　质量管理体系　基础和术语(ISO 9000:2005,IDT)

【目的和意图】

第2章说明GB/T 19001标准的引用文件及其适用性。

【理解与实施要点】

ISO 9000标准在2005年9月15日进行了换版，GB/T 19000标准在2008年10月29日也已进行了换版。新版GB/T 19000—2008《质量管理体系　基础和术语》(ISO 9000:2005,IDT)通过本条款的引用成为GB/T 19001—2008标准的要求。

【2008版标准的主要变化】

1. 国家标准将本条款的题目由2000版的"引用标准"变更为"规范性引用文件"，表述更加规范，范围更加广泛。

2. 英文原版标准对"规范性引用文件"进行了重新表述，使意思更加清楚。

第三节　术语和定义

【标准条款】

> **3　术语和定义**
>
> 本标准采用GB/T 19000中所确立的术语和定义。
>
> 本标准中所出现的术语"产品"，也可指"服务"。

【目的和意图】

第 3 章对 GB/T 19001 标准采用的术语和定义进行说明。

【理解与实施要点】

1. GB/T 19001 标准采用了 GB/T 19000 标准中的术语和定义。在学习 GB/T 19001 标准时结合 GB/T 19000 标准理解相应的术语和定义，可以帮助我们更加准确地理解 GB/T 19001 标准的要求，便于一致性地应用标准，达到质量管理体系的预期目的。

2. 关于“服务”，在 GB/T 19000 标准中“产品”术语的注 2 中说明：“服务通常是无形的，并且是在供方和顾客接触面上需要完成至少一项活动的结果”。

“服务”是四种通用产品类别中的一种，标准条款中出现的“产品”也可指“服务”。

“服务”作为产品的一种通用类别，有其突出的特点。“服务”至少有一项活动是在供方（提供产品的组织或个人）和顾客（接受产品的组织或个人）之间接触和交流中完成的，“服务”的形成和交付往往同时发生。这个特点使得“服务”的提供过程及控制与其他类别的产品有所不同，服务类别产品的组织在应用 GB/T 19001 标准时，要特别关注其适宜性。

【2008 版标准的主要变化】

1. 国家标准中增加了“所确立”，使意思表达更加清楚。

2. 英文原版标准取消了 2000 版标准中关于“供应链”及与 1994 版标准变化的表述。但供方、组织、顾客的概念对于理解和应用 2008 版标准仍是非常重要的，读者应认真学习 GB/T 19000 标准中 3.3.1、3.3.5、3.3.6 的相关内容。

第四节　质量管理体系

一、总要求

【标准条款】

4.1　总要求

组织应按本标准的要求建立质量管理体系，将其形成文件，加以实施和保持，并持续改进其有效性。

组织应：

a）确定质量管理体系所需的过程及其在整个组织中的应用（见 1.2）；

b）确定这些过程的顺序和相互作用；

c）确定所需的准则和方法，以确保这些过程的运行和控制有效；

> d）　确保可以获得必要的资源和信息，以支持这些过程的运行和监视；
>
> e）　监视、测量（适用时）和分析这些过程；
>
> f）　实施必要的措施，以实现所策划的结果和对这些过程的持续改进。
>
> 组织应按本标准的要求管理这些过程。
>
> 组织如果选择将影响产品符合要求的任何过程外包，应确保对这些过程的控制。对此类外包过程控制的类型和程度应在质量管理体系中加以规定。
>
> 注1：上述质量管理体系所需的过程包括与管理活动、资源提供、产品实现以及测量、分析和改进有关的过程。
>
> 注2："外包过程"是为了质量管理体系的需要，由组织选择，并由外部方实施的过程。
>
> 注3：组织确保对外包过程的控制，并不免除其满足所有顾客要求和法律法规要求的责任。对外包过程控制的类型和程度可受诸如下列因素影响：
>
> a）　外包过程对组织提供满足要求的产品的能力的潜在影响；
>
> b）　对外包过程控制的分担程度；
>
> c）　通过应用7.4实现所需控制的能力。

【目的和意图】

第4章提出了质量管理体系总要求及文件要求，明确了管理思路、管理方法和文件管理模式。4.1条款提出了建立、实施、保持和改进质量管理体系的总体要求，指出了质量管理体系的管理思路，还特别明确了对外包过程的管理要求。

【理解与实施要点】

1. 4.1条款提出的质量管理体系总要求是"过程方法"和"管理的系统方法"的质量管理原则，以及"质量管理体系方法"和"过程方法"的质量管理体系基础的具体体现；是运用"PDCA"循环的管理思想系统地管理过程的总体思路。标准其他条款涉及的过程（包括与管理活动、资源提供、产品实现和测量、分析和改进有关的过程）是4.1条款要求的具体展开和证实，应按照4.1条款所述的思路和要求进行管理。本条款涵盖了组织按GB/T 19000—2008标准建立质量管理体系及开展与此相关活动的要求，相关活动的要求在GB/T 19001标准的其他部分有较为详尽的描述。

2. 组织应用GB/T 19001标准就是要按标准的要求建立、实施和保持质量管理体系，并持续改进其有效性，这里的关键词"建立"、"实施"、"保持"和"改进"正是应用GB/T 19001标准开展质量管理的活动。

3. GB/T 19001标准规定的质量管理体系要求应形成文件，文件的结构要符合GB/T 19001标准4.2.1条款的要求；文件的内容要在符合GB/T 19001标准各条款和适用法律法规要求的基础上，结合组织的产品和过程实际，使之具有适宜性，便于组织的运作。文件描述过程的详细程度取决于过程（活动）的复杂程度和稳定性。简单的过程（活动）可能只需要简单的解释，复杂的过程需要充分的解释，以使组织的人员能够理解这些活动、任务和相互之间的关系，有效地履行他们的职责。

4. 标准中 4.1a)～f)条款明确了质量管理体系的"过程方法"的管理方法和"PDCA"的管理思路。按照标准要求，建立、实施和改进质量管理体系的步骤通常如下。

(1) 过程的确定

① 确定组织的宗旨。应识别顾客(和其他相关方)及其需求和期望，以确定组织管理的预期方向，即确定组织的宗旨。要持续地收集、分析和确定顾客的要求、需求与期望，并确定那些需要应用到组织的质量管理体系的要求、需求与期望。

② 确定组织在质量方面的方针与目标。根据确定的顾客的要求、需求和期望，最高管理者应决定组织应该关注于哪些外部环境(包括市场定位)，制定组织的质量方针和质量目标。然后应根据这些质量方针和质量目标，为预期的输出(即产品)建立目标。

③ 确定组织中的过程。确定为实现预期目标、获得预期产品所需的所有过程，即明确组织与质量管理体系有关的所有过程，这些过程包括管理、资源、产品实现和测量与改进的过程及子过程，其中既包括组织自己实施的，也包括外包的过程。要知道谁是过程的顾客和供方(内部的和/或外部的)，顾客的要求是什么，谁是过程的责任者，过程的输入和输出是什么。对符合 1.2 条款要求的可以删减的过程也要确定清楚。

对过程的确定应在"整个"组织的范围内进行，不能留有管理的盲区和空白点。需要注意的是，对 4.1a)条款中提到的"组织"的理解，不应该简单地与行政单位(如某某集团、某某公司、某某厂)等同，应该理解为与质量管理体系覆盖的范围有关的"一组人员及设施"(见 GB/T 19000 标准术语和定义中"组织")。

④ 确定过程之间的顺序和相互关系。在确定过程的基础上，明确各过程如何按顺序执行和互相作用，确定并建立对过程网络和相互作用的描述。

理清过程之间的顺序，就是要确定过程之间输入、输出的流程关系。一个过程的输入通常是其他过程的输出；确定过程的相互作用就是要确定过程之间的接口关系，明确过程之间的互相影响。

组织应考虑每个过程的顾客、每个过程的输入和输出、过程之间的相互作用、过程接口及特性、相互作用的过程的时间安排和顺序、过程顺序的有效性和效率等。

质量管理体系中产品实现过程(将产品交付给顾客)与其他过程(如管理、测量与监视及资源提供过程)存在着相互作用，组织可以使用诸如模块图、矩阵和过程图等方法和工具来帮助确定这些过程及其子过程的顺序和相互作用。

不能仅仅是"识别"、"了解"、"认识"组织现有的质量管理过程及相互关联现状，还应该在质量管理体系策划时"优化"、"理顺"、"改进"过程及相互关系，这符合质量管理体系策划的实际，也符合 GB/T 19001 标准过程改进的思想。

(2) 过程的策划

① 确定过程的所有者。最高管理者应为每个过程分配职责和权限，确定组织内各岗位的职责和权限，确保每个过程和其相互作用的实施、保持和改进。组织建立一支通览所有过程、并由来自所有相互作用过程的代表所组成的"过程管理团队"，将有助于有效管理过程间的相互作用。

② 确定过程的准则和方法。为了使过程能够有效运行和控制，应明确对质量管理过程进行控制的准则和方法，可以通过各种类型的质量管理体系文件进行规定，也可根据实际确定某些非文件化的规定。过程准则，即过程应符合的要求或过程标准，它明确了过程预期应达到的结果；过程方法，即如何控制过程的规定或程序。这些过程的准则和方法确定的原则是要确保过程的策划和实施的有效。

形成文件的主要目的是使各过程一致地、稳定地运行。组织应根据下面的因素来确定哪些过程要形成文件：组织的规模和活动的类型、过程及它们相互作用的复杂性、过程的重要性、"过程所有者"的能力状况。当需要把过程形成文件时，可使用很多不同的方法，如图形表示法、书面指导书、检查清单、流程图、可视媒介或电子的方法等。更详细的指南可参见本教材附录十"ISO 9000 介绍及支持文件包：ISO 9001：2008 文件要求指南"。

③ 确定过程的监视和测量要求。策划质量管理体系过程控制和过程绩效的测量和监视活动，就是要确定应在何处和如何实施监视与测量，并确定对监视和测量结果的记录的需求。目的是为了评价过程的有效性（和效率），发现过程的偏差或过程变化的趋势，以实现对过程与预期输出的控制和改进。

应注意 4.1e）条款，其中监视应在任何情况下进行，而测量是在适用时进行。但测量能提供更多的过程绩效客观数据，是一种极其有效的管理和改进工具，应在过程特性适于测量时进行。如金属材料的热处理过程适于测量，其过程特性——温度、时间等参数易于进行量化评价。

④ 确定所需的资源。资源是过程有效运行和实现过程增值、达到预期结果的必要条件，必须保证提供。资源可包括：人力资源、基础设施、工作环境、信息、天然资源、材料、财务资源等。

⑤ 根据确定的目标验证过程。应确认已策划的过程特性和组织确立的目标是否一致，验证在（1）①"确定组织的宗旨"中识别的所有要求是否能够得到满足。否则，需要考虑其他的过程，或者回到（1）①，对过程加以改进。

（3）过程的实施和监视与测量

组织应按策划的安排实施全部的过程，包括对过程的监视、测量和控制。组织可制定过程实施方案，包括但不限于：沟通、意识教育、培训、变更管理、管理层参与、适用的评审活动。

（4）过程的分析

组织应分析从监视和测量中获得的过程数据，必要时，使用统计技术的方法。应将过程绩效监视和测量的结果与过程要求比较，以确认过程的有效性、效率和是否需要纠正措施。应根据对过程信息的分析结果来识别过程改进的机会。适当时，向最高管理者和组织内的其他相关方报告过程绩效。

（5）过程的改进

根据过程分析的结果，采取措施防止发生偏差和问题，或消除已经出现的偏差和问题的原因，防止同类偏差和问题的再次发生，从而增强过程实现预期目标的能力，实现质量管理体系的持续改进。

组织应确定实施纠正措施的方法，其中包括识别并消除问题（例如错误、缺陷、缺少适当的过程控制）的根本原因，应评审所采取措施的有效性，实施纠正措施并验证其有效性。

组织应规定和实施改进的方法，如简化过程、增加效率、提高有效性、降低过程周期时间等，并验证改进的有效性。组织还应注意识别潜在问题，采取预防措施消除这些潜在问题的原因，避免过程出现偏差和问题。

5. 对质量管理体系中存在的外包过程，组织应充分识别、规定并确保有效控制。

（1）组织将业务、活动以合同或协议方式分给其他组织承担，即是外包。根据本条款注 2 的定义，“外包过程”是为了质量管理体系的需要，由组织选择，并由外部方实施的过程。外包过程是质量管理体系中的某些过程，它们与产品质量有关，由组织选择确定，可以由独立于组织的外部方来实施或提供，也可以由同一母公司的其他机构来实施；可以在组织内的办公场所或工作环境内提供，也可以在独立地点提供，或是以其他方式提供。

如第一节“二、应用”中提到的房地产开发公司，其设计、施工、监理、销售过程外包；一般制造型企业的外协加工过程外包；其他外包过程的例子有热处理、清洗、镀锌、喷漆、信息技术和一般维护等；有些企业只负责新产品的开发和市场推广，生产加工委托给专业的生产厂，这就形成了主要产品实现过程的外包。

（2）组织之所以选择外包过程，或是因为组织能力和内部资源不足，或是为了充分利用外部组织的专业资源，或是为了降低成本提高效率，或是其他的商业目的等。需要注意的是，当组织拟将过程外包时，要注意行业法规的限制，如某些特种设备制造，部分关键件是不允许外协加工的。

当组织有能力实施某个过程，但出于商业或其他原因决定将该过程外包时，外包过程控制要求应事先明确，必要时这些要求应转化成针对外包过程供应商的要求；组织没有能力独立实施某个过程，决定将该过程外包时，组织务必要保证外包过程的供应商能提供充分的控制。有时甚至需要聘请外部专家来进行评估。

（3）最终产品是由组织向顾客作出承诺并提供给顾客的。外包过程虽然由外部组织实施，但这些过程属于组织质量管理体系的一部分，对最终产品产生影响，所以过程外包不能免除组织满足所有顾客和法律法规要求应承担的责任。

（4）组织必须对外包过程有足够的控制权，必须有能力控制外包过程，使外包过程的实施符合 GB/T 19001 标准的相关要求和组织质量管理体系的相关要求。外包过程会与组织质量管理体系中的其他过程发生相互作用，这些其他过程可以是组织自己实施的过程，也可以是其他外包过程。组织也应确保对上述过程间的接口和相互作用的管理，如组织与外包方之间的文件传递、变更沟通等。

（5）组织应对外包过程实施控制，控制的类型（即如何进行控制）和控制的程度（即控制的严格程度怎样）可综合考虑如下所述的因素。

① 应考虑外包过程对组织提供合格产品的能力的潜在影响。如果外包过程对组织的质量管理体系实现预期结果的能力有重大影响，外包过程的风险程度就比较大，应该对这样的外包过程实施更加严格的控制。外包过程对组织提供合格产品的能力的潜在影响又与外包过程在整个质量管理体系中的重要程度有关，也与外包方的能力有关。外包过程越重要，外包方实施外包过程的能力越差，组织对外包过程的控制就应该越严格。

② 应考虑组织和外包方各自在外包过程控制的分工情况。根据外包过程的实际状况和双方在外包协议中的规定，组织和外包方各自对外包过程承担了不同程度的管理。双方承担的控制分工不同，使得组织对外包过程的控制须采用的方式和程度不同。

③ 组织对外包方控制的类型和程度还应考虑组织自身对外包过程的控制能力。这种控制能力应该通过应用“7.4 采购”要求来实现。对某些外包过程，通过对外包方的评价和选择、对外包过程要求和相关信息的管理、对外包过程和结果的验证，就可以使组织具备充分的对这些外包过程的控制能力。而对另一些外包过程，当组织通过“7.4采购”要求的上述活动不能够完全具备对外包过程的控制能力，则应辅之以其他的方法进行控制。如房地产开发公司和 OEM（原始设备生产商）贴牌生产模式这样有重大影响的外包过程，在按“7.4 采购”要求控制时，还应按“7.3 设计和开发”和“7.5 生产和服务提供”等过程的要求对供方的外包过程进行控制。

（6）组织应在质量管理体系中明确外包过程及对其的控制。要在质量管理体系的文件中描述本组织存在哪些外包过程，明确每个外包过程用什么样的方法来进行管理。

【2008 版标准的主要变化】

1. 国家标准在第一句“形成文件”前增加了“将其”，使语句更加通畅，未涉及标准要求的变化。

2. 4.1a)条款中，英文原版标准将 2000 版中的“识别”修改为“确定”；国家标准中文翻译增加了“整个”的词语表述，强调了应在组织的全部范围内确定过程。

3. 国家标准对 4.1c)条款进行了语法结构的调整，使之更易于阅读和理解，未涉及标准要求的变化。

4. 英文原版标准 4.1e)条款增加了“（适用时）”。

5. 对外包过程及管理要求进行了比较大的修订，具体如下：

（1）国家标准调整了语法结构，使之更易于阅读和理解；

（2）英文原版标准把“识别”改为“规定”；

（3）英文原版标准增加了“类型和程度”，将 2000 版标准“对外包过程的控制应在质量管理体系中加以识别”变为“对外包过程控制的类型和程度应在质量管理体系中加以规定”，对外包过程的管理要求更加具体、明了；

（4）英文原版标准增加了注 2 的解释，对外包过程作出了明确的解释；

（5）英文原版标准增加了注 3 的解释，对组织在外包过程中的责任和控制给出了说明。

二、文件要求

【标准条款】

4.2　文件要求

4.2.1　总则

质量管理体系文件应包括：

a）形成文件的质量方针和质量目标；

b）质量手册；

c）本标准所要求的形成文件的程序和记录；

d）组织确定的为确保其过程有效策划、运行和控制所需的文件，包括记录。

注 1：本标准出现"形成文件的程序"之处，即要求建立该程序，形成文件，并加以实施和保持。一个文件可包括对一个或多个程序的要求。一个形成文件的程序的要求可以被包含在多个文件中。

注 2：不同组织的质量管理体系文件的多少与详略程度可以不同，取决于：

a）组织的规模和活动的类型；

b）过程及其相互作用的复杂程度；

c）人员的能力。

注 3：文件可采用任何形式或类型的媒介。

【目的和意图】

4.2 条款规定了质量管理体系文件结构、内容和管理的要求，旨在沟通意图，统一行动，提供证实。4.2.1 条款规定了质量管理体系文件的类型及要求，明确了质量管理体系文件的结构。

【理解与实施要点】

1. GB/T 19000 标准中"文件"的定义是："信息及其承载媒介"。用于沟通信息、统一行动、指导过程的文件和用于过程及结果证实的记录都是文件。媒介可以是纸张，磁性的、电子的、光学的计算机盘片，照片或标准样品，或它们的组合。组织可以进一步参考 GB/T 19023—2003《质量管理体系文件指南》。

GB/T 19000 标准中"记录"的定义是："阐明所取得的结果或提供所完成活动的证据的文件"。记录是文件的一种形式，是过程结果的记载，是对过程的证实。

GB/T 19000 标准中"程序"的定义："为进行某项活动或过程所规定的途径"。程序可以形成文件，也可以不形成文件。当程序形成文件时，通常称为"书面程序"或"形成文件的程序"。含有程序的文件可称为"程序文件"。

2. 质量管理体系文件能够进行质量管理信息的交流和沟通，为计划、过程和过程的结构提供证据，能够传播和保护组织经验，实现知识共享。GB/T 19001 标准要求的文件类型包括：

（1）质量方针和质量目标。GB/T 19001 标准 5.3 条款和 5.4.1 条款提供了质量

方针和质量目标的要求，质量方针和质量目标要文件化，但并不强求写在质量手册中；特别是 5.4.1 条款要求在组织的相关职能和层次上建立质量目标，可能形成由一系列各类各层具体目标构成的系统，这样的目标系统写在质量手册中可能过于繁杂。质量方针和质量目标可以单独形成文件或在其他类型的文件中予以表达。

（2）质量手册。质量手册是必须要编制的，GB/T 19001 标准 4.2.2 条款提出了质量手册内容的最低要求。质量手册的版式和结构是由每个组织决定的，同时也取决于该组织的规模、文化及其复杂程度。小型组织的质量手册可能包含了标准要求的所有形成文件的程序，而大型和跨国组织可能需要各种不同类别的质量手册，如全球性的、全国性的、地区性的，同时需要一个更为复杂的、分等级的文件系统。

（3）标准要求的形成文件的程序和记录。

标准有 6 处要求必须有形成文件的程序："4.2.3 文件控制"、"4.2.4 记录控制"、"8.2.2 内部审核"、"8.3 不合格品控制"、"8.5.2 纠正措施"和"8.5.3 预防措施"。这 6 个过程的共同点为都是管理性过程，即使组织的实际情况存在差别，这些过程的管理也有比较多的共性。标准作出强制性的形成文件程序的要求既规范了管理，也不会影响标准的通用性。对产品实现过程等因组织实际的不同而存在较大差别的过程，标准则不作强制性的形成文件的规定，以保证标准对各类组织的适宜性。

标准有 20 处提出记录的要求，如 5.6.1 条款中"应保持管理评审的记录"、6.2.2 条款中"保持教育、培训、技能和经验的适当记录"、7.3.2 条款中"应确定与产品要求有关的输入，并保持记录"等。这些要求明确了在相应的过程中必须形成记录，以证实质量管理体系的运行和结果。

（4）由组织确定的其他文件，包括记录。除上述（1）、（2）、（3）提到的文件外，组织可以根据自身产品及过程的实际情况编制其他所需的文件，包括保持其他必要的记录，这类文件也应该包括质量管理体系策划和运行所需的外来文件。

过程的策划、运行和控制应有途径和方法，它们可以形成文件，也可以不形成文件，是否编制文件取决于是否能够确保这些过程的有效，例如，没有必要为"如何开门"专门制定一份正式的文件，只需在门上贴上"推"或"拉"就足够了。组织应根据顾客和法律法规的要求、自身活动的特性来确定哪些过程需要形成文件，重要的是组织的员工要有完成工作所需要的信息，包括工作（操作）方法、工作（操作）程序或作业指导等。文件应指明谁做什么，在什么地方做，什么时候做，为什么这样做以及怎样做等。文件应清楚、准确地反映实际发生的情况。

这类文件的类型和层次是多种多样的，可由组织根据实际情况自行确定，以便于过程的运作为宜。文件的类型包括规范、指南、质量计划、形成文件的程序、作业指导书和图样等。GB/T 19000 标准 2.7.2 条款中对这些文件的类型进行了说明：阐述要求的文件称为规范；阐明推荐的方法或建议的文件称为指南；表述质量管理体系如何应用于特定产品、项目或合同的文件称为质量计划；提供使过程能始终如一完成的信息的文件，这类文件包括形成文件的程序、作业指导书和图样。实际过程中还有一些文件也应属于这类文件，如过程图、流程图和(或)过程描述，组织结构图，说明书，工作和(或)测试说明，含有内部通讯信息的文件，生产进度表，经核准的供方清单，测试和检查计划等。

标准特别提出这类文件包括特殊类型的文件——记录，说明除了标准要求的记录外，组织还可以根据过程管理的需要增加记录，避免了因隐含"记录"的要求而造成的疏漏。

3. 注 1 对"形成文件的程序"进行了说明，并特别说明了文件形式的灵活性。形成文件的程序可合并也可分解，有些组织可能会认为把几种活动的程序联合成一种形成文件的程序更为方便些；另外一些组织可能会选择对单一活动制定多个形成文件的程序，这两种做法都是可以接受的。如"8.5.2 纠正措施"和"8.5.3 预防措施"两个条款要求的形成文件的程序可以合并编制成一个程序文件，"7.5.1 生产和服务提供的控制"、"8.2.2 内部审核"等条款要求的形成文件的程序也可以分开编制成多个程序文件等。

4. 质量管理体系文件的类型、数量和详略程度应根据组织的实际状况来决定，应与组织的规模和活动的类型、过程及其相互作用的复杂程度、人员的能力相适应，这将在很大程度上取决于所使用的方法、所需要的技能、所进行的培训以及所要求的管理力度。在文件方面，GB/T 19001 标准赋予组织很强的灵活性，使得组织能够制定最少的文件来确保过程的有效策划、运作和控制。需要强调的是，GB/T19001 标准要求(一直都这样要求)的是一个"形成文件的质量管理体系"，而非"文件的体系"。

应避免文件过度详细，以使组织更好地对活动进行控制。如果通过技能培训使相关人员都能得到有效工作所需的信息，则可以减少对详细文件的需求。

文件可不追求形式，类型和媒介可多种多样。文件的类型可以是可复制的任何形式，从单独的正式文件到与图纸合并在一起的技术标准以及设备的指导手册等。除书面文件外，文件还可以是图片或图像的形式，图形格式、图像或简单的图片组合会特别有用，因为视觉帮助通常比长篇累牍的描述所传递的信息更直观和准确。

5. 质量管理体系文件的策划和制定宜最大限度地调动组织的人员参与，以便能够详细反映实际的工作。相关人员介入得越早，涉及的员工越多，他们的理解、参与和主人翁意识就越强。特别需要注意的是，组织不必为了满足 GB/T 19001 标准的要求而废除已经存在的、行之有效的质量管理文件，应是通过对原有质量管理文件的整理、完善、补充和系统化，使质量管理体系文件符合标准的要求。

6. 上述各类文件都应按 GB/T 19001 标准 4.2.3 条款的要求进行管理。

【2008 版标准的主要变化】

1. 英文原版标准 4.2.1c)条款增加了"和记录"，将 2000 版标准 4.2.1 条款的"c)本标准所要求的形成文件的程序"和"e)本标准所要求的形成文件的记录"合二为一，成为一个子条款，使标准更加简洁、明了。

2. 英文原版标准将 2000 版标准"确保其过程有效策划、运作和控制所需的文件"改为"组织确定的为确保其过程有效策划、运作和控制所需的文件，包括记录"，明确了这

类文件应由组织确定并且包括记录，整个语句表述的意思也更加清楚。

3. 英文原版标准修订了注1对“形成文件的程序”的注释，说明文件形式的灵活性。

4. 国家标准在注2中增加了“可以不同”，清晰地表明不同组织的质量管理体系文件的多少与详略程度不强求完全一致，应根据组织的实际状况确定，具有灵活性。

5. 注3中，国家标准以“媒介”代替2000版标准的“媒体”，用词更加准确。媒体是指传播信息的介质，现在社会上更多指电视、广播、报纸、网站、户外媒体等。媒介是能让人与人、物与物以及人与物产生关联的任何物质。不同行业、不同经济领域、不同过程的文件的载体多种多样。

【标准条款】

4.2.2　质量手册

组织应编制和保持质量手册，质量手册包括：

a）质量管理体系的范围，包括任何删减的细节和正当的理由（见1.2）；

b）为质量管理体系编制的形成文件的程序或对其引用；

c）质量管理体系过程之间的相互作用的表述。

【目的和意图】

4.2.2条款规定了质量手册及其内容的要求，以便对组织内外提供关于质量管理体系的一致信息。

【理解与实施要点】

1. GB/T 19000标准中“质量手册”的定义是：“规定组织质量管理体系的文件”。GB/T 19000标准2.7.2条款表明，质量手册是向组织内部和组织外部提供关于质量管理体系符合性信息的文件。质量手册用于描述质量管理体系的诸要素，包括为实现质量方针和质量目标的管理职责的相关活动、资源管理、产品实现过程的控制、测量和分析活动、改进活动等诸方面的要求。

质量手册是组织内部实施质量管理体系的纲领性文件，也可以向组织外部提供，以表明组织在质量管理体系方面的承诺和责任。组织可利用质量手册为其质量管理体系提供一个总图或路线图。

2. 质量手册的内容必须包括以下三个方面：

（1）质量管理体系覆盖的产品、过程（活动）、部门（机构）和场所等范围的描述。如有删减，质量手册中应对已被删减的过程要求的具体情况及理由进行说明，删减理由应能表明符合标准1.2条款的要求。

（2）形成文件的程序可以全部纳入质量手册，也可以在质量手册中引用，可根据组织规模的大小和过程的繁简程度确定。

（3）明确质量管理体系各过程的流程关系及相互作用。可以用过程图、流程框图、图示、对照表等方式表示，也可以用文字描述。重点是表示清楚质量管理体系诸过程的关系及接口职责。

除了以上三项内容，质量手册还可以包括以下内容：组织的经营活动、质量管理体系的主要特点、质量方针和相关的质量目标、组织介绍（如组织结构图）、文件如何使用以及在哪里可以找到相关程序等。

3. 质量手册虽然可以对外提供、表明承诺和提供信任，但更主要的作用是组织内部质量管理的总体要求，是实现管理意图的保证。所以，质量手册对质量管理体系的描述应充分而适宜。所谓充分，是指质量手册的内容往往不限于标准 4.2.2a)、b)、c)条款的要求，质量手册可描述质量管理体系实现质量方针和质量目标的诸要素；所谓适宜，是指质量手册不应拘泥于形式，编写的方式、详略程度要结合组织的实际状况，对质量管理体系信息的描述应与实际相符合，体现组织产品和过程的特点，适当体现组织为满足标准要求采取的方法、措施和途径。目前质量手册多数照搬标准的结构和内容，体现运用过程方法不够，对组织实际产品和过程的针对性不够，应注意避免。

【2008 版标准的主要变化】

国家标准将 2000 版 4.2.2a)条款中"……细节与合理性"改为"……细节和正当的理由"，将意思模糊的"合理性"变为直截了当的"正当理由"。

【标准条款】

4.2.3　文件控制

质量管理体系所要求的文件应予以控制。记录是一种特殊类型的文件，应依据 4.2.4 的要求进行控制。

应编制形成文件的程序，以规定以下方面所需的控制：

a）为使文件是充分与适宜的，文件发布前得到批准；

b）必要时对文件进行评审与更新，并再次批准；

c）确保文件的更改和现行修订状态得到识别；

d）确保在使用处可获得适用文件的有关版本；

e）确保文件保持清晰、易于识别；

f）确保组织所确定的策划和运行质量管理体系所需的外来文件得到识别，并控制其分发；

g）防止作废文件的非预期使用，如果出于某种目的而保留作废文件，对这些文件进行适当的标识。

【目的和意图】

4.2.3 条款明确了对文件（记录除外）的控制要求，以确保文件中信息的准确性，使文件真正起到沟通意图、统一行动的作用。

【理解与实施要点】

1. 所有质量管理体系文件都应进行管理。员工应具有完成工作所需要的知识，只有使用适用的文件才能有效地工作。记录类型的文件具有其特殊性（详见 4.2.4 条款的“理解与实施要点”），其管理要求在 4.2.4 条款中规定。文件的控制要求应通过形成文件的程序加以规定。

2. 为了沟通信息、统一行动，文件应是充分的与适宜的。根据目的和内容的不同，文件在发布实施之前应由相应的授权人进行审批，以保证文件的充分性和适宜性。

3. 必要时对文件的评审与更新，可考虑以下时机：

(1) 当质量管理体系的内外部环境出现重大变化时，内部环境变化如组织机构的变化，主要管理者的变化，重大的产品和(或)设备、工艺的变化；外部环境变化如顾客需求的变化、市场形势的变化、法律法规的变化等。

(2) 当出现重大质量事故、重大顾客投诉、采取纠正措施和预防措施时。

(3) 定期进行文件评审。可以自下而上从文件的适宜性、操作性到文件的充分性、符合性进行评价，发现问题予以更改，主动地、持续地改进质量管理体系。

4. 文件的更改和修订情况决定了文件的有效和无效状态，应有适宜可行的方法识别这些状态。通常的方法有编制并发布表明文件名称、编号及现行修订状态的控制清单；在文件上作出状态标识，如版号(A、B、C……)、修订号(0、1、2……)等。

5. 凡是需要用文件指导对过程进行控制的场所都应得到适用的有关文件，可以是纸质文件的发放、电子版文件的传递等，文件适用的范围要根据岗位质量职责确定。一般情况下，适用的有关文件应是最新版本。但特殊情况下，由于不同的需要，某些旧版本的文件也可能是适用的。如某工序正在加工一些还在使用寿命周期内的老产品的配件，相关的图纸和工艺文件虽已是旧版本的文件，但对于配件加工的过程而言是适用的。

6. 文件在使用中应妥善保护，保持清晰，信息不能有误。应能准确地辨识不同用途的文件，通常的方式有文件名、文件编号、确定的文件格式等。

7. 外来文件是来自组织外部的文件，如与产品有关的国家(地方)的法律法规、规章，各种标准、规范及其他要求文件，顾客提供的标准、图纸、图样等。本条款对需要纳入质量管理体系进行管理的外来文件作了明确的界定，即“策划和运行质量管理体系所需的”。外来文件的控制范围不必盲目扩大，重要的是保证管理的有效。

(1) 得到识别。识别活动通常可以包括：根据确定的外来文件信息建立外来文件清单(目录)，表明文件的基本信息；建立外来文件的获取和查询的渠道，能够确保外来文件的及时追踪、及时收纳。要注意外来文件与组织自己编制文件的区分，确保外来文件的管理。

(2) 控制分发。对于已确定的外来文件通过发放管理防止误用，必要时，还能确保及时收回旧版文件。

(3) 本条款侧重"识别"、"分发"外来文件的管理活动,而外来文件对组织适宜性的"确定",可在 GB/T 19001 标准的 4.2.1d)、7.1b)、7.2.1c)等条款要求的活动中予以确定。如哪些外来文件与组织的策划和运行有关?组织的具体产品和过程应该适用哪个外来文件?宜在与外来文件内容相关的过程(部门)中由相关人员予以确定。

8. 当文件停止使用或更新后会产生作废文件,应对作废文件进行有效管理,目的是防止非预期使用。如在有效文件发放时进行编号管理,当这个文件作废时,可以准确地按编号收回,不会出现遗漏。出于某种目的需要保留的作废文件,应有明确标识加以区别,其他作废文件应及时妥善处置,如销毁等,防止误用。

【2008 版标准的主要变化】

1. 国家标准对 4.2.3a)条款的语法结构进行了调整,使之更易于阅读和理解,未涉及标准要求的变化。

2. 英文原版标准在 4.2.3f)条款"外来文件"之前增加了"组织所确定的策划和运行质量管理体系所需的"的描述,即增加了"组织所确定的"和"策划和运行质量管理体系所需的"两个要点。

3. 国家标准将 2000 版 4.2.3g)条款中"若因任何原因而保留作废文件时"修订为"如果出于某种目的而保留作废文件"。从管理的效率来说,保留作废文件应是预期行为,应有一定目的,管理意图更加明确。

【标准条款】

4.2.4 记录控制

为提供符合要求及质量管理体系有效运行的证据而建立的记录,应得到控制。

组织应编制形成文件的程序,以规定记录的标识、贮存、保护、检索、保留和处置所需的控制。

记录应保持清晰、易于识别和检索。

【目的和意图】

4.2.4 条款规定了记录的控制要求,以提供质量管理体系的相关证据。

【理解与实施要点】

1. GB/T 19000 标准中"记录"的定义是:"阐明所取得的结果或提供所完成活动的证据的文件"。记录是一种特殊类型的文件,与"4.2.3 文件控制"所要求的文件有所不同。

(1) 记录的作用,一是为产品符合要求和过程有效提供证据;二是在有需要的时候实现可追溯性;三是记录中承载的大量以往事实的信息和数据是持续改进的依据。而"4.2.3 文件控制"所要求的文件主要用于指导过程运行,实现信息交流,统一组织

行动。

(2) 记录具不可更改性，而“4.2.3 文件控制”所述的文件是可以修订或更改的。

(3) 对某一特定过程而言，记录是随着这个过程开始实施逐渐形成的，是活动及结果的记载和实施的证明；而这个过程如果有指导性文件，一定是先于这个过程的实施产生的。如内部审核过程，用于规定要求的“内部审核程序文件”是在内部审核之前经过体系策划(见 5.4 条款)形成的指导性文件，而审核记录则是在内部审核活动开始后逐渐形成的。

(4) 对记录的控制与“4.2.3 文件控制”不同。文件应有编制、审核、批准、更改的管理，而记录不用编、审、批，更不能更改。由此 GB/T 19001 标准分别以 4.2.4 条款和 4.2.3条款对记录的控制和文件的控制规定了要求。

记录表格是规定如何记载和证实质量管理体系活动及结果信息的文件，应该按照 4.2.3 条款的要求控制。当在表格中填写了信息和数据，表格就成为了记录。

2. 如果需要对符合要求及质量管理体系有效运行提供证据，则应建立相关过程和产品的记录，并加以控制。

标准中 20 处提到了对记录的要求，组织还应该根据自身产品及过程的实际情况保持其他必要的记录(见 4.2.1 条款的“理解与实施要点”)。可能的记录有：设计文件、计算结果；顾客订单、与产品有关要求的评审记录；会议笔录(如管理评审)；内部审核报告；不合格详细说明(服务失败报告、担保声明、顾客投诉)；纠正和预防措施报告；采购订单；关于供方的文件(如供方的评价及业绩记录)；流程控制细节记录；监视和测量报告；校准与检定报告；培训的详细内容；收货和发货的细节等。

3. 记录的控制要求应通过形成文件的程序加以规定，包括标识、贮存、保护、检索、保留和超期后的处置等活动要求。这些管理是为了使记录信息准确，保存完好，检索便利，能够充分发挥其作用。

对记录应进行标识，可以采用编号、颜色等方式；记录的贮存应安排适宜的环境，防止记录的损坏或丢失，存储方式要适合于介质，损耗、损坏和丢失的风险应该降至最低；应做好记录的保护，包括明确对记录的防护、保管和借阅的要求；应易于进行记录的检索、查找，包括明确编目、归档和查阅的要求。电子存储备份的记录也是记录管理的一部分；将记录保留一定的期限，以使记录在需要时发挥证实和追溯的作用；在记录超过保留期限的时候予以处置，应明确记录最终销毁的要求。

记录的保留期限应与记录反映的产品和过程相适应，在有些情况下，保留期限的规定取决于法律或条例的要求、顾客的要求、可能的产品可靠性要求或财务要求等，这些细节应该记录或标注于文件化的规定之中。如组织质量管理体系内部审核和管理评审记录的保留期限以三年为宜，因为认证有效期一般是三年；保险公司人寿险方面的记录保留期限应是永久的，以保证保险客户的利益。

4. 记录应清晰反映相关信息，确保信息的客观准确；应易于识别和检索，能够方便查阅、追溯。

5. 本条款规定的是对已形成的记录的管理要求，而不是对是否应该形成记录、应记录哪些信息的要求。记录及其记载信息的要求，在GB/T 19001标准的其他条款中进行了规定，在前面4.2.1条款的"理解与实施要点"中进行了说明。如应该建立并保留哪些人力资源管理的记录，记录中应该记载哪些信息，标准6.2.2条款规定了其要求；而已经形成的人力资源管理的记录的管理则是本条款的要求。

【2008版标准的主要变化】

1. 英文原版标准对本条款的全部表述都进行了语法结构、语句顺序的调整，使标准对于记录的要求更易于阅读和理解，但标准要求的变化不大。

2. 英文原版标准将2000版标准的"保存期限"改为"保留"。"保存期限"不是活动，和"标识、贮存、保护、检索、处置"等活动并列在一起不适宜，改用"保留"比较妥当。

第五节 管理职责

一、管理承诺

【标准条款】

5.1 管理承诺

最高管理者应通过以下活动，对其建立、实施质量管理体系并持续改进其有效性的承诺提供证据：

a) 向组织传达满足顾客要求和法律法规要求的重要性；

b) 制定质量方针；

c) 确保质量目标的制定；

d) 进行管理评审；

e) 确保资源的获得。

【目的和意图】

第5章明确了最高管理者的职责，以确保领导作用的充分发挥，是"领导作用"的管理原则和"最高管理者在质量管理体系中的作用"的质量管理体系基础的具体体现。5.1条款表明了组织的最高管理者应作出的管理承诺，以保证质量管理体系的建立、实施和持续改进。

【理解与实施要点】

1. GB/T 19001标准中"最高管理者"的定义是："在最高层指挥和控制组织的一个人或一组人"。由此，最高管理者不仅限于组织最高权限的一位领导，可以是组织

最高管理层的若干领导。管理职责可以大家共同承担，关键是职责要清楚，分工要明确。

2. 5.1条款列出了证实最高管理者的管理承诺所必需的五项活动或措施，明确了最高管理者要对这些措施负责，并且强调了有效领导的必要性。要特别强调的是，采用质量管理体系是组织的一项战略性决策，涉及组织中与体系所覆盖产品相关的各个部门、所有过程，是一项关系组织长远发展、关系组织全局的决策，需要组织最高管理层强有力的领导和推动。组织的最高管理者应充分理解，高度重视，真正参与其中，认真履行职责。不能以管理者代表的工作，或者质量管理主管部门的工作来代替最高管理者的责任。

标准的5.3、5.4.1、5.6条款和第6章的要求是5.1b)、c)、d)、e)条款的扩充和具体要求的展开。

3. 最高管理者有责任向组织内部的全体员工传达满足顾客要求和适用法律法规要求的重要性，提高全员的质量意识，创造一个使员工充分参与质量管理体系的各项活动，从而实现组织质量目标的环境。这项要求与5.5.2c)条款和6.2.2d)条款有关联，是标准对于员工质量意识方面在不同管理权限上的要求，是"以顾客为关注焦点"管理原则和法制意识的体现。

4. 在提供证据方面，最高管理者不仅要保证整个组织的员工都要具有相应的质量意识，了解其质量职责，并且还要留有适当的记录以表明最高管理者是怎样履行管理承诺的。各种管理性会议的报告可以作为这样的一种证据。

二、以顾客为关注焦点

【标准条款】

> **5.2 以顾客为关注焦点**
>
> 最高管理者应以增强顾客满意为目的，确保顾客的要求得到确定并予以满足（见7.2.1和8.2.1）。

【目的和意图】

5.2条款强调了"以顾客为关注焦点"的质量管理体系的管理理念，明确了最高管理者努力的目标。

【理解与实施要点】

1. 本条款阐明了GB/T 19000标准中"以顾客为关注焦点"质量管理原则的理念，也是"质量管理体系的理论说明"基础的体现。

2. 组织依存于顾客，顾客的存在是组织的根基。只有顾客需要，组织才能生存和发展。最高管理者应以满足顾客要求、增强顾客满意作为最终目的，最高管理者是为达到此目的所实施的全部过程的责任者。最高管理者应完整、准确地识别和确定本组织的顾客群体(包括最终顾客),正如第二章所言,顾客指的是那些接受组织产品的机构和个人,只要是产品的接受方,均为顾客。

3."以顾客为关注焦点"要求组织的最高管理者关注、识别并理解顾客(群体)的要求、需求和期望,综合顾客的要求、需求与期望制定质量方针和质量目标,并建立和实施旨在实现质量方针和质量目标的管理活动、资源管理、产品实现过程的控制、监视和测量活动、分析和改进活动,最终实现并提供满足顾客要求的产品,不断增强顾客满意。

组织的最高管理者要时时关注顾客,处处为了顾客,在经营、决策、管理等活动中从顾客的需求出发,带领全体员工努力实现顾客愿望,从而使组织自身得以生存、发展。

最高管理者还应采取措施提高组织人员的顾客意识和质量意识。

4.为实现组织的成功,组织可采取与顾客沟通、市场/顾客调查、获取行业报告、确定市场行情等方式,尽可能与顾客就顾客的要求达成一致。

5.GB/T 19001 标准的图 1 所示"以过程为基础的质量管理体系模式"中,质量管理体系输入的来源正是顾客要求,与本条款的理念和要求一致。

组织为了增强顾客满意度,可进一步完善能使顾客满意的行为规范,参见 ISO 10001:2007《质量管理 顾客满意 组织行为规范指南》。

三、质量方针

【标准条款】

> **5.3 质量方针**
>
> 最高管理者应确保质量方针:
>
> a) 与组织的宗旨相适应;
>
> b) 包括对满足要求和持续改进质量管理体系有效性的承诺;
>
> c) 提供制定和评审质量目标的框架;
>
> d) 在组织内得到沟通和理解;
>
> e) 在持续适宜性方面得到评审。

【目的和意图】

最高管理者建立质量方针是为了明确质量管理的方向和宗旨,也为质量管理体系的总体业绩确立总的目标。

【理解与实施要点】

1.GB/T 19000 标准中"质量方针"的定义是:"由组织最高管理者正式发布的关于质量方面的全部意图和方向"。由此,最高管理者是通过质量方针的正式发布,确立组

织在质量方面的宗旨及方向，履行其“领导作用”最重要的职责。质量方针能为组织提供关注的焦点，形成全体员工的凝聚力，显示组织对外的质量承诺，争取顾客的信任。“正式发布”可以通过文件化、正式的批准、明确发布日期来体现。

2. 质量方针在内容上的要求

(1) 与组织的宗旨相适应

组织总的宗旨、方针是全面的、多方位的，通常有必要首先建立，包括经营利润、业务发展、营销或销售策略、财务策略、环境安全绩效、员工队伍建设等，可涉及组织各方面的管理，如经营管理、财务管理、质量管理、环境管理、职业健康安全管理和人力资源管理等。质量方针是为实现组织总方针服务的，应与以上其他方面的追求相辅相成、协调一致。在组织总方针的基础上建立质量方针是适宜的、容易的。

(2) 要有两个方面的承诺

一是要满足、适应顾客和适用法律法规的要求，体现组织的产品和过程的特性，使质量方针有针对性，应表明质量对组织和顾客的重要性。如对于铁路旅客运输服务，质量方针中应体现安全、正点、舒适、便利的服务特性。质量方针不应是空洞的、口号式的，字数可多可少，简捷与否并不重要，重要的是应体现组织在质量方面的宗旨和方向，满足 GB/T 19001 标准 5.2 条款的要求。对某一特定组织来说，“质量是生命，顾客是上帝”，“科学管理，世界一流”，“质量第一，顾客满意”，“科技、创造、发展”等放之四海而皆准的口号作为质量方针是不适宜的。

二是要持续改进质量管理体系有效性，以增强顾客满意。如质量方针中体现的“改进、创新、追求、卓越”等内涵应是这项承诺的体现。

(3) 为质量目标提供框架

质量方针是追求的方向，是一种管理理念的体现，要通过质量目标的支撑来实现。为了致力于实施质量方针，组织需要确定在一定时间期限内的总体质量目标，这些目标应体现明确的预期目的，不能模糊不清。因此，质量方针的框架是建立和评审质量目标的依据。如铁路旅客运输服务质量方针中的“安全、正点”可以通过具体量化的质量目标来落实：行车安全事故为 0；火灾爆炸事故为 0；旅客人身伤亡事故为 0；不发生食物中毒、行包被盗事故；不发生旅客坠车跳车、挤砸烫伤事故；责任晚点事件为 0，确保客车正点运行等。

3. 质量方针示例

(1) 某计算机制造公司的质量方针

我们向社会提供一流的产品，用我们在计算机领域的领先地位来证实：我们的设计是基于顾客的需求，我们生产的产品满足设计的要求；我们的资金是用于产品预防不合格，用最低的成本达到最好的效果。

我们确保符合法律法规的要求，用我们对质量管理的持续改进来承诺：我们的行动准则是国家的要求，我们关注的方向是超越顾客的期望；我们的员工第一次就把事情做好，用不懈的努力增强顾客的满意。

(2) 某铸造加工厂的质量方针:"精心铸造　国际领先　精益求精　顾客满意"。

质量方针的释义:

精心铸造——我们是一个以特种铸造为主的加工型企业,公司以质量求生存、以质量树品牌、以质量求发展,精良的产品质量是我们在激烈的市场竞争中立于不败之地的坚实基础。

国际领先——我公司质量管理体系建立的目的是通过采取有效的过程控制手段,提高企业的综合实力,追求技术、管理、产品质量、信誉、效益水平的国际领先地位是我们的最终期望。

精益求精——对产品质量、服务质量、工作质量精益求精,坚持持续改进,是保证公司质量管理体系持续有效运行的根本原则之一,是公司保持长盛不衰、永葆活力的根本动力。

顾客满意——为创造国际领先的企业信誉和效益,充分理解顾客当前的、将来的、明示的、隐含的需求和期望,以精良的产品质量、诚信周到的服务质量不断追求顾客满意,是我们的努力方向。

4. 质量方针在体系运行中的管理要求

(1) 最高管理者对质量的承诺应是看得见的、积极的并且是被有效沟通的。组织应通过各种方式、途径向全员传达贯彻,并要确保员工理解其内涵,了解质量方针如何影响他们,明确他们在质量管理体系中的作用,清楚自己的本职工作与组织质量方针、质量管理体系的关联,知道如何做才能为实现质量方针作出贡献。传达贯彻的方法可以是在会议上宣读并解析质量方针,向每位员工发放质量方针及理解的小册子,利用内部刊物、标语、告示栏进行宣传等。一份公开展示的、由组织所有人签署的质量方针是一个可以在小型组织用来表现对员工和顾客承诺的方法。

(2) 质量方针应得到评审以确保其适宜性。组织的质量管理体系总是处在内、外部环境的变化当中,组织应根据变化或定期地进行评审,以使质量方针持续地符合组织的实际。对质量方针的定期评审通常在管理评审(见 5.6 条款)时进行。

四、策划

【标准条款】

> 5.4　策划
>
> 5.4.1　质量目标
>
> 最高管理者应确保在组织的相关职能和层次上建立质量目标,质量目标包括满足产品要求所需的内容[见 7.1 a)]。质量目标应是可测量的,并与质量方针保持一致。

【目的和意图】

5.4 条款提出对质量目标和质量管理体系的策划,为质量管理体系运行奠定基础。

5.4.1 条款提出了对质量目标的要求。质量目标的建立，可以使各职能、层次的质量管理过程明确预期结果，同时提供了过程绩效的评价准则。

【理解与实施要点】

1. GB/T 19000 标准中"质量策划"的定义："质量管理的一部分，致力于制定质量目标并规定必要的运行过程和相关资源以实现质量目标"。按照此定义和质量管理体系基础"质量管理体系方法"的步骤，首先要策划"5.4.1 质量目标"，再根据质量目标去进行"5.4.2 质量管理体系策划"，包括识别过程和确定过程要求。

2. GB/T 19000 标准中"质量目标"的定义："在质量方面所追求的目的"。由此，质量目标是在质量方针的原则和框架下具体追求的目的，质量目标追求的结果应能实现质量方针的质量承诺。相对而言，质量目标更加具体、有针对性。确保质量目标的建立和实现，是最高管理者的重要职责。

3. 为了把质量方针付诸实践，最高管理者需要建立清晰的质量目标。质量目标可以不由最高管理者亲自制定，但最高管理者仍然有制定质量目标的责任。

4. 质量目标应是全方位的。

(1) 与质量有关的职能和层次应建立质量目标，组织内机构、部门、岗位只要承担了质量管理的职责，就应该确定这些过程的预期目标。质量目标横向应在相关职能上建立，也就是要在同一层次的部门、岗位上确定与其质量职责相应的目标；质量目标纵向应在管理职责的不同层次上建立，也就是要在组织最高管理层、中层职能机构、中层机构的下设部门(科、室、车间/工段/班组、站、队等)、具体职能岗位等管理权限由高到低的不同层次上建立。

在组织管理的较高层次上，目标可能复杂些，如：顾客满意率、年内(售后)返修率、项目验收优良率、新产品开发比例或效率、员工评估合格率和培训合格率等。而在生产过程和服务提供的实施现场，质量目标可以简单和直接，如：公共客运服务的车辆运行目标，可设定公共汽车按时间表运行的误差限度；制造行业的生产线可以规定在最低可接受的限度内每小时的产出目标、一次交验合格率；宾馆、餐厅、美发厅迎宾服务，目标可以是"进入大厅的顾客将在一分钟内受到接待以确定他们的要求"等。

(2) 质量目标的建立不能仅限于产品实现过程，对管理过程也应建立目标。只要质量管理体系存在某个过程，这个过程就应该有预期目的、有要求。通常生产过程的目标比较容易量化，因而比较健全，而管理活动的目标很多不易量化，容易被忽略。组织应在所有过程，包括管理性过程的策划时就考虑它的预期结果，即建立质量目标，通过策划并实施过程实现目标，最终实现管理的增值。

(3) 质量目标不仅是针对质量管理体系的目标，也包括与产品和服务质量有关的目标。"5.4.1 质量目标"的要求与 7.1a)条款"产品的质量目标和要求"具有关联，后者是前者在产品质量方面更具体的展开。

(4) 还需要注意的是，在制定各部门、岗位的质量目标时，仅是直接分解组织总的目标是不充分的，有些具体过程是间接支持总目标的，这些过程也应该建立目标。只有这样，才能真正通过质量目标的建立，明确各项活动的质量管理追求的目的，把质量管理过程预期应达到的结果确定下来，同时也为过程有效性的评价提供依据。

5. 质量目标是具体的、针对性的。质量目标中应包括与满足产品要求有关的内容，要能表明在重要的产品特性上要达到的目的。如上面5.3条款"理解与实施要点"中提到铁路旅客运输服务中的行车事故、旅客人身安全等。如果目标只是"做得更好"，那只是一个主观愿望，而不是目标。

6. 质量目标应是可测量的。要测量目标是否能够达到，如果不能，将如何改进。测量可以定量也可以定性，如考评、测评、评价等。测量的方法和内容要规范科学，包括测量的时机、样本的策划等，以保证质量目标测量结果的可靠性。质量目标尽可能量化，要确定实现目标的时间框架，以便于测量。定性的质量目标如果能够进行评价，也是符合要求的。

7. 质量目标应具有先进性和可实现性。从定义来看，质量目标是可追求的，可追求的就应该是先进的。但质量目标也应该是现实的，制定时应考虑组织现在的水平和同行业的情况，在现实的基础上考虑一定的提升空间，使质量目标既高于现实，又经过努力可以达到，真正起到改进质量管理的作用。

【标准条款】

5.4.2 质量管理体系策划

最高管理者应确保：

a) 对质量管理体系进行策划，以满足质量目标以及4.1的要求；

b) 在对质量管理体系的变更进行策划和实施时，保持质量管理体系的完整性。

【目的和意图】

对质量管理体系的策划是实现质量方针、质量目标的首要工作。

【理解与实施要点】

1. 质量管理体系的策划应以实现质量目标为目的，策划还应符合"PDCA"系统地对过程进行管理的总体思路，即符合4.1条款的要求。

2. 质量管理体系的策划应在以下两个层次上进行：

第一层次是在质量管理体系的建立和实施的初始阶段。应编制计划并实施全部体系策划，使质量管理体系能够满足4.1条款的要求。

第二层次是质量管理体系运行过程中需要对体系进行变更，如管理评审输出（见5.6条款）、监视和测量（如审核活动）结果分析、质量目标实现情况的评价结果、内外部环境变化等都可能提出对体系进行改进，这时就需要对体系的改进进行策划。质量目标可

能随时间而改变,因此该层次的策划还应随目标的改变持续跟进。

组织对质量管理体系任何变更的策划和实施都要进行管理,以保证体系各过程的正常运行,保证质量管理体系作为一个有机整体的系统性和完整性,使质量管理体系在变更中和变更后能够持续有效。

例如,对体系的组织机构设置进行调整,在进行变更策划时,可先行制定一些相应的规定(可能是阶段性的),对变化后机构的职责重新明确,使质量管理体系的各项活动在体系的变更期间仍能保持正常有序的进行,直至质量管理体系变更完成,常态运行。

五、职责、权限与沟通

【标准条款】

> **5.5　职责、权限与沟通**
>
> **5.5.1　职责和权限**
>
> 最高管理者应确保组织内的职责、权限得到规定和沟通。

【目的和意图】

职责、权限的规定和沟通是质量管理体系的组织保证。

【理解与实施要点】

1. 职责、权限的规定是质量管理体系运行的组织保证;加强内部沟通,是保证政令畅通,促进"全员参与"管理原则实现的必要条件。

2. 最高管理者应确保组织内部的机构、岗位及人员安排得到确定,规定相应的质量职责和权限,这是体系策划中的一项重要活动。关于职责、权限的规定是质量管理体系文件中的重要内容,如质量手册中对组织机构的说明或图示,程序文件中对过程职责的描述,岗位设置及职责权限方面的特定文件等。职责、权限的描述要清晰、准确,要让每个人都知道他们的责任和权力终止于何处,其他人的责任和权力开始于何处,以避免职责不清。

在规定职责、权限时,应特别注意不同部门、不同岗位之间的职责、权限的接口关系,要清晰、顺畅、协调、统一。

3. 最高管理者要确保每一个人都知道他们要做的事情(责任)和他们可以做的事情(权力),并使他们明白这些责任和权力之间的相互关系。规定的职责、权限应向相关人员传达沟通,一方面让员工都知道并理解自己的质量职责与权限,以便主动、自觉地严格执行规定,履行职责;另一方面,让员工知道与他存在接口的其他岗位的职责、权限,以便各岗位互相配合、交流通畅,使体系各过程协调、有序、高效地运行。

【标准条款】

5.5.2　管理者代表

最高管理者应在本组织管理层中指定一名成员，无论该成员在其他方面的职责如何，应使其具有以下方面的职责和权限：

a）确保质量管理体系所需的过程得到建立、实施和保持；

b）向最高管理者报告质量管理体系的绩效和任何改进的需求；

c）确保在整个组织内提高满足顾客要求的意识。

注：管理者代表的职责可包括就质量管理体系有关事宜与外部方进行联络。

【目的和意图】

管理者代表是质量管理体系中非常关键的一项职责，是质量管理体系活动的管理者。

【理解与实施要点】

1. 管理者代表由最高管理者指定一名本组织的管理者担任。管理者代表可以是最高管理层成员，也可以是其他层次的管理者。重要的是管理者代表要真正承担起质量管理体系的管理和协调的责任，要有足够的管理权限去推动涉及各相关职能的整个质量管理体系的工作，要能够向最高管理者报告质量管理体系的工作。

管理者代表是质量管理体系一个非常主要的管理者，承担了组织内部的重要职责，必须由组织内部人员担任。不容许将这一重要职责和权限委托给组织外部的人员。

对于拥有一个以上的现场（或场所）的组织来说，可以在每一处现场委派一个人作该区域的管理者代表，但组织质量管理体系应有一个总的管理者代表，只能由总的管理者代表对组织全权负责。

2. 管理者代表可以承担其他方面的职责，但在质量管理体系方面应具有以下方面的职责和权限：

（1）负责处理与质量管理体系过程有关的各种问题，对质量管理体系所需的过程的建立、实施和保持负有策划、组织、协调等职责，是组织在质量管理体系过程管理方面的管理者。

（2）管理者代表的一个关键职责就是要知晓质量管理体系的绩效现状和改进的可能性，应该通过各种途径向最高管理者报告质量管理体系的业绩情况，通过体系运行现状的分析，向最高管理者提出改进的建议和方案。

2008 版标准把“业绩”统一改为“绩效”。一方面使标准的表述用词一致；另一方面“绩效”比“业绩”的内涵更准确，更宽泛，更能体现有效性。

（3）通过策划、组织各类相关活动，如会议、培训、内部刊物交流等，促进组织内员工不断提高满足顾客要求的质量意识。这项要求与 5.1a）和 6.2.2c）条款要求的关联

已在“5.1 管理承诺”处进行了说明。管理者代表应确保组织内部需要知道的人都清楚顾客的要求。

(4) 可以作为代表就与质量管理体系有关事宜与外部进行联络。如与政府质量监督管理部门、质量管理体系认证机构、管理体系顾问公司的联络等。

【2008 版标准的主要变化】

1. 英文原版标准在“管理层”之前增加了“本组织”的定语。

2. 国家标准统一把“业绩”改为“绩效”，与 GB/T 24001—2004 标准趋于一致。

3. 国家标准将 2000 版标准的“外部联络”改为“与外部方进行联络”，意思表达更加清楚，更易于阅读和理解。

【标准条款】

> **5.5.3　内部沟通**
>
> 最高管理者应确保在组织内建立适当的沟通过程，并确保对质量管理体系的有效性进行沟通。

【目的和意图】

通过组织内部的信息沟通，统一质量管理的认识和要求，确保协调一致地行动。

【理解与实施要点】

1. 沟通就是信息的交换、传递。质量管理体系建立和运行中有许多信息需要沟通，以便在组织内统一要求，加强理解，取得共识，使行动更加协调。

2. 最高管理者应该在组织内部建立沟通的制度，包括确定哪些人员之间需要沟通，确定需要沟通的信息，确定实现沟通的手段，确定沟通有效性的监视方法，确定必要的关于沟通方面的文件和记录，以及对沟通过程持续改进的考虑等。

沟通的方法多种多样，应与沟通对象的文化水平和其他技能相适应。如通过文件、记录、简报、通知、公告、内部刊物(通讯)、电子邮件、局域网和网站传递信息，也可以通过在工作区域由管理者主导的沟通、会议、对话活动等沟通情况。沟通的形式应能确保可行、有效，重点是接口要顺畅协调。应确保所有的信息清楚和容易理解，并传给需要该信息的人。

3. 为了达到有效沟通，应快速及时传递和接收信息，并根据该信息采取措施。应在沟通各方之间建立相互的信任，应特别注意传递顾客满意、过程绩效等重要信息，应通过沟通主动识别业务拓展和过程改进的机会。

4. 内部沟通的内容，重点是质量管理体系的有效性，应将策划的质量管理活动的实施情况和结果情况及时告知相关人员，如质量监视和测量活动的情况，内部审核、管理评审的结果，质量方针和目标的实现程度等。其目的最终也正是为了确保质量管理体系的有效性。

六、管理评审

【标准条款】

> **5.6　管理评审**
>
> **5.6.1　总则**
>
> 最高管理者应按策划的时间间隔评审质量管理体系，以确保其持续的适宜性、充分性和有效性。评审应包括评价改进的机会和质量管理体系变更的需求，包括质量方针和质量目标变更的需求。
>
> 应保持管理评审的记录(见 4.2.4)。

【目的和意图】

管理评审是对质量管理体系评价的重要方式，是质量管理体系改进循环中最高层次、非常重要的活动。

【理解与实施要点】

1. GB/T 19000 标准中"评审"的定义是："为确定主题事项达到规定目标的适宜性、充分性和有效性所进行的活动"。由"评审"的定义延伸理解，管理评审应是为确定质量管理体系达到质量方针和质量目标的适宜性、充分性和有效性所进行的活动。

2. 管理评审应由最高管理者实施，一般情况下组织最高权限的领导人应该亲自参加，并主持作出评审决定。其他参与者可以是中层管理以上的人员，应能够对评审内容和结果发表观点，参与决策。

3. 管理评审的时机应进行策划。

(1) 定期的管理评审应有规定的时间间隔，如每隔 12 个月或每隔 6 个月进行一次等。

(2) 特殊情况下应随时策划，增加管理评审活动。这样的时机应包括内、外部环境出现重大变化时，出现重大质量事故或出现重大顾客投诉时，其他研究和决定质量管理体系的重大改进时等。

4. 管理评审的目的是为了确保质量管理体系有持续的适宜性、充分性和有效性。而评审的内容也正是体系是否适宜？是否充分？是否有效？在以上三个方面，体系需要进行哪些改进和变更？其中质量方针和质量目标的评审与更新也是管理评审活动的主要内容。

质量方针和质量目标体现了质量管理体系的方向和目标，明确了质量管理体系预期要达到的结果，是质量管理体系最高层次的要求。涉及质量方针和质量目标的变更和改进，是组织最高层次上的改进，是决定质量管理方向的活动，因此，管理评审非常重要，应高度重视，注重实效，切勿潦草从事走形式。

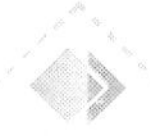

5. 关于质量管理体系的适宜性、充分性和有效性，有如下的理解：

(1) 适宜性是对组织的实际状况而言，与组织内、外部环境变化有关。适宜性的评审应考虑：质量方针、质量目标及质量管理体系的过程及文件要求是否符合当前组织的现状？特别是在组织的内、外部环境变化时是否仍能符合组织的实际？

对于适宜性的评审和改进，有助于组织提高对变化的适应能力，保持质量管理体系的正常运行，以达到预期结果。

(2) 充分性是对组织质量管理是否全面和系统而言，也与组织内、外部环境变化有关。对充分性的评审应考虑：组织是否已在质量管理体系建立时识别了与质量有关的全部过程？随组织内、外部环境的变化而进行的改进中是否考虑了对过程的补充与完善？过程是否充分细化展开？过程职责特别是过程的接口职责是否都已明确？资源的配置是否充分？顾客的需求和期望，特别是顾客潜在的需求和未来的需求是否充分识别清楚了？在组织内、外部环境变化引发产品、过程、资源需求增加时，原来系统、全面的体系是否还能保持充分性？

对于充分性的评审和改进，能保证质量管理体系完整的过程能力，最终达到顾客满意。

(3) 有效性是对质量管理体系过程的结果而言。GB/T 19000 标准中"有效性"的定义是："完成策划的活动并得到策划结果的程度"。对有效性的评审可以监测结果为依据，评价质量方针和质量目标的实现情况、顾客满意情况、内部审核的结果、过程及产品的质量情况、各种改进措施的效果情况等。

6. 管理评审活动应适合组织的实际，形式多种多样。可以是各种类型的会议，也可以是有最高管理者参加并作出决定的讨论或报告；可以单独进行，也可以结合组织的其他活动一起进行。如在年度或季度工作研讨活动中进行管理评审，在组织经营战略决策或研究经营发展时一并回顾质量管理体系的运行和绩效，探讨质量管理体系的重大改进，其效果是很好的。全面的管理评审是一个可能涉及组织各层面的过程，是由最高管理者根据来自组织各层面的输入而实施的一个双向过程。

管理评审的方法可以是：

(1) 正式的面对面的会议；

(2) 电话会议或互联网会议；

(3) 组织范围内各种不同层次的评审，并将评审结果向最高管理者汇报，由最高管理者负责对报告进行评审等。

7. 评审记录需要保留，包括所有评审的问题点、采取的措施及完成的期限。记录可以是适合组织的任何形式。管理评审的记录通常包括评审活动策划的记录，如评审计划、评审通知等；包括评审活动实施的记录，如会议签到、会议记录、纪要等；包括评审结果的记录，如管理评审纪要或报告、管理评审的改进措施及验证记录等。

【2008 版标准的主要变化】

国家标准在"质量方针和质量目标"之后增加了"变更的需求"，强调了管理评审应包括质量方针和质量目标的变更需求的评审。

【标准条款】

> **5.6.2 评审输入**
>
> 管理评审的输入应包括以下方面的信息：
>
> a) 审核结果；
>
> b) 顾客反馈；
>
> c) 过程的绩效和产品的符合性；
>
> d) 预防措施和纠正措施的状况；
>
> e) 以往管理评审的跟踪措施；
>
> f) 可能影响质量管理体系的变更；
>
> g) 改进的建议。

【目的和意图】

管理评审的输入为评审质量管理体系的适宜性、充分性、有效性提供依据。

【理解与实施要点】

1. 定期的、集中的进行管理评审的输入应包括以下全部信息，而专题的或分阶段进行的管理评审可涉及以下的一种或几种信息。

(1) 审核结果。审核的结果是管理评审输入的一部分，不限于内部审核的结果，第二方、第三方审核的结果也是管理评审输入的重要内容。

(2) 顾客反馈。来自市场和顾客的关于产品的、过程的相关信息本身就是质量管理体系过程的输入。这些信息包括顾客的需求、期望和改进的建议，也包括顾客对组织的意见和抱怨；可以来自于对顾客满意的监视和测量活动的结果(见 8.2.1 条款)。但需要注意的是，每一个质量问题在其出现时就应该处理，如果等待下一次管理评审时再处理顾客的投诉，那就可能不会再有任何顾客了。管理评审就是要评审是否会再一次出现类似的问题，采取的措施是否正确，顾客是否满意。

(3) 过程绩效和产品的符合性，即质量管理体系运行现状及产品质量情况。这方面的信息应包括比较的结果：过程的实施与过程准则的符合性比较；产品的质量特性与产品接受准则、产品技术要求的满足情况；过程的绩效和产品质量与组织以往水平或同行业比较的情况。管理评审还要特别关注过程绩效和产品的符合性的发展趋势，8.4 条款要求的数据分析结果也应包括在管理评审之内，以便明确在过程绩效和产品的符合性方面的改进方向。

(4) 预防措施和纠正措施的状况，这是以往质量管理体系改进情况的输入信息。对管理评审来讲，输入的通常是比较重大的措施状况或日常改进措施的综合情况。

(5) 以往管理评审的跟踪措施，就是对以前管理评审作出的改进决定和措施的有

效性进行评审，以提出继续改进的决定和措施。

(6) 可能影响质量管理体系的变更。组织质量管理体系的内外部环境是不断变化的，如果这些变化影响到了质量管理体系的适宜性、充分性和有效性，那就必须经过管理评审，以确定质量管理体系需要作出的变更，从而实现体系的改进。

(7) 改进的建议。在管理评审输入的时候就应该提出改进的建议，以便通过评审，作出最终改进的决定。应在对管理评审输入信息的充分研究和分析的基础上，提出改进的建议。需要注意到是，不应该在管理评审输出的时候还停留在改进建议上，评审输出的是决定和措施，是明确了的改进要求。

2. 其他可以考虑的输入包括：培训需求、供应商问题、设备需求和维护、工作环境和基础设施等。

3. 以上各方面的信息应由各相关职能部门和负责人在评审前通过收集、整理、分析，形成现实状况、研究分析和改进建议等内容的输入材料，做好评审的准备。

【2008 版标准的主要变化】

国家标准在 5.6.2d)条款的“预防”后增加了“措施”，使语言表达更完整，易于阅读和理解。

【标准条款】

5.6.3 评审输出

管理评审的输出应包括与以下方面有关的任何决定和措施：

a) 质量管理体系有效性及其过程有效性的改进；

b) 与顾客要求有关的产品的改进；

c) 资源需求。

【目的和意图】

管理评审的输出是质量管理体系持续的适宜性、充分性和有效性的改进决策，是组织全体员工在质量管理改进方面的行动指南。

【理解与实施要点】

1. 管理评审活动是一次完整的质量管理体系“PDCA”改进循环的终点，也是下一个循环的起点。管理评审输出是对改进的决定和措施，应是明确的、具有指导性的。

2. 管理评审的输出应包括：

(1) 对质量管理体系有效性和过程有效性的改进决定和措施，如质量方针、质量目标的调整，机构职责的变更，新的过程的建立，质量管理体系文件的修订等。

(2) 对与顾客要求有关的产品的改进决定和措施，如新产品的开发，老产品的更新换代，产品某一特性的改进提高等。这方面的决定和措施应与顾客要求的变化密切相关。

(3) 体系运行和改进中必要的资源需求，如对人力资源的补充调整，购置新的设备、设施，对工作环境的改造方案等。

3. 在确定上述三个方面的决定和措施之前，管理评审的输出也应对质量管理体系在适宜性、充分性、有效性三个方面的现状作出基本的评价。

4. 评审的结果要作出一些改进决策并执行这些决策，但这并不是说每一次的评审都要根据 5.6.3 的 a)、b)和 c)条款的要求作决策，而是根据管理评审输入和评审过程的实际情况确定。

【2008 版标准的主要变化】

国家标准在 5.6.3a)条款的"质量管理体系"后增加了"有效性"，使语言表达更完整，易于阅读和理解。

第六节 资源管理

一、资源提供

【标准条款】

> **6.1 资源提供**
>
> 组织应确定并提供以下方面所需的资源：
>
> a) 实施、保持质量管理体系并持续改进其有效性；
>
> b) 通过满足顾客要求，增强顾客满意。

【目的和意图】

质量管理活动必须投入资源，资源的确定并提供是质量管理体系实现增值、实现预期结果的必要条件。

【理解与实施要点】

1. GB/T 19001 标准将人力资源、基础设施、工作环境三项资源作为基本要求在第 6 章"资源管理"中提出。资源作为质量管理体系过程重要的输入，是实现过程预期结果、实现过程增值的条件。

2. 质量管理体系的实施、保持和改进，需要投入人力、物力等资源。组织要通过运行质量管理体系的过程，来保证满足顾客要求，增强顾客满意，更需要不断地补充、增加资源投入。因此，组织应确保其根据顾客需求，确定并保证提供各项资源，以满足顾客要求的方式进行工作。

3. 人力资源、基础设施、工作环境资源作为最基础的资源在GB/T 19001标准中规定了强制性要求。其他资源，如资金、信息、供方和合作者、自然资源等虽然未在GB/T 19001标准中明确要求，组织也应充分关注，以期在实现管理的预期结果的同时节约资源，提高管理的效率。

二、人力资源

【标准条款】

> 6.2　人力资源
>
> 6.2.1　总则
>
> 基于适当的教育、培训、技能和经验，从事影响产品要求符合性工作的人员应是能够胜任的。
>
> 注：在质量管理体系中承担任何任务的人员都可能直接或间接地影响产品要求符合性。
>
> 6.2.2　能力、培训和意识
>
> 组织应：
>
> a）确定从事影响产品要求符合性工作的人员所需的能力；
>
> b）适用时，提供培训或采取其他措施以获得所需的能力；
>
> c）评价所采取措施的有效性；
>
> d）确保组织的人员认识到所从事活动的相关性和重要性，以及如何为实现质量目标作出贡献；
>
> e）保持教育、培训、技能和经验的适当记录（见4.2.4）。

【目的和意图】

人力资源是质量管理的最重要的资源，应确保与质量管理体系有关的人员是有能力的。

【理解与实施要点】

1. "全员参与"的管理原则已经明确了员工与组织的关系：各级人员是组织之本。6.2条款正是这一原则在标准中的具体体现。人力资源管理的目的是为了确保与符合产品要求工作有关的人员均能够胜任其职责，具备完成特定职责所规定任务的能力。

2. GB/T 19000标准中关于人员"能力"的定义是："经证实的应用知识和技能的本领"。在质量管理体系中人员的能力可以理解为运用经证实的应用知识和技能完成质量管理职责的本领，通常从以下四个方面获得和评价：

（1）教育，即与岗位职责相应的教育背景，如学历等；

（2）培训，即在专业工作中接受过的专门培训；

（3）技能，即从事岗位工作必要的技术、方法、技巧等；

（4）经验，可通过相似工作的经历获得。

3. 完善的质量管理体系需要有能力的人员来实施，在质量管理体系中承担工作的人都应该是有能力的，这种能力由岗位职责和相应的工作内容决定。标准对于从事影响产品要求符合性的人员提出了明确的能力要求。标准通过注释，特别明调了质量管理体系中承担任何工作的人员都直接或间接地影响产品要求的符合性，都应该纳入 6.2 条款规定的人力资源的管理，以保证管理体系充分的能力。

直接及间接从事影响产品要求符合性的人员有：生产过程的操作人员、服务提供过程的服务人员、产品的设计开发人员、产品质量检验员、材料采购管理人员、仓库管理人员、售后服务人员、设备管理人员、内部审核员、文件管理人员、销售人员、人力资源管理人员等。

4. 人员的教育、培训、技能、经验是获取能力和证实能力的途径，可以从这四个方面对从事影响产品要求符合性的人员的任职能力确定要求，作出规定。任职要求应根据组织机构及岗位确定的情况、各岗位的职责、组织目前和将来的活动所需要的技能和资格等来确定，并不一定越高越好，相适应为宜。某些工作如内部审核、焊接或无损检测、计量等要求具有指定水平的能力，从事机动车驾驶、电工作业、起重机械作业、锅炉作业、压力容器操作等国家规定的特种作业人员则是有资格要求的，这是正确、安全工作的前提。值得关注的是，人员能力可以通过教育、培训、技能、经验四个方面获得，更需要重视的是应用知识、完成特定工作的本领的表现。

5. 应建立对人员的考核、评估制度，定期和不定期对员工目前的经验、技能、资格、能力状况与任职要求进行比较，通过比较进行能力差距分析，从而识别需求。可以采取培训或其他措施来获得所需的这些能力。在人力资源管理中，培训是获得必要能力的一个很好的选择，其他的措施可以是招聘、任免、调岗、轮岗等各种人力资源管理活动。

特别要注意在“提供培训或采取其他措施以获得所需的能力”之前的“适用时”，这说明是否需要进行培训和采取其他措施，应根据组织和人员的实际情况来决定，并不是必须的。如果某人经评价已经具备了岗位要求所必要的能力，则不强制性要求对他进行培训或采取其他措施。“适用时”还可以理解为：满足所需能力的方法可以是培训，也可以是其他措施或这些方法的组合，应该根据人员的具体情况选择“适用”的方法，以取得实效。例如某公司在业务上新采用了一套数据信息处理系统，需要增加一个网络工程师的岗位。公司没有接受过计算机专业学习和有计算机专业基础的人员，如果仅对原有人员进行培训恐怕很难使其具备网络工程师岗位所需的能力。因此，招聘便成为了相对“适用”的方法。

6. 对于培训，首先应分析培训需求。可以通过工作分配和人员配置（见 6.2.1 条款）、管理评审（见 5.6 条款）、纠正措施（见 8.5.2 条款）、预防措施（见 8.5.3 条款）和内部审核（见 8.2.2 条款）等活动确定是否应该进行培训。对生产和服务提供方面所要求的技能和资格的考虑也可以确定是否有必要增加培训。

根据明确的培训需求，应对培训进行策划，制定培训计划，对培训的主题、方式、内容、步骤、时间、地点、教师、教材、设施、经费和考核等进行安排。有时培训计划是分阶

段的，培训是循序渐进的。

培训应按计划实施。培训可以在实际的工作场所、室内或其他外部地点进行。根据培训的主题，展示相关的个人成绩或参加研讨会也可以提供有价值的培训。组织可派出员工参加外部培训或将培训外包给外部有能力的组织，有些课程内容的培训需要法定的机构来实施。

仅提供（和记录）培训是不够的，对培训还应通过适当的方式评价其效果。对培训效果的评价方式可以是测验、考试、抽查、面试等，还可以在培训后的实际工作中考察员工对其岗位职责的胜任情况，作为培训有效性的评价方式。

7. 诸如招聘、任免、调岗、轮岗等人力资源管理的其他措施也需有类似培训的管理流程，策划、实施、评价（试用期的考评）和改进，目的都是要安排有相应能力的人员来承担特定岗位的工作。

8. 质量意识的形成可以通过各种途径和方法，如教育和培训活动。对新员工（包括临时工和兼职员工）以及全职员工进行适当的意识培训，可涉及业务性质、健康安全环境制度、质量方针和其他内部政策、新员工的作用、与员工有关的规程和指导书等。人力资源管理应该包括在意识方面大量细致的思想工作。质量意识提高，能增强广大员工的责任感和工作自觉性。认识到自己从事的工作与质量管理体系的关系和在质量管理体系中的重要性，能使广大员工一起努力，为实现质量目标尽职尽责。

9. 为了证实组织人员对岗位工作的胜任，组织应保存证明相关人员能力在四个方面（教育、培训、技能、经验）的记录。可根据需要对培训项目的实施、人员能力的表现进行简单或复杂的记录。

如果组织的人员有足够的能力，文件化要求（作业指导书、操作规程等）的详细程度就可以降低，该员工能力应有较详细的经证实的记录。确认员工可以准确使用指定的设备，执行指定的流程或遵循指定的规程，也是一种能力的认定，可以以签字的形式形成能力的记录。

【2008 版标准的主要变化】

1. 英文原版标准在 6.2.1 和 6.2.2 条款中将应纳入质量管理体系的人员的表述统一为“从事影响产品要求符合性工作的人员”。

2. 英文原版标准增加了注释，特别明调了在质量管理体系中承担任何任务的人员都可能直接或间接地影响产品要求符合性。

3. 英文原版标准 6.2.2b)条款在“提供培训或采取其他措施以获得所需的能力”之前增加了“适用时”。

4. 英文原版标准 6.2.2b)条款将 2000 版标准的“提供培训或采取其他措施以满足这些需求”变更为“提供培训或采取其他措施以获得所需的能力”，突出了人力资源管理的目的是为了保证人员的能力，关注措施结果。

5. 国家标准将 6.2.2d)条款中 2000 版标准的“员工”改成了“组织的人员”，使质量管理体系在人员质量意识方面管理的范围能够清晰界定，明确要求。

三、基础设施

【标准条款】

> 6.3 基础设施
>
> 组织应确定、提供并维护为达到符合产品要求所需的基础设施。适用时，基础设施包括：
>
> a) 建筑物、工作场所和相关的设施；
>
> b) 过程设备(硬件和软件)；
>
> c) 支持性服务(如运输、通讯或信息系统)。

【目的和意图】

基础设施是质量管理体系运行的物质保证。

【理解与实施要点】

1. 组织应确定并提供质量管理体系所需的基础设施，并在质量管理体系运行中加以维护。本条款要求的基础设施界定的管理范围是"为达到符合产品要求所需"。"确定"基础设施要根据过程目标、过程的实际要求来进行，以保证其能力满足要求。为将来的基础设施的需求提出要求和计划也是一项主动的管理工作。"提供"包括基础设施的购置、配备，要确保必要的投入，使质量管理活动得以正常运行。"维护"则是通过一系列的维护保养管理制度，保持其过程能力。维护设备时准备足够的替换件或配件是必要的。这些都是资源保证活动，是基础性工作。

2. 基础设施因组织和产品的不同而不同，可包括下列的部分或全部：

(1) 质量活动必需的建筑物、工作场所，如办公楼(室)、车间厂房、储存场所、化工装置等，以及与之配套的水、电、气供应、通风照明、空调系统等相关设施。

(2) 过程设备，包括硬件和软件。此处的设备泛指各类装备，可以是与过程相关的各种生产设备和控制软件、办公设备及软件、工具、辅具、仪器仪表、生产和服务提供所需的专用器具等。此处"设备"的管理是从资源保证的角度提出的，是确定、提供和维护设备的基础管理工作，与 7.5.1c)条款"使用适宜的设备"在管理要求方面有所不同。

(3) 支持性服务，如通讯技术及设施、运输设施、信息系统、交付后活动的维护网点等。"信息系统"对于质量管理的影响越来越大，信息化管理成为越来越多的组织提升管理的重要途径。

【2008 版标准的主要变化】

英文原版标准在支持性服务中增加了"信息系统"的内容，体现了社会经济发展的

信息化趋势。

四、工作环境

【标准条款】

> **6.4　工作环境**
>
> 组织应确定和管理为达到产品符合要求所需的工作环境。
>
> 注：术语“工作环境”是指工作时所处的条件，包括物理的、环境的和其他因素，如噪声、温度、湿度、照明或天气等。

【目的和意图】

工作环境对产品质量直接或间接地产生影响，应对工作环境进行管理，以保证产品质量满足要求。

【理解与实施要点】

1. GB/T 19000 标准中“工作环境”的定义：“工作时所处的一组条件”。条件包括物理的、社会的、心理的和环境的因素。这些条件会对与产品质量有关的人和物产生影响，应予以控制。

2. 组织要确定与产品质量有关的工作环境，明确管理的对象和范围，制定相关的管理制度，为实施工作环境的管理、保证产品质量的稳定创造条件。

3. 可以考虑的工作环境有：

(1) 与人有关的因素：安全、健康、劳动防护、人体工效、社会影响、适宜的工作方法等。

(2) 与物有关的因素：噪声、温度、湿度、照明、天气、振动、污染、卫生、清洁度、空气质量、区域布置的合理性等。

4. 工作环境对产品质量的影响有两种情况：一是产品或服务处于特定的工作环境之中，质量将直接受到各种环境因素的影响；另一种情况是人处在特定的工作环境之中，工作质量受到各种环境因素的影响，将间接或直接地对产品或服务质量产生影响。

5. 不同组织的过程和产品不同，环境条件也不同，工作环境的要求也就不同。服务行业通常对于人身体舒适和健康所必须的环境有明确要求，如温度、照明、空气质量、噪声、振动、卫生及区域布置等；微电子行业工作环境中的最主要要求是超净的空气环境；生产精密仪器的场所要求恒温和防震；而食品生产现场更是对工作环境有卫生、空气洁净方面的要求。

6. 工作环境的改善，能够保证各项质量活动正常进行。物的因素保证产品的质量；人的因素能创造一个良好的氛围，促使员工发挥主观能动性，积极主动地参与质量管理体系的各项工作，确保质量管理体系的有效性。

【2008 版标准的主要变化】

英文原版标准增加了注释，对“工作环境”的概念进行了解释，并举出了一些工作环境的实例。

第七节　产 品 实 现

一、产品实现的策划

【标准条款】

7.1　**产品实现的策划**

组织应策划和开发产品实现所需的过程。产品实现的策划应与质量管理体系其他过程的要求相一致(见 4.1)。

在对产品实现进行策划时，组织应确定以下方面的适当内容：

a)　产品的质量目标和要求；

b)　针对产品确定过程、文件和资源的需求；

c)　产品所要求的验证、确认、监视、测量、检验和试验活动，以及产品接收准则；

d)　为实现过程及其产品满足要求提供证据所需的记录(见 4.2.4)。

策划的输出形式应适合于组织的运作方式。

注 1：对应用于特定产品、项目或合同的质量管理体系的过程(包括产品实现过程)和资源作出规定的文件可称之为质量计划。

注 2：组织也可将 7.3 的要求应用于产品实现过程的开发。

【目的和意图】

第 7 章主要是提出/规定策划和管理产品实现过程的要求，包括确定与产品有关的所有要求(包括顾客要求在内)及实现过程。根据确定的产品要求进行设计开发并制造产品，并对所确定的产品实现过程进行控制，将符合要求的产品交付给顾客或继续提供产品交付后的服务。产品实现过程应该是一个直接增值的过程，也是一个充分体现持续满足顾客要求和法律法规要求的过程。旨在通过对产品实现过程的有效控制，确保产品最终满足顾客要求和相关法律法规要求。

7.1 条款明确要求组织要结合总体质量管理体系过程策划的结果，对本组织产品或服务实现的过程进行合理的策划，以便采取必要的措施实现产品的目标与要求。

【理解与实施要点】

1. 产品实现过程是产品设计和开发、生产/服务提供或同时进行这两项工作时的有关过程，通过这个过程将产品要求转化为最终产品。如一个提供硬件产品的组织的

产品实现过程为：通过市场调研等，明确确定要开发的产品及与产品有关的要求，按要求进行产品的设计、开发与制造，再将产品交付给顾客，必要时继续向顾客提供交付后的有关服务。又如一个服务型组织的产品实现（服务提供）过程为：通过市场调研，确定要开发的服务项目及与服务项目有关的要求，按要求进行服务项目的设计与开发以及服务流程的确定，再将服务项目提供给顾客。

2. 在任何一种产品实现之前，组织都应当针对该产品的实现过程进行认真的策划，再依据策划结果的安排，对产品的设计开发、制造（服务提供）、交付及交付后的活动实施必要的过程控制，确保最终向顾客提供满足要求的产品。

“7.1 产品实现的策划”是针对具体产品的具体策划的过程和活动，这个过程与组织质量管理体系有着密切的联系，是整个质量管理体系过程中的一个重要组成部分。因此，对产品实现的策划，应该注意与组织质量管理体系的其他过程的有关要求相协调，也应符合 4.1 条款质量管理体系总要求的有关要求。如一个组织的质量方针包括了“创造世界一流的企业与一流的产品”的原则，而其产品设计开发时选定的产品技术特性要求仅仅是国内二流水平，其产品实现的策划结果中的产品质量目标是不可能达到国际一流水平的。因此其产品的质量目标与其质量管理体系的总体方针目标是不协调的，这样可能会给质量管理体系整体满足预定的方针与目标的要求带来不利影响。

3. 不同行业的产品性质不同，产品的实现过程往往是不同的。即便是相同行业，不同的组织也会随着组织的规模、人员的能力、设备的能力、顾客群的定位及顾客的需求等的不同，而采用不同的产品实现过程。因此，组织应该结合本组织的实际和客户的需求，科学合理地对产品实现过程进行策划。策划的内容可包括：

（1）确定适宜的产品质量目标和要求。组织应该根据顾客的需求、国家的法律法规等，针对产品制定具体的、有针对性的产品质量特性要求。组织还应考虑涉及相应产品的质量目标，以及如何实现这些目标。组织在确定产品质量特性要求时，还应充分考虑本组织是否具备相应的条件与能力，确保产品满足顾客要求和适用的法律法规要求，同时还应关注产品质量水平与组织总体质量管理体系目标协调一致。

（2）针对确定的产品要求，合理确定产品实现过程的活动、文件和资源的需求，包括：

① 根据产品的质量目标和要求、产品的特性以及本组织的资源条件与能力，确定产品实现所需的过程及过程之间的流程关系和相互作用。

② 确定为保证过程有效控制所必须的准则和方法，以及为支持这些过程的运行和对这些过程的监视测量的信息，并形成文件，如作业指导书、程序文件、工艺标准、服务规范等。

③ 根据产品实现过程有关活动的需要，确定人员能力的需求，并通过采取措施，使人员能力满足需求。如可以采取培训现有人员或招聘新的人员等措施，提供满足要求的人力资源。

④ 根据需要和组织的实际情况，确定必要的设备设施、环境方面的资源需求，采取措施使设备设施满足要求。如购买或改造已有生产设备和监视测量设备、改造环境条

件等，确保提供满足要求的设备设施及环境条件。

(3) 为了确保产品实现过程得到有效控制，对过程运行必须实施监控，对过程实施监控的活动可包括验证、确认、监视、测量、检验和试验等，并确定产品接收准则。

为使验证、确认、监视、测量、检验和试验活动有效实施和为产品或服务的符合性评定提供判据，组织通过策划活动，应制定出产品或服务的接收准则，接收准则可以是检验规范、产品的标准、服务评估标准，也可以是样板或模板等。组织应依据这些接收准则在产品或服务的不同阶段安排并实施必要的验收活动。

其中"测量"是2008版标准新增加的内容，测量的含义是指对物理量、数量或尺寸的确定。监视与测量都属于一种检查活动。但监视的含义是指对其监视对象的观察和监督。标准中有些条款经常是将监视和测量并列表述，读者在学习时，审核员在审核时，应关注测量与监视含义的区别。

(4) 确定产品实现过程所需的相关记录(见GB/T 19000—2008标准中3.7.6条款)，这些记录是为产品实现过程的有效运行和证实产品满足要求提供证据的。

4. 策划活动的输出结果可以是多种形式，具体形式应该与组织运作特点及产品特点相适应。

(1) 具体的产品策划输出的结果，可以是产品或服务的"质量计划"(见GB/T 19000—2008标准中3.7.5条款)、"项目计划"或者其他形式。质量计划在不同行业称谓不尽相同，如建筑施工企业的施工组织设计、服务行业专项服务方案等。对于简单的产品或服务的策划结果可以简略为年度、月度生产计划或实施某项服务的安排等。另外，有些策划输出的结果也可能不是一般文字形式的文件，如颜色的确定很难以文字准确表述，策划的结果可以是一种色板等。值得注意的是，这类文件的类型、形式、多少、详略程度等，根据组织的实际状况和产品特点来定，以便于产品实现过程的运行控制为宜。

(2) 对于简单的产品或服务的策划结果可以简略为一个列表。对于复杂的产品或服务，最好是制定非常详细的相关文件，可能要列出操作流程、验证过程、需要达到的验证标准以及应做的记录。可能还需要列出所需要的资源的名称和用途。对于已经投产多年的企业，往往在建立质量管理体系之前，已经完成产品实现过程的策划，在这种情况下，可以结合已经成熟的产品实现过程，补充制定一些必要的与"7.1 产品实现的策划"要求有关的规定。如果企业开发新产品或改进老产品，则可以考虑单独编制质量计划类文件。

5. 质量策划与质量计划是两个不同的概念。质量策划是一项活动，是一项确定质量目标，同时规定实现目标的过程、方法、路径和必备资源的活动。质量计划是一份或一套文件，是针对具体的项目、产品、过程，对由具备哪些资格的人、在什么时机、利用什么资源管理过程和实现过程作出明确规定的文件。质量策划的活动可能包含编制质量计划，质量计划是质量策划输出的一种形式。

6. 组织为了强化产品实现过程的质量控制，根据标准注2的注释，也可考虑按"7.3 设计和开发"的要求，对产品实现的过程进行策划与控制，如设备制造企业为顾客提供机械设备产品，其中一些工装、模具虽然不是交付顾客的产品，企业也可按7.3条款的

要求对工装、模具设计开发过程进行控制，使工装、模具符合要求，这是值得鼓励的。又如冶金行业新的型材产品(即流程性材料)的开发，往往是新的型材与其产品实现的工艺过程同时开发，同时按7.3条款进行控制。另外有些过程的设计开发比较复杂，按7.3条款进行控制可以更加严格、规范，更加有利于提高过程实现产品要求的能力。组织可以根据具体情况决定如何控制这些过程的实现。

【2008版标准的主要变化】

英文原版标准在7.1c)中增加了"测量"，对此变化在上述3.的(3)中已经作了介绍，应注意对"测量"含义的准确理解。

二、与顾客有关的过程

【标准条款】

> **7.2　与顾客有关的过程**
>
> **7.2.1　与产品有关的要求的确定**
>
> 组织应确定：
>
> a)　顾客规定的要求，包括对交付及交付后活动的要求；
>
> b)　顾客虽然没有明示，但规定用途或已知的预期用途所必需的要求；
>
> c)　适用于产品的法律法规要求；
>
> d)　组织认为必要的任何附加要求。
>
> 注：交付后活动包括诸如保证条款规定的措施、合同义务(例如，维护服务)、附加服务(例如，回收或最终处置)等。

【目的和意图】

7.2条款的主要意图是：组织要通过适当的沟通，确保对顾客的要求已经充分理解，并在充分理解顾客要求的基础上，确定恰当的产品要求，同时还要确定组织是否具有提供满足顾客要求产品的能力。

通常这个过程的输出结果构成产品实现过程中产品特性输入的重要内容，这时确定的产品要求往往是设计和开发输入的主要内容，其准确性、合理性和可实现性将直接影响后续的最终产品。组织只有充分了解和准确地确定了与产品有关的要求，特别是顾客的要求和相关的法律法规要求，并通过组织的运行过程去实现这些要求，才能确保满足顾客要求并使顾客满意。

7.2.1条款的主要意图是：要求组织准确地确定产品的各种技术要求及其他有关要求，确保全面准确地理解顾客要求和适用于组织产品的法律法规要求，以保证最终产品符合/满足顾客要求。

【理解与实施要点】

1. 与产品有关的要求包括：

(1) 顾客规定的要求。可以是顾客通过合同、协议、订单或口头提出的对产品及产品相关的要求，有时还包括产品的交付和交付后活动的要求（如交货方式、结算方式、售后服务的“三包”、维护与保养等服务）。组织应对顾客以任何方式提出的要求进行全面的了解，确保对顾客要求的全面理解。在对顾客要求全面理解的基础上，对组织自身所具备的人力、物力、技术能力等条件进行审视，确定是否具备可以满足顾客要求的能力，以便采取措施满足顾客的要求。

(2) 顾客隐含的要求。即顾客虽然没有明确提出，但产品的规定用途和已知的预期用途所必需的要求。这些要求往往是产品的固有特性（或预期的使用功能）决定的，是不言而喻的。如餐饮服务业，客人对食品的色香味、价格等会提出明确要求，而对于就餐的环境和氛围、服务员的服务水平、等候时间等可能并未明示要求，但这些往往是决定餐饮业服务质量满意与否的重要因素，顾客是有比较和感受的。餐饮行业面对的顾客群体不同，他们的隐含要求也是不同的，这些要求决定了餐饮业的服务过程的质量和档次。因此，餐饮业组织应自行对就餐的环境和氛围等上述要求作出规定。

另外某些隐含的、涉及产品正常使用或用途的安全性方面的要求，在现有法律法规还未充分规定的情况下，组织也应当充分识别，这样才能防止可能对顾客造成的伤害，满足顾客要求，不断增强顾客满意。如果顾客的一些要求不能作为组织常规工作过程处理，或者这些要求超出组织自身能力，目前无法实现，组织则应注意与顾客进行协商，共同协商解决这些问题的办法。

(3) 适用于产品的法律法规要求。2008 版标准尤其强调了“适用于”产品的法规。为此，组织在确定产品要求时，应充分关注与组织生产的产品适用的法律法规的识别与确定。如食品行业的卫生法规、家电产品的安全认证规定、汽车产品的安全认证等。国家、有关行业管理部门、地方政府制定并发布的保障人体健康、人身财产安全的强制性标准，法律、行政法规规定强制执行的标准也属于此范畴。一般产品若涉及安全、卫生方面的性能，通常都会有国家的或行业的标准要求，组织应予以关注。如对装修用大理石材料，国家制定了放射性方面的安全法规，组织要根据大理石材料的具体用途（用于卧室、厅堂还是用于室外）来确定产品所应执行的标准要求。

(4) 组织认为必要的任何附加要求。组织从改进经营、增强顾客满意出发，在满足上述要求的前提下，由组织对产品所提出的更多或更高的要求。这些要求需要通过组织市场调研、专业分析，进行一些前瞻性了解分析，并适时对产品作出相应要求或对顾客作出承诺。附加要求可能来自于产品安全系数的提高，如某电器公司，对于电热水器在已有的安全标准的基础上，实施更严格的防电墙技术措施，进一步提高产品的安全要求；附加要求也可能来自于组织经营的需要，如房地产公司“买房送精装修”的承诺，明确了对提供的商品房增加了精装修的要求，这样将使房地产公司的产品实现过程（设计、施工等）发生相应变化，有了对顾客新的承诺所带来的相应要求；附加要求还可能来自于服务项目的扩展，如有的审核员培训机构承诺，对参加本机构培

训的人员承诺负责帮助进行实习审核员的注册申报，增加了新的服务内容及要求。

2. 组织在确定以上四个方面的要求时，应该根据本组织的实际，首先识别（寻找）和确定本组织的顾客群，即市场开发工作，在了解顾客具体情况的基础上，结合行业的技术发展状况确定与产品有关的要求。这体现了质量管理体系与组织的经营管理和市场开发的有机结合。

3. 组织明确确定的与产品有关的要求，往往构成了“7.2.2 与产品有关的要求的评审”活动的输入。

4. 2008 版标准增加了注释“交付后活动包括诸如保证条款规定的措施、合同义务（例如，维护服务）、附加服务（例如，回收或最终处置）等”，进一步明确了交付后的活动包括哪些情况，即包括：保证条款规定的措施，如一些产品验货机构承诺验货后一旦出现问题负责一定的经济赔偿；合同义务，如有些合同规定的售后服务的三包；附加服务，如欧盟正在推行的废旧电器回收指令，制造商要采取措施负责回收废旧电器等。

【2008 版标准的主要变化】

1. 英文原版标准增加了注释的内容，注释将交付后的活动所包括的情况作出了明确的解释，便于组织对交付后的活动进行辨识、确定与控制。

2. 英文原版标准 7.2.1c)条款“适用于产品的法律法规要求”，较 2000 版标准的“与产品有关的法律法规要求”的表述，强调了“适用于”产品的法律法规。组织在确定产品要求时，应充分关注与组织生产的产品适用的法律法规的识别与确定。

3. 英文原版标准 7.2.1d)条款“组织认为必要的任何附加要求”，与 2000 版标准的“组织确定的任何附加措施”相比较，进一步强调了这种附加要求是由组织确定的，通常是超出顾客要求、法律法规要求之外的要求，旨在增强顾客满意、改善经营等。

【标准条款】

7.2.2　与产品有关的要求的评审

组织应评审与产品有关的要求。评审应在组织向顾客作出提供产品的承诺（如：提交标书、接受合同或订单及接受合同或订单的更改）之前进行，并应确保：

a)　产品要求已得到规定；

b)　与以前表述不一致的合同或订单的要求已得到解决；

c)　组织有能力满足规定的要求。

评审结果及评审所引起的措施的记录应予保持（见 4.2.4）。

若顾客没有提供形成文件的要求，组织在接受顾客要求前应对顾客要求进行确认。

若产品要求发生变更，组织应确保相关文件得到修改，并确保相关人员知道已变更的要求。

注：在某些情况中，如网上销售，对每一个订单进行正式的评审可能是不实际的，作为替代方法，可对有关的产品信息，如产品目录、产品广告内容等进行评审。

【目的和意图】

7.2.2条款的主要意图是确保组织在向顾客作出提供产品或服务的承诺之前，已经准确理解和确定了产品要求，并且确保组织有足够的能力实现这些要求。为了满足要求，通常组织和顾客需要沟通和协调他们的产品和过程设计的信息，最好的设计方案是通过组织和顾客持续的沟通得到的，一方面，组织通常有对于最佳设计方案的专业知识和经验，这些知识和经验能够影响产品和过程设计，从而在各个阶段对绩效和成本测量形成正面影响；另一方面，顾客对要求非常了解，只有清楚地了解这些要求，才能确保满足产品和过程设计的目标。

【理解与实施要点】

1. 对产品或服务的要求进行评审，目的是为了确保：

（1）产品或服务要求得到明确和清晰的规定。产品或服务要求的主要内容是根据“7.2.1 与产品有关的要求的确定”中规定的几个方面的内容要求而确定。

（2）与以前表述不一致的合同或订单的要求已经解决。即组织与顾客双方对产品或服务有关的要求不存在不一致的、矛盾的、含糊的理解，双方的责任、权利及义务都是清楚的。如在签订通过招投标所确定的项目的合同之前，要对以往投标书上发生了变化的内容进行及时评审与调整。

（3）组织经过评审确保自己有能力满足规定的要求，这是本条款的主要目的。组织如果没有能力实现这些与产品或服务有关的要求，不应该勉强签订合同，否则会导致最终的结果不能满足顾客的要求，承担的不仅仅是顾客拒收或降级销售的经济损失，还有可能承担产品或服务质量出现问题的责任，甚至影响到其他顾客或社会对组织的信任。

所谓“组织有能力”，对于不同的行业或产品其含义是有区别的。对于提供硬件产品的组织，通常是指在产品质量、数量、交货期及可能的交付后的活动等方面有足够的能力满足顾客的要求。对于提供服务项目的组织，通常是指在服务项目、水平、质量与档次、时限以及后续的跟踪服务等方面有足够的能力满足顾客的要求。

2. 评审的时机应是在向顾客作出提供产品的承诺之前进行。这里讲的承诺，对于不同的行业所体现的形式不尽相同，制造行业往往是合同、协议、订单等形式；而服务类行业往往表现为其他形式，如银行的存单、保险公司的保单、客运服务的客票、学校的录取通知书、餐饮业的定菜单等。

评审的时机要求在向顾客作出提供产品承诺“之前”，这也是质量管理体系以预防为主的管理理念的一种体现。

3. 评审的内容至少包括7.2.1条款中规定的a)、b)、c)三个方面，即产品要求是否已明确规定？组织与顾客是否就产品的有关要求达成一致？组织在技术、质量、人员、设备、设施、环境和过程控制各方面是否有能力按要求实现并提供这些产品。

在招投标活动中对产品要求的评审，要包括对招标书和投标书的评审，还要对中标后所签订的合同草案进行评审。对招标书的评审主要是组织针对产品要求的评审；对投标书的评审主要是对组织是否具有满足要求能力的评审；中标后对双方签订的合同草案的评审，主要是明确双方的权利、义务，并解决双方在招投标过程中可能存在的不同意见以及标书与合同可能发生变化的情况的评审。

4. 组织对所有与产品有关的要求都要进行评审，包括没有形成文件（合同）的口头订单或要求，这种情况的评审应是在正式接受顾客口头订单或要求之前对要求进行确认。例如：组织在接受电话订单时，可以采取在电话洽谈时复述客户要求、请其确认的方式评审，并做好记录；客运站售票员在出票之前向旅客口头核实时间、地点、等级等，得到顾客的确认后才可以出票；餐厅的服务员在顾客点完菜并将其记录在点菜单上后，再向顾客复述记录下的菜品，得到顾客的确认后下单。需注意：此处的“确认”不同于GB/T 19000—2008 标准术语和定义中的“确认”。

5. 组织在执行产品或服务的过程中可能会发生产品要求的变更，变更的内容可能涉及 7.2.1 a)、b)、c)、d)条款各方面，变更时要确保对变更的要求进行评审，变更一旦经过双方认可确定，需及时落实相关内容的变更或对有关文件进行修改，并告知组织内部与变更内容有关的所有相关人员。只有这样，才能保证组织提供的产品能够满足变更后的产品要求。

6. 评审的方式可以由组织根据具体情况决定，对于大批量的常规产品，可以委托一般销售人员进行产品标准、数量、交货期的评审；如果是非常规产品，如客户有特殊要求的产品，组织就需要根据客户的特殊要求，组织相关人员进行评审。例如，一般饭店授权点菜的服务员，对于菜单上的常规菜进行评审，对于顾客超越菜单所点的菜，则需要向大堂经理或厨师请示，得到他们的评审确认。因此，组织应该根据自己产品的情况，确定评审的方式和负责最终评审确认的人员，不要求形式与作法的统一，也不苛求形式的复杂，关键是确保评审的效果。

7. 组织对评审结果及后续措施应保持必要的记录。评审活动可能存在两种结果，一是没有出现什么分歧，通过了评审，就可以签订合同、协议等，作出提供产品或服务的承诺；另一种情况是评审中发现分歧意见，这些分歧是如何解决的，采取了哪些措施，其结果如何，应提供必要的记录。评审的记录可以比较简单，比如对一些简单清晰的订单，在能够履行的订单上作上注释，加上授权评审人的签名和评审日期就可以了。如果需要进行较为复杂的评审，组织可以自己制定专门的评审记录单，通常至少应包括与评审相关的主要细节。

8. 标准的“注”说明“网上销售”这种特殊情况下对与产品有关的要求评审的理解和做法。类似的情况还有学校教育的招生简章、服务组织作出的服务承诺等。

【2008 版标准的主要变化】

1. 国家标准 7.2.2 条款中将“如：提交标书、接受合同或订单及接受合同或订单的更改”前提至“承诺”的后边，明确了“提交标书、接受合同或订单及接受合同或订单的更改”属于作出承诺的表现形式。

2. 国家标准将2000版标准7.2.2 b)条款中“与以前表述不一致的合同或订单的要求已予解决”的“予”修改为“得到”，进一步强调不一致已经得到解决。

3. 国家标准7.2.2条款将2000版的“若顾客提供的要求没有形成文件”修改为2008版的“若顾客没有提供形成文件的要求”，进一步明确对于顾客的任何口头要求，组织在接受顾客的要求前一定要采取适当的方式予以确认。

【标准条款】

> 7.2.3 **顾客沟通**
>
> 组织应对以下有关方面确定并实施与顾客沟通的有效安排：
>
> a） 产品信息；
>
> b） 问询、合同或订单的处理，包括对其修改；
>
> c） 顾客反馈，包括顾客抱怨。

【目的和意图】

7.2.3条款要求组织在与顾客的沟通方面建立有效的安排，旨在建立获得顾客要求和顾客满意情况信息的途径，以确保实现顾客要求。

【理解与实施要点】

1. 本条款的沟通是指组织与顾客之间就产品有关事宜进行的信息传递及协商活动。

2. 组织与顾客沟通的目的是为了使组织充分理解顾客的要求与期望，并建立获得顾客满意情况的信息与沟通途径，确保有效沟通并实现顾客要求。

3. 组织应该明确需要与顾客在哪些方面进行沟通、沟通的渠道和方法、沟通过程的有关要求。对这些明确了的沟通过程，组织必须有效实施并确保取得效果。

4. 组织和顾客的关系是通过产品或服务联系起来的。因此与顾客沟通的内容主要也是围绕着产品或服务而言，包括：

(1) 产品或服务信息。组织可以通过产品或服务宣传材料、产品或服务目录、产品或服务广告和产品或服务有关信息的告示、电子显示屏、广播等提供产品或服务信息。这些信息主要是组织在对顾客提供产品或服务之前向顾客传递的信息。这时的沟通通常是产品或服务要求的确定(见7.2.1条款)过程的部分内容，让顾客对组织的产品与能力有一个初步的了解与认识。

(2) 问询、合同或订单的处理。主要是在实现顾客需要的产品或服务过程中及其交付过程中有关信息的沟通，包括对合同变更情况的沟通。

(3) 顾客反馈。尤其是产品或服务交付给顾客以后的顾客反馈意见的沟通，这种意见可能是直接的也可能是间接的。组织要注意建立收集顾客满意情况的信息渠道，

并收集相关信息，包括顾客抱怨、投诉等。顾客反馈往往包括对产品或服务进一步的需求信息和改进建议，是产品或服务改进的重要输入，应予以重视。

顾客的反馈也能为组织质量管理体系业绩改进提供依据。

三、设计和开发

【标准条款】

7.3 设计和开发

7.3.1 设计和开发策划

组织应对产品的设计和开发进行策划和控制。

在进行设计和开发策划时，组织应确定：

a) 设计和开发的阶段；

b) 适合于每个设计和开发阶段的评审、验证和确认活动；

c) 设计和开发的职责和权限。

组织应对参与设计和开发的不同小组之间的接口实施管理，以确保有效的沟通，并明确职责分工。

随着设计和开发的进展，在适当时，策划的输出应予以更新。

注：设计和开发的评审、验证和确认具有不同的目的，根据产品和组织的具体情况，可单独或以任意组合的方式进行并记录。

【目的和意图】

产品的设计和开发过程是产品实现过程中的一个重要过程，对最终产品能否满足顾客的要求和法律法规的要求有着至关重要的作用。7.3 条款规定了对产品设计和开发活动进行控制的要求，该条款对设计开发过程的要求严密完整，组织应根据其要求，针对具体的产品或服务的设计和开发过程如何进行控制，制定和实施一套适宜的管理方法，旨在对设计和开发过程的活动进行有效控制。

7.3.1 条款要求组织应策划好在设计开发时做什么、谁来做、如何改进的问题。同时应明确界定设计开发活动中有关人员或部门的责任。必要时，组织应有一套编制和更新设计计划的管理方法。通过策划，对具体产品或服务项目的设计开发活动作出有序安排。

【理解与实施要点】

1. GB/T 19000 标准中“设计和开发”的定义是：“将要求转换为产品、过程或体系的规定的特性或规范的一组过程”。7.3.1 条款所述的设计和开发是指产品的设计和开发，可以理解为，组织将产品要求（包括顾客的要求、法律法规的要求和隐含的要求等）作为设计输入，通过设计活动的实施，将这些要求准确地转换为规定的产品特性。

2. 针对产品设计开发的目的，组织必须对任何具体产品或服务的设计和开发过程进行策划，对老的产品或服务项目的改进设计的过程也应进行策划，策划的内容应包括：

(1) 要针对具体项目和组织的能力合理确定设计和开发的阶段。为了将产品或服务设计开发逐步展开，为了解决不同的关键问题，组织往往需要确定适合于产品或服务目标与要求的设计和开发的阶段。科学合理地划分和管理设计与开发的阶段，往往有利于按阶段逐步解决关键问题，也有利于提高设计管理的效率，保证设计开发的顺利完成，使产品和服务的结果满足最终要求。

具体每一项设计开发过程如何划分阶段，可根据产品或服务的复杂程度、组织的具体运作方式以及组织的技术能力予以确定。也就是说，不同类型和不同复杂程度的产品，其设计开发阶段的划分往往是不同的，即便是相同类型和相同复杂程度的产品，不同的组织对其设计开发阶段的划分也可能是不同的。

有些设计不是很复杂，不一定需要划分繁杂的阶段，可以简单地做成设计实施流程图的形式，并注明各个步骤以及实施的责任人。

(2) 作为要求的一部分，策划还应该包括对如何开展每个阶段设计和开发的评审(见 7.3.4 条款)、设计和开发的验证(见 7.3.5 条款)、设计和开发的确认(见 7.3.6 条款)活动作出安排。

(3) 明确参与设计开发各个阶段工作的人员的分工、职责和权限。对于多个项目组参加的设计开发或有外包设计开发的情况，特别要注意明确承担设计和开发不同任务的部门或工作组之间(包括与外部组织之间)的接口与沟通。通常组织接口要明确相关人员的职责和分工，技术接口要明确沟通方法、沟通时机和沟通内容。要确保职责与分工清晰明确，沟通安排适宜，沟通结果有效。

(4) 对于从事设计服务的设计单位，如设计院，其提供的产品是项目或工程的设计和开发，这类组织的产品设计和开发策划也是其产品实现的策划，因此还应注意与 7.1 条款的符合性。

(5) 对于一般服务型的组织，其产品是服务提供，这种类型组织的产品(服务项目)开发往往伴随着服务流程的开发，这种服务项目的开发既要按 7.1 条款对其实现过程进行策划，也要按 7.3.1 条款对其开发活动进行策划，并按 7.3 条款进行控制。

3. 设计和开发计划是设计和开发策划的结果之一，有些机械产品设计和开发策划的结果是产品设计任务书。如果设计和开发过程中出现影响设计的情况变化，这些计划也需随之进行必要的调整与更新。需要强调的是，不同行业的设计开发策划的输出往往具有较强的行业特点，应注意结合行业特点实施设计和开发策划结果的管理。

4. 设计和开发评审、验证与确认是具有不同目的的三项设计管理的要求，组织应根据自己策划的结果，在规定的阶段实施设计开发的评审、验证与确认。所有的评审、

验证与确认结果必须能满足标准的要求，并能提供满足评审、验证、确认活动目的要求的证据。通常我们习惯于分别进行设计评审、设计验证、设计确认活动，但有些简单的设计可以结合进行。如某化妆品厂对原有包装瓶进行改进设计，新的改进设计仅涉及包装瓶外形，其余内容与原有包装瓶均未发生改变，设计完成后召开了一次有技术部门、生产部门以及商家代表参加的设计审查会议，审查结果表明设计结果具有满足要求的能力，设计结果的各项指标满足输入的要求，设计结果得到了商家代表的肯定、得到了市场的认可，并保持了相应的记录，提供了相应的证实资料。这个例子说明，一次设计审查会议可同时实现设计和开发评审、验证、确认的目的。能否合并进行设计评审、验证、确认，关键要把握其是否有足够的证据证明其满足了评审、验证、确认的目的。

5. 所有设计和开发的评审、验证、确认活动，均要求做好必要的记录。

【2008版标准的主要变化】

1. 英文原版标准7.3.1条款增加了注释，注释明确说明设计开发的评审、验证、确认分别具有不同的目的，组织可以根据组织和产品的不同情况，单独或以任意组合方式进行评审、验证、确认活动。应该强调的是，组织进行任何方式的评审、验证、确认都需要有足够的证据证明设计开发的结果满足了评审、验证、确认的目的。

2. 国家标准增加了7.3.1a)条款“设计和开发的阶段”中的“的”，这种变化使表述更加清楚。

【标准条款】

7.3.2　设计和开发输入

应确定与产品要求有关的输入，并保持记录(见4.2.4)。这些输入应包括：

a)　功能要求和性能要求；

b)　适用的法律法规要求；

c)　适用时，来源于以前类似设计的信息；

d)　设计和开发所必需的其他要求。

应对这些输入的充分性和适宜性进行评审。要求应完整、清楚，并且不能自相矛盾。

【目的和意图】

7.3.2条款要求组织明确在设计和开发产品时，需要考虑哪些要求与需求，以准确确定产品设计与开发的依据。

【理解与实施要点】

1. 设计和开发输入的准确性、全面性与适宜性，对设计和开发输出结果的正确性起着决定性的作用。输入的内容决定着后续过程的组织实施、资源配备及设计开发输出的结果，是确保产品质量满足要求的关键环节。如果输入不充分，可能会导致产品不符合要求，如在设计汽车时没有考虑到使用温度可能出现－40℃的情况，会导致汽车在这种温度下不能正常使用。

2. 产品的设计和开发输入主要的内容是与产品要求有关的信息。其中最主要考虑的信息应该是顾客的需要，包括顾客所期望的但没有表述出来的愿望或潜在的需求，组织应予以关注。具体内容包括以下几个方面：

(1) 功能要求和性能要求。功能是产品在使用条件下的作用，如电冰箱的功能是冷冻和冷藏物品。性能是产品达到功能应具有的特性，如冰箱的制冷效果与效率是其性能的表现。不同的冰箱的功能是相同或相近的，但其性能可能是千差万别的。产品的性能和功能方面的信息主要来自于“7.2 与顾客有关的过程”的输出。

(2) 适用于产品的法律法规要求。特别是涉及产品正常使用所必须的要求和安全方面的特性要求。这些信息也可以来自于“7.2 与顾客有关的过程”的输出。

(3) 结合特定的产品设计和开发活动，适用时，可将以前类似设计的成果直接作为输入。这些成果往往已被证明是成熟的、成功的和有效的。在对原有产品进行升级换代的开发活动中，这种输入是很有益的。

(4) 组织认为必要的其他有关要求，如行业的惯例、市场的反馈等。

3. 组织对设计和开发输入的充分性和适宜性要进行评审。评审其充分性是要关注其设计输入应该考虑的内容是否齐全清晰，对于顾客所期望的但没有表述出来而可能对设计有重要影响的愿望是否给予了关注和考虑；评审其适宜性是要关注一些输入要求的设定是否合理、是否在现阶段具有可实现性等。通过这些评审可能会发现更多需要考虑的信息，充实和改进设计和开发的输入，确保设计和开发输入的充分性和适宜性。

评审执行者应该是从事设计开发项目的负责人（责任人），无论采用何种评审方式，其结果要确保能够证明设计的输入是充分的、适宜的。

4. 设计和开发输入应完整、清楚，并要形成文件（记录）。要注意有关要素的互相关联和影响，要协调一致，不能互相矛盾，否则后续的设计过程将难以进行，输出将无法完全满足输入的要求。

【2008 版标准的主要变化】

1. 国家标准 7.3.2a)条款“功能要求和性能要求”，较 2000 版标准在“功能”后面增加了“要求”，使表述更加清晰明确。

2. 国家标准 7.3.2c)条款“适用时，来源于以前类似设计的信息”较 2000 版标准的“适用时，以前类似设计提供的信息”，更明确说明以前的类似设计的有关信息可以作为设计输入。

3. 国家标准 7.3.2 条款的第二段“应对这些输入的充分性和适宜性进行评审”，较 2000 版标准“应对这些输入进行评审，以确保输入是充分适宜的”的表述，进一步明确了对设计输入内容的评审关注的是适宜与充分。

【标准条款】

> **7.3.3　设计和开发输出**
>
> 设计和开发输出的方式应适合于对照设计和开发的输入进行验证，并应在放行前得到批准。
>
> 设计和开发输出应：
>
> a）　满足设计和开发输入的要求；
>
> b）　给出采购、生产和服务提供的适当信息；
>
> c）　包含或引用产品接收准则；
>
> d）　规定对产品的安全和正常使用所必需的产品特性。
>
> 注：生产和服务提供的信息可能包括产品防护的细节。

【目的和意图】

7.3.3 条款主要是要求组织明确设计开发的结果如何，确保设计结果能够满足输入的要求。

【理解与实施要点】

设计和开发的输出是设计和开发过程的结果，其输出的具体结果，无论是阶段性结果还是最终结果，均应能够满足输入的要求，并可以根据设计和开发的输入进行验证。

1. 设计和开发输出的结果与方式，因行业的不同以及设计输入和产品或服务项目的不同而异，硬件制造业通常包括图纸、技术要求、计算书、说明书、采购清单、验收标准、样机等；流程性材料通常包括产品配料、配比方案、技术要求等；服务项目（产品）通常包括服务过程规范、服务项目方案、服务大纲等。

2. 设计和开发的输出结果，应在投入使用前得到规定的授权人批准。

3. 若设计开发是分阶段进行的，其设计和开发的输出也是阶段性的。上一阶段的设计和开发的输出，通常在满足下列要求的情况下可以作为下一阶段的输入。

（1）阶段性的输出满足阶段性的输入要求，能够实现阶段性的预期目的；

（2）已按策划的规定完成必要的设计和开发的评审、验证、确认，且满足预期的要求；

（3）能够给出后续设计和开发的必要信息。

4. 设计和开发的输出结果需满足如下要求：

（1）满足输入的要求，能够实现产品设计和开发活动的预期目的。

(2) 给出后续的采购、生产和服务提供过程的必要信息，设计输出的内容可以包括用于采购、生产、安装、检验和服务的产品方面的要求。其中与生产和服务提供过程有关的信息中也可以包括产品防护方面的具体要求，如对于电子元器件的防静电的具体要求。

(3) 应明确产品接收准则，给出产品是否符合要求的判定依据，每项产品特性要求必须以可以验证的方式进行规定，如允差。可以根据设计给出的允差制定产品验收标准、验收规范等。

(4) 明确规定产品安全和正常使用所必须的产品特性，如操作、贮存、维护、搬运、处置的要求。

【2008 版标准的主要变化】

1. 英文原版标准 7.3.3 条款新增了注释，明确产品防护方面的具体要求也可能来自设计的结果。如果存在这种输出，应关注其是否满足设计输入的相关要求。

2. 英文原版标准 7.3.3 条款第一段“设计和开发输出的方式应适合于对照设计和开发的输入进行验证……”的表述，较 2000 版标准的相关表述，更加清楚明确。明确要求设计和开发输出的方式要便于按设计和开发输入进行验证。

【标准条款】

> **7.3.4　设计和开发评审**
>
> 应依据所策划的安排(见 7.3.1)，在适宜的阶段对设计和开发进行系统的评审，以便：
>
> a)　评价设计和开发的结果满足要求的能力；
>
> b)　识别任何问题并提出必要的措施。
>
> 评审的参加者应包括与所评审的设计和开发阶段有关的职能的代表。评审结果及任何必要措施的记录应予保持(见 4.2.4)。

【目的和意图】

7.3.4 条款主要是要求组织通过对设计开发的适当阶段开展系统评审活动，确保设计开发的相关阶段性的结果具有满足产品要求的能力，识别任何问题并提出必要措施。

【理解与实施要点】

1. 设计和开发评审是针对根据设计策划结果所确定的适当阶段的设计结果所做的正式的评审活动。

2. 设计和开发评审的目的

(1) 设计评审活动是典型的设计协调控制方法，组织可根据某设计阶段的有关要

求,确定评审主题与内容。通过评审,确定该阶段设计和开发的结果满足有关设计输入要求的能力。

(2) 通过评审找出设计和开发工作中存在的问题,采取必要的措施予以改进。

3. 评审的时机是在设计和开发策划时确定的,根据需要及设计和开发策划的安排,可以在不同的阶段进行。如果是一个简单的设计,可能只需要一次评审,根据标准的要求,任何设计都需要进行必要的设计评审。如果是一个复杂的设计可能需要在不同的阶段进行多次评审。进行软件设计时,可能需要对整个设计过程不断地进行评审,其中可能还需要向顾客咨询和确认。组织决定评审的次数时,通常需要考虑:

(1) 设计中是否划分阶段或具有自然阶段;

(2) 如果出现了一些差错,能否及时发现,如不能及时发现,可能会导致什么结果或采取什么措施。

4. 评审的形式可以根据具体情况而定,可以是会议、会审、分级审查、同行评审等。简单的项目请一个有能力的人评审就可以了,对于复杂的大型功能过程设计可能需要组织一个专家团队进行会审。评审的参加者应是与评审主题相关的有能力人员。有时不仅要有参加设计的人员,还应包括负责产品生产和服务提供的人员;不仅要包括组织内部的人员,还应包括其他相关的外部人员,如专家顾问、顾客和供方。

5. 评审的内容围绕 7.3.4 条款中 a)、b)两方面进行。如果在评审时发现问题,应制定并采取措施解决这些问题,措施实施的结果应进行跟踪,通常也可以是下次评审的对象。同时要做好记录。

6. 组织应采用适当的记录方法,记录这些评审活动及内容,记录的方式可简可繁。例如,一个复杂的设计可能会在正式的会议上进行评审,而会议记录或纪要就可以是评审记录。对于简单的设计评审可以适当简化,评审记录也可以适当简化。无论评审记录简与繁,应能表明设计和开发相关阶段性的结果是否具有满足产品要求的能力,是否识别了有关问题。

【标准条款】

> **7.3.5　设计和开发验证**
>
> 为确保设计和开发输出满足输入的要求,应依据所策划的安排(见 7.3.1)对设计和开发进行验证。验证结果及任何必要措施的记录应予保持(见 4.2.4)。

【目的和意图】

7.3.5 条款的宗旨是通过对设计开发的不同阶段开展验证活动,确保设计开发的各个阶段的输出满足输入的要求。

【理解与实施要点】

1. GB/T 19000—2008 标准中"验证"的定义是:"通过提供客观证据对规定要求已

得到满足的认定”。设计和开发验证就是通过采取不同方式对设计输出的证据进行的认定活动，可以对最终的设计和开发输出开展验证活动，也可以对某些阶段的设计和开发输出开展验证活动，评价和确定设计过程的结果是否符合设计输入规定的要求。

2. 设计和开发验证的目的是确保设计和开发的输出满足输入的要求。

3. 设计和开发验证的时机，应在设计和开发策划阶段进行安排，通常应在设计和开发的结果输出之前进行验证活动。

4. 验证的方式因输入要求和产品的不同而不同，各个不同阶段的验证也可能采用不同的方式进行。设计和开发输出的评审是验证的方式之一，除此之外常用的方法还有变换方法进行计算、与类似的经证实的设计结果进行比较、进行实验及演示、文件评审等。通常制造业多采用计算、实验、比较等方法进行验证。服务业可采用评审、演示等方法进行验证。具体采用何种方式，应针对具体产品，选用适宜的方式方法，确保能够提供是否满足输入要求的客观证据。如果验证结果发现问题或未达到最初输入的要求，就需要研究决定如何解决这些问题。采取措施的结果通常会作为下次设计评审的对象。

5. 设计和开发验证的内容与其目的相关联，是对输出是否满足输入要求进行评审。验证的实施者通常是设计人员，如果合同中有要求或需要顾客参加，也可以请顾客参加。

6. 验证的结果应形成记录，包括经验证发现的输出不能完全满足输入要求的问题，以及针对问题对设计和开发结果进行改进的措施的记录。

【标准条款】

> 7.3.6 设计和开发确认
>
> 为确保产品能够满足规定的使用要求或已知的预期用途的要求，应依据所策划的安排（见 7.3.1）对设计和开发进行确认。只要可行，确认应在产品交付或实施之前完成。确认结果及任何必要措施的记录应予保持（见 4.2.4）。

【目的和意图】

7.3.6 条款的目的是通过对设计和开发开展确认活动，确保设计开发的结果满足规定的使用要求和已知的预期使用要求。

【理解与实施要点】

1. GB/T 19000—2008 标准中“确认”的定义是：“通过提供客观证据对特定的预期用途或应用要求已得到满足的认定”。设计和开发确认的时机是在设计开发策划时进行安排的。通常是确定产品或服务是否能够满足使用要求的活动，使用要求包括已知的顾客和最终用户要求，或者当用于实际情况时是否满足了顾客和最终用户的要求。设计确认的关注点是设计的最终结果能否符合使用要求。

如果确认时发现产品或服务不能满足上述所说的使用要求，应决定如何解决这些

问题。采取措施的结果通常可以作为下次设计评审的对象。

2. 设计和开发确认的时机应在设计和开发策划时进行安排，一般情况下应是在具有一定的使用功能的条件下或在设计开发完成后、批量产品投产或服务正式提供之前进行。若是单件产品，只要可行应在交付或实施前完成。设计和开发的确认通常都是针对样品或模拟样品进行的，通过开展实施确认活动，使组织有机会找出产品或服务是否满足使用要求方面的问题，防止因产品或服务不能被使用者接受而造成严重的经济损失。将确认的结果再反馈到设计过程中的有关阶段，并根据确认的结果解决需要解决的有关问题，或反馈到以后产品或服务的设计过程中进行必要的改进。

如果对设计和开发的确认在交付或实施之前进行是不可行时，也可以采取在适当阶段进行局部的确认，而后再进行总体确认，如发电机组可以先对部分组件进行确认，待正式安装完成后再整体确认。

3. 确认的方式可以是多种形式，如鉴定会、展销会、试运行等。

对于一些产品和服务来说，确认可以是较为简单的过程。例如一款新的服装设计可以通过市场展销活动了解客户的使用意见，对其实现确认。

对于有些产品或服务，对其全部性能的确认可能只有在实际使用时才能实现。尤其是对于设计的极限测试可能一时无法确认，因为这些极限条件很难出现。如一辆汽车的最高和最低的设计环境温度的极限性能，往往就无法或很难在真实的环境中确认，除非这些极限温度真能出现。对于这种产品的设计确认可能就需要采取类似模拟条件确认或其他可能的方式确认。

4. 设计和开发确认通常应在使用条件下进行，这种条件可以是真实的，也可以是模拟的，如药品的临床试验、样机试用、机车车辆在试验场的试车等。

5. 设计和开发确认的结果应形成记录，包括经确认发现不能完全满足规定的使用要求或已知的预期用途要求的问题，以及采取的改进措施的记录。

6. 设计开发评审、验证和确认是设计开发过程中的三项重要活动，它们都是对设计和开发质量进行检查和控制的活动，都应在设计和开发的策划中确定实施的时机，都要保持过程记录及任何必要措施的记录。三项活动的目的不同，导致其活动进行的时机、方式、内容、参与人员都有所不同，这些已在上述各相关条款的"理解与实施要点"中进行了阐述。

【标准条款】

7.3.7　设计和开发更改的控制

应识别设计和开发的更改，并保持记录。应对设计和开发的更改进行适当的评审、验证和确认，并在实施前得到批准。设计和开发更改的评审应包括评价更改对产品组成部分和已交付产品的影响。更改的评审结果及任何必要措施的记录应予保持(见 4.2.4)。

【目的和意图】

7.3.7条款的目的是对设计开发的更改活动进行有效的控制。

【理解与实施要点】

1. 一般来说,设计和开发的更改可能由“7.2.1与产品有关的要求的确定”的变更引发、可能由法规中新增或更改了要求引发、可能由市场需要改进产品要求引发;也可能是因为设计开发结果有错误或制造过程有变化等引发。设计和开发的更改通常是针对已完成的设计和开发的输出进行,也可能针对设计和开发某阶段的输出进行,这种阶段性的输出应该是已经过评审和批准的。组织需要根据实际准确识别设计和开发的更改,并确保更改在受控下实施。

2. 对于确定的设计和开发更改的项目,组织也应按7.3条款的要求实施策划和控制,通常应该根据设计和开发更改的性质、范围以及对后续过程和最终产品的影响程度,安排适当的评审、验证和确认活动。这里的“适当的”的含义为:一是设计和开发的更改要进行必要的评审、验证和确认;二是更改的程度不同,评审、验证和确认活动可单独或以任意组合的方式进行;三是必须有足够的证据证明更改满足更改策划的要求。“适当”,是说明由于更改的程度不同,评审、验证和确认的内容和方式可以不同,而并非可做可不做。一些企业对老产品进行改进,往往也属于设计更改,应该注意结合实际对更改进行适当的评审、验证、确认活动,确保其有足够的证据证明其满足评审、验证、确认目标的要求。如企业对汽车的内部装饰进行改进,也是一种设计更改,这种更改根据以往对原有设计进行的评审与验证结果,能够证实改进后的评审与验证结果,且已经有了相应的结论,可以直接利用,不一定需要再重复进行评审和验证,但是否能够得到顾客的接受还不能确定,还应进行必要的确认,确认后才可批量投入生产。

3. 对设计和开发更改的评审不但应包括更改部分是否满足相关的设计和开发要求,还应该评审更改对产品其他组成部分的影响和对已交付产品的影响。如对设备中某一部件尺寸的更改,将会导致与之配合的其他部件尺寸的更改,以至于影响到设备性能的改变;同时也可能会影响到已交付的同型号设备对这一部件的互换性。更改的影响可能会涉及合同、工艺、采购、售后服务,评审时应予以注意。

4. 所有设计的更改在正式实施前均应严格控制,须得到规定的批准人批准才可以实施更改。组织可以根据自己的实际,在设计和开发的策划时确定不同的更改授权或指定不同的批准人,只有经过授权人批准的更改,才能付诸实施。

5. 应保持与设计和开发的更改相关的记录,包括评审及评审后所采取措施的记录。

【2008版标准的主要变化】

国家标准7.3.7条款中将“适当的”列在“评审、验证和确认”之前,改为“应对设计

和开发的更改进行适当的评审、验证和确认”，说明由于更改的程度不同，评审、验证和确认的内容和方式可以不同。

四、采购

【标准条款】

> 7.4 采购
>
> 7.4.1 采购过程
>
> 组织应确保采购的产品符合规定的采购要求。对供方及采购产品的控制类型和程度应取决于采购产品对随后的产品实现或最终产品的影响。
>
> 组织应根据供方按组织的要求提供产品的能力评价和选择供方。应制定选择、评价和重新评价的准则。评价结果及评价所引起的任何必要措施的记录应予保持(见4.2.4)。

【目的和意图】

7.4 条款针对组织对采购活动进行控制的要求，主要包括选择评价和有效控制供方、采购信息的确定、采购验证的安排，目的是确保采购产品符合规定的采购要求。

7.4.1 条款的采购过程主要是针对组织在正式采购活动实施之前的有关控制要求。明确了采购要求，并采取措施对供方的评价、选择以及选择后的再评价进行有效控制，确保采购产品符合规定的采购要求。

【理解与实施要点】

1. 采购过程的主要控制内容包括：组织应针对不同的采购产品确定不同的控制类型和程度，同时明确选择和评价供方的准则，包括必要时对已经确定了的供方进行再评价的准则。

2. 条款中所述的“采购”是针对产品采购，通常包括原材料、零配件采购；某些外包服务过程或委托外部组织加工配件或材料时，选择和确定承(外)包方时，也应按本条款中的要求视为采购产品活动进行控制。这些采购产品和外包过程或直接构成最终产品，如委托别人加工后加施本组织商标或名称的产品；或是最终产品的一部分，如汽车轮胎；或对最终产品质量是否满足顾客要求有重要的影响，如运输公司所提供的产品运输服务。

原料和零部件对产品的质量有影响是显而易见的，但是某些外包的过程是否会对产品有重要影响，影响的程度如何，有的时候没有引起足够的重视，也会给组织的产品信誉带来不好的影响。例如，一个组织将出厂合格的产品委托某运输公司负责运输，如果运输公司选择不当，运输过程中防护不到位，对产品造成机械损伤或雨淋等，都会给产品带来影响，会影响顾客对产品的满意程度。又如，一个空调器公司，将最终的安装服务分包给一个不合适的公司，其为顾客提供的安装服务结果顾客不满意，也会给组织和组织的产品信誉带来影响。

3. 对供方及采购产品可分类分级实施差异性控制，用什么方法控制、控制到什么程度，由所采购的产品对产品实现过程及最终产品质量的影响程度决定。对于一些对最终产品或过程有重要影响的，或价值较高的材料、零部件或外包的过程的控制应适当从严。

4. 对供方的评价和选择应着重在供方是否具有持续提供满足采购要求产品的能力上。如何评价、选择供方，如何对供方的能力状况进行跟踪控制，进行必要的重新评价，组织应该制定评价准则和评价程序并予以实施。

供方的能力状况通常可包括产品的质量水平及稳定性、社会信誉、企业的管理水平、交货的及时等。

5. 评价的方法可以包括：

（1）评价供方的产品质量，如样品试用，对产品进行检测或测量，验证产品或测量产品结果是否符合要求等；

（2）评价供方的质量管理能力，如采用第二方审核，对过程评价、现场调查了解实际能力等；

（3）供方质量业绩的评价，如顾客满意测量结果、与产品有关的历史业绩；

（4）征询供方其他顾客的意见，了解其社会信誉；

（5）查证或验证产品的检验报告或合格证明；

（6）其他特定方法。

上述这些评价方法可以单独使用也可以组合使用，如何使用取决于组织确定的控制类型与程度。

6. 经过评价，供方能力如满足组织的评价要求，可以选定为组织的合格供方，并与之实施采购活动。

7. 组织应保持必要的评价纪录，包括评价结果、评价后需要采取的一些后续措施、以及规定或必要时的再评价结果。

【标准条款】

7.4.2　采购信息

采购信息应表述拟采购的产品，适当时包括：

a）　产品、程序、过程和设备的批准要求；

b）　人员资格的要求；

c）　质量管理体系的要求。

在与供方沟通前，组织应确保规定的采购要求是充分与适宜的。

【目的和意图】

7.4.2 条款主要是要求组织在采购时应规定并明示采购要求，旨在确保准确向供

方表述需要采购什么样的产品。

【理解与实施要点】

1. “采购信息”是对实施采购过程中有效控制采购产品要求的规定。在实施任何一项具体采购活动时，都应在采购文件资料（如采购合同或协议、采购清单等）中或口头上（口头采购时）明确表述有关要采购产品的信息。对于硬件产品的采购信息通常包括规格、型号、数量、交货期、交货地、技术要求或图纸等。为了达到采购的要求，组织的采购信息不能有任何模糊不清或容易混淆的情况，应确保有关各方，尤其是供方对组织的采购要求能够理解。当然最好是以书面订单的形式作出采购说明，这样能明确表述组织的采购要求；但也不排除一些可能的电话或口头采购，电话或口头采购时一定要注意清楚地表述采购要求，并确保供方充分理解。

2. 采购信息的内容，适当时可包括：

（1）对产品的批准要求，即对采购产品应接受的试验和分析以及试验分析所依据的验收准则或检验标准的确定，如汽车业生产件批准程序或验收准则。

对采购产品（包括外包过程中供方使用的零部件、原材料等）的批准要求，可以来自组织产品设计输出（见 7.3.3 条款）的要求。

（2）对程序的批准要求，即组织对供方提供的产品在其实现过程中应执行程序的要求。如要求分包的考试机构执行经过组织批准的考试程序；双方在开展采购活动时执行的程序，如采购产品验证和接收的程序。

（3）对过程的批准要求，即对与采购产品有关的实现过程的要求，如对采购的电子元件进行防静电处理要求。

（4）对设备的批准要求，即对采购的产品生产或监视测量设备能力的批准或认可要求。如要求模具生产企业使用加工中心设备的要求；产品委托测试服务活动时要求使用某公司的设备进行检测的要求。

（5）对人员资格的要求，即对供方从事与组织采购产品质量有影响的相关人员的能力、资质等要求。如组织采购食品原料时，要求原料厂的人员具有健康体检的证明。

（6）质量管理体系的要求，即对供方覆盖采购产品的质量管理体系的要求。如汽车制造企业要求零部件供应商建立运行符合 GB/T 18305—2003《质量管理体系　汽车生产件及相关维修零件组织应用 GB/T 19001—2000 的特别要求》的质量管理体系，并通过体系认证。

采购的信息可能是上述内容的全部，也可能是其中的一部分，根据具体采购的对象决定。通常情况下，在采购硬件时要把所需要的物品或服务的所有相关要求都表述清楚，如产品标准甚至包括图纸、名称及型号、数量以及需要交付的时间和地点等。

3. 组织的有关采购要求在传递给供方之前，应该通过适当的方式进行评审、批准，以保证明示的采购要求是充分与适宜的。

组织可以根据对采购产品的控制程度要求和采购信息的具体内容，确定审批的方式和执行人。对于一般性的采购可能就指定某人做一下核对就可以了，对于一些重要的采购可能还需要有关方面进行核定后逐级审批。

采购要求的评审与批准是否需要保持文件化的记录，组织可以根据具体情况而定，对于采购产品对最终产品的影响程度较高、顾客有要求、产品有可追溯性要求的应该保持记录。

【标准条款】

7.4.3 采购产品的验证

组织应确定并实施检验或其他必要的活动，以确保采购的产品满足规定的采购要求。

当组织或其顾客拟在供方的现场实施验证时，组织应在采购信息中对拟采用的验证安排和产品放行的方法作出规定。

【目的和意图】

7.4.3 条款主要是要求组织对采购产品策划和采取必要的验证活动，以确定组织是否采购到了满足采购要求的产品。

【理解与实施要点】

1. 根据采购产品和服务的重要性或者外包过程的情况，组织应确定合适的验证方式和验证程度，对采购产品或外包过程是否符合采购要求所进行的验证方式一般可采用检查、检验或测试、查验等。

验证的方式和程度取决于所采购产品的性质。例如，对于一般办公用品的验证可以核对一下所定购的数量并做一些直观的外观检查就可以了。由员工签字的交付明细表也可以作为全部验证文件。

如果采购的产品是一种很重要或很贵重的产品，或外包的是一项比较复杂和重要的服务，如设计、工程咨询等，就需要仔细考虑一下验证的方式与过程，并作出规定。需要时，可在采购订单或合同上说明所采用的验证方法。

2. 组织在采购活动实施时，要明确采购产品的验证方法。具体如何实施这些验证活动，可以单独作出具体规定。对采购产品的验证活动可以有不同的方式，具体采用什么方式，应注意考虑采购产品的用途及对随后的产品实现或最终产品的影响。对于一些对产品质量影响不大的常规钢材，可以由采购部或仓库管理员直接用检查的方式验证材料的标号；对于一些常规的产品且多年合作、产品信誉高的产品，可以直接验证供方提供的合格证或检验报告；对于一些重要零件与材料可以采取对产品全部或部分性能的监视和测量。如果验证方式采用对产品特性的监视和测量活动，则可以依据

“8.2.4 产品的监视和测量”要求进行控制与管理。

3. 当验证需要在供方现场进行时，应与供方进行协商，并在采购的合同或订单中明确说明验证的安排和产品放行的方法。如军工行业的一些采购活动采取住厂人员现场检验、试验等方式进行验证活动，所有放行的产品均需由住厂人员进行验证或在住厂人员的监视下完成验证。

通常情况下，组织在策划产品实现（见 7.1 条款）的过程中，应同时确定有关验证的活动，其中包括采购产品的验证安排。

【2008 版标准的主要变化】

国家标准对 2000 版 7.4.3 条款的第二段做了一些编辑性修改，使表述更清晰。

五、生产和服务提供

【标准条款】

> **7.5　生产和服务提供**
>
> **7.5.1　生产和服务提供的控制**
>
> 组织应策划并在受控条件下进行生产和服务提供。适用时，受控条件应包括：
>
> a）获得表述产品特性的信息；
>
> b）必要时，获得作业指导书；
>
> c）使用适宜的设备；
>
> d）获得和使用监视和测量设备；
>
> e）实施监视和测量；
>
> f）实施产品放行、交付和交付后的活动。

【目的和意图】

7.5 条款要求的生产和服务提供过程直接影响产品或服务的质量，因此要求组织针对产品或服务的性质，对所有与生产和服务提供过程有关的人、机、料、法、环以及相关的活动进行有效控制。

7.5.1 条款要求组织结合产品和服务性质，确定在生产和服务提供过程中采取哪些具体的控制措施。

【理解与实施要点】

1. 生产和服务提供，对于提供有形产品的组织，是指其产品加工、制造、安装、交付或包括交付后的过程；对于服务性的组织，是指其服务项目提供的过程。无论是哪种组织，都应针对组织的具体情况和产品与服务的性质确定并采取适宜的措施，对生产和服务的提供过程进行控制。7.5.1 条款的要求是对 7.1a）和 b）条款的展开与继续，要结合已确定的质量目标、产品要求、过程以及资源配置采取适宜的措施，对产品和服务的提供活动进行策划和控制。

2. 组织应了解生产和服务提供中每一个过程对最终产品和服务的影响程度，结合实际情况策划并确定适当的控制措施，以满足顾客和组织规定的各种要求。在许多组织中，这些控制措施通常可以以工艺文件、内部指令、图纸、生产计划、服务规范、服务质量标准以及作业指导书等来实现。具体采取哪些措施应与组织的产品和组织的实际情况相适应，适用时，应包括：

(1) 要确保相关人员或部门及时获得产品或服务特性的信息。这些信息是生产和服务提供的过程及其结果应达到的要求，通常可以以具体的产品技术规范、图样、样板、服务规范、生产计划等形式表述。

(2) 必要时，要制定并实施具体产品或服务实现过程的作业指导书。一个组织在生产或服务的各个阶段是否需要制定作业指导书，是根据实际过程能否确保有效控制而决定的。如果没有或缺少作业指导书，操作者不能进行正确操作，过程控制难以达到预期目标，则需要制定相应的作业指导书性质的文件。如果一般的操作者都能考虑到和懂得如何操作，则不一定需要制定文件或不必在文件中包括所有的细节。作业指导书的形式可以是程序、图样、规范、工艺文件等。

(3) 要使用适合组织所生产的产品特性或提供的服务特性所需要的设备。这里的"设备"是指生产和服务提供过程中使用的设备，要使用适合产品特点或服务特性并符合要求的设备，以确保产品或服务的质量。标准中"适宜"的含义是设备的实际状态和各种参数能力满足过程要求的程度。如一个空调维修公司进行空调氟利昂加注业务时，使用的装氟利昂的设备漏气，最高压力值不足以满足要求，加注的效果达不到规定的要求，则属于使用的设备能力不适宜。

这里讲的设备与 6.3b)条款"过程设备"的确定、提供并维护等有关联性也有一定的区别。关联性表现为，本条款要求是 6.3b)条款的展开，区别体现在关注点上，6.3b)条款是从资源配置和管理维护角度提出的要求，而这里讲的设备的"适宜"是从设备的功能与精度及运行状况角度提出的要求。

(4) 应配备和使用生产和服务提供过程所需要的监视和测量设备，以便在生产或服务提供的过程中及时监控相应的产品特性和过程特性的变化，将它们控制在规定的范围内。如在热处理过程中配备的热电耦，就是在供热处理过程中监视温度变化情况的设备。

(5) 实施监视和测量。生产和服务过程的监视测量活动包括对产品特性、过程参数、作业人员、作业过程活动、工作环境等方面的监控。如按照工艺文件规定对热处理过程的温度、时间等参数进行的监控；宾馆对重要场所的远程监控以及一些公共场所的烟感应报警系统的监控。

通常如果监测的是产品的特性，其监视测量活动应满足 8.2.4 条款要求。

(6) 组织根据规定也要对产品或服务放行、交付和交付后的活动进行控制。这里

讲的"放行",是指生产和服务过程各阶段产品的转序和最终产品交付的活动,包括应实施的控制活动,还可能包括产品转序所需要的检验或验证活动的安排,若涉及具体产品特性的检验或验证活动,还应符合"8.2.4 产品的监视和测量"的要求。

"交付"是指组织与顾客交接产品的有关活动,"交付后的活动"包括售后服务等。许多产品和服务都承诺提供售后服务和维护,这种承诺也是合同的一部分,组织如果有这种承诺,则需要对服务哪些项目、由谁去服务、如何服务、必须配备哪些设备等作出安排。

【2008 版标准的主要变化】

1. 英文原版标准 7.5.1d)条款"获得和使用监视和测量设备",用"设备"取代了 2000 版标准的"装置",使表述更准确,也更符合我们的习惯。

2. 英文原版标准 7.5.1f)条款中增加了"产品",更清晰地表明这条要求是针对产品进行的放行、交付和交付后的活动。

3. 国家标准 7.5.1f)条款"实施产品放行、交付和交付后的活动",将"实施"调整到句首,更符合中文的表述方式。

【标准条款】

7.5.2　生产和服务提供过程的确认

当生产和服务提供过程的输出不能由后续的监视或测量加以验证,使问题在产品使用后或服务交付后才显现时,组织应对任何这样的过程实施确认。

确认应证实这些过程实现所策划的结果的能力。

组织应对这些过程作出安排,适用时包括:

a)　为过程的评审和批准所规定的准则;

b)　设备的认可和人员资格的鉴定;

c)　特定的方法和程序的使用;

d)　记录的要求(见 4.2.4);

e)　再确认。

【目的和意图】

7.5.2 条款的主要意图是要求组织结合本组织的实际,确定对哪些生产和服务提供过程的输出不能由后续的监视或测量加以验证,使问题在产品使用后或服务已交付后才显现的过程进行验证,并明确要采取哪些确认措施。旨在确保相关过程的能力。

【理解与实施要点】

1. 过程确认是对过程能力的评价与确定活动。不是所有过程都需要确认,标准规定，对那些生产或服务提供过程的结果不能由后续的监视或测量进行验证，在产品使用后或服务交付后才显现问题的过程才需要确认。通常也可以将这些过程称为“特殊过程”。

应注意生产或服务提供过程的结果不能由后续的监视或测量进行验证的情况，不同的行业和不同的组织可能是不同的，但都可能会发生产品使用后或服务交付后才显现问题。为此，组织和审核员应结合具体实际进行识别。

2. 本条款要求控制的对象是由于受过程结果（产品）性质的限制，那些生产或服务提供过程的结果不能由后续的监视或测量进行验证，在产品使用后或服务交付后才显现问题的过程，这些过程通常可能包括如下情况：

（1）不能立即得出产品或服务是否满足要求的结论。

如建筑业浇注混凝土框架或楼板，在浇注时混凝土的质量是否满足要求无法很快确定。混凝土通常浇筑后需要经过几个星期才能完全达到规定的强度要求，一般试验样品也要在浇注后 28 天才能进行测试。为了保证浇注结果达到所要求的强度，就需要准确地控制好水泥、砂石、添加剂以及水的含量与配合比，把握好混合搅拌和浇注工序，配备和使用合适的震捣设备，还应有训练有素的工人进行操作。可以通过对这些过程的能力作出安排，并进行确认和控制，确保过程结果（产品）满足要求。

一些服务过程，在组织与顾客的接口处就完成了服务的提供，不可能在交付某一服务前进行检验或检查确认符合要求与否。如宾馆里前台的服务员在与顾客接触的过程中，已完成顾客的入住服务。可以通过对接待流程、服务员的能力、必备的设备设施等能力进行确认和控制，确保服务质量满足要求。

（2）在测量过程中会导致产品毁坏。

如对电路板波峰焊的焊接质量（如焊接强度）进行测试，往往会给测试件带来损伤；对电冰箱箱体保温层的发泡质量是否满足要求进行测试时，往往需要对产品进行破拆，取出发泡材料才可以完成测试。

对于这些过程，通过对过程能力的确认，确定满足产品预期结果的相关过程的能力，并通过保持这些能力保证产品符合规定的要求。从而减少或避免一些损坏性测试，保证经济地获取持续满意的结果。

（3）不易直接进行监视测量的外包过程。

一些外包过程，组织很难进行全过程的监视测量，为了保证外包过程或服务满足组织的要求，也可以采取对过程进行确认的方法进行外包方控制。如 ISO/TC 176/SC2/N630 R3 指南讲到，一个外包过程在某些情况下，后续的监视或测量也无法对外包过程的输出进行核实。如果遇到这种情况，组织要确保对外包过程的控制，包括采用 7.5.2 条款规定的过程确认。

3. 确认是对特殊过程实现预期结果的能力的评估与确定，过程能力通常涉及过程中人、机、料、法、环、测等相关因素。确认应是在这类特殊过程正式运行前进行，确认的

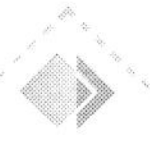

方式通常采取成熟经验的评审或新工艺试验，如焊接工艺评定，通过对过程能力的认定和控制保证过程结果满足要求。

4. 根据特殊过程结果的性质和对最终产品的影响程度以及特殊过程运行的成熟程度等，组织对涉及特殊过程能力的因素要作出相应的安排和规定，可以是以下一种或几种：

(1) 规定评审和批准过程的依据(准则)。包括规定评审的方法；评审的人员；过程结果应达到的质量要求，特别是会导致产品毁坏的质量特性的要求(如焊接强度值)；对过程结果的判定方法等管理性要求。

(2) 设备能力和人员资格需达到的要求，并进行设备认可和人员鉴定。需要说明的是，此处的认可并不是合格评定活动中的认可。

(3) 规定并执行特定的方法和程序，包括为什么做、由谁做、何时和何处做、做什么、如何做。

(4) 特殊过程运行中必要的记录要求。

(5) 定期的或特殊情况(如过程的有关因素发生变化、设备维修等)下进行再确认的要求。

5. 组织在策划的阶段就应考虑并识别这些过程(见 7.1 条款)。

【2008 版标准的主要变化】

英文原版标准 7.5.2 条款第一段较 2000 版标准在编辑与描述方面均发生了变化，变化后的标准内容更明确表述了需要确认的过程。

【标准条款】

7.5.3　标识和可追溯性

适当时，组织应在产品实现的全过程中使用适宜的方法识别产品。

组织应在产品实现的全过程中，针对监视和测量要求识别产品的状态。

在有可追溯性要求的场合，组织应控制产品的唯一性标识，并保持记录（见 4.2.4）。

注：在某些行业，技术状态管理是保持标识和可追溯性的一种方法。

【目的和意图】

7.5.3 条款的主要意图是对生产和服务提供过程中，组织要确定如何对三类标识进行识别，并确定要采取哪些控制措施。

【理解与实施要点】

1. 本条款涉及的标识包括：产品的标识、监视和测量状态的标识、产品的追溯性标识。组织应在相关文件中(如在作业指导书中)描述所采用的最适于组织的标识方法，以便每个员工都清楚如何使用相关标识。

2. 在产品或服务容易混淆时要采用适宜的方法标识产品或服务。适宜的方法应能区别产品不同特征，如类型、材质、尺寸、形状、生产厂家以及产品技术状态等。如不同克重的纸放在一起，很难直接识别，需要对其克重等特性进行标识；如宾馆、酒店设立的“会议厅”、“电梯”等指示牌，虽然是“7.2.3 顾客沟通”要求的过程，但同时也是一种服务标识。

3. 在产品实现或服务提供全过程中的所有监视和测量活动中，产品和服务的监视测量的状态（结果）都必须能够识别，以防止不同状态的混淆，尤其要防止未经检验或不符合要求的产品被错误地放行或使用。

监视和测量状态通常包括：待检、已检待定、合格和不合格。如检验合格的产品加施合格标签或存放在不同的区域表明了产品的合格状态；如物业对小区进行定时检查后，在检查过的现场用记录栏或表格的形式，针对具体的检查对象记录并明示相关信息，表明其安全、卫生等状态。

4. 当组织、顾客或法律法规有追溯性要求时，产品应有唯一性标识。可采用对最终产品加以唯一性标识追溯原材料和部件的来源、加工过程的历史、产品交付后的分布和场所。如在压力容器制造行业，对某种材料在整个制造过程中进行记录和跟踪是非常普遍的，这样即使是最终制造出来的零部件也可以追溯到原始的材料来源。在某些情况下，若顾客在其订单中提出标识和可追溯性要求时，组织在识别和评审顾客要求的时候也应考虑这些要求（见 7.2 条款）。

不同产品满足可追溯性要求的唯一性标识是不相同的，对笔记本电脑产品是指加贴的条形码，对食品饮料产品是指打印的生产日期。

组织对可追溯性的记录（包括顾客在订单中的要求）应当予以保存（见 4.2.4 条款）。

5. 识别和标识的方法多种多样，如编号、条形码、标签、标牌、记录、标记、印章、颜色、铭牌、区域等。

6. 三类标识的区别

（1）作用不同。产品标识和唯一性标识是为了防止不同特征的产品混淆或实现可追溯性；状态标识是为了防止产品不同监视和测量状态的混淆。

（2）必要性不同。产品标识和唯一性标识不是必须的，只在可能发生混淆和有可追溯要求的情况下采用；状态标识则是必须的，只要有监视和测量活动，就必须有状态标识。

（3）可变性不同。产品标识不发生改变，有可追溯性要求时要有唯一性标识；状态标识随产品监视和测量状态的改变而改变。

7. 某些行业或组织可以用技术状态管理来保持标识和可追溯性。如建筑设计图纸的图号可随图纸内容的更改而变更，如在原图号上加上 A1、A2 等标记来区别图纸前后的变更，也可以实现追溯。

【2008 版标准的主要变化】

英文原版标准 7.5.3 条款第二段“组织应在产品实现的全过程中，针对监视和测量要求识别产品的状态”，较 2000 版标准增加了“在产品实现的全过程中”的描述，进一步明确在产品实现的全过程中只要有监视和测量要求就应识别产品状态。

【标准条款】

> **7.5.4　顾客财产**
>
> 组织应爱护在组织控制下或组织使用的顾客财产。组织应识别、验证、保护和维护供其使用或构成产品一部分的顾客财产。如果顾客财产发生丢失、损坏或发现不适用的情况，组织应向顾客报告，并保持记录(见 4.2.4)。
>
> 注：顾客财产可包括知识产权和个人信息。

【目的和意图】

在许多情况下，顾客因需要将其财产交付组织使用或构成组织提供产品的一部分，或将其财产交于组织保管。7.5.4 条款的意图是要求组织在这种情况下，要做到既能防止顾客财产损坏并妥善保管，又能通报不适用的情况。

【理解与实施要点】

1. 所谓“顾客财产”是指那些属于顾客所有，由顾客存放在组织处以及由顾客提供给组织使用或构成顾客产品的一部分的材料、部件、图纸、设备、物品等，2008 版标准明确表明顾客的知识产权及个人信息也属于顾客财产。

2. 组织应爱护在组织内使用或存放的顾客财产。

3. 要充分识别在组织的生产和服务过程中涉及的顾客财产，如物业管理中有大量的顾客财产，从房产、设备、设施、业主车辆，到业主提供的维修用材料配件、委托收发的报刊信件，及工程维修服务时业主家的墙面、地面和设施等。

顾客向组织提供的一些材料、部件、设备、知识或者资料及个人信息，用于生产产品或提供服务，产权属于顾客，例如：

(1) 顾客提供的构成产品的部件或组件，如向裁缝提供的服装纽扣；

(2) 顾客提供的通过产品实现过程转化为产品的原材料，如向裁缝提供的服装面料；

(3) 顾客提供的用于修理、维护或升级服务的备品、配件及其他产品，如向汽车维修厂提交的汽车；

(4) 顾客直接提供的包装材料；

(5) 顾客委托管理的设备、设施或物品及资料，如顾客办理手续的私人资料(包括个人信息)，委托物业管理的房产、设施设备，客运站旅客交运的货物；

(6) 顾客委托临时保管的物品，如客运站旅客寄存的物品、顾客委托超市存放的物品；

(7) 顾客的知识产权，如顾客提供的图纸、图样、标准、样品、专利信息等；

(8) 生产和服务提供过程中涉及的顾客的场所、环境，如家用电器的上门维修时涉及顾客房屋场所、环境的爱护。

4. 组织对顾客提供的所有财产应有一套管理控制的程序，例如必要的验证(检测或测量)、过程的监督和测量(见 8.2.3 条款)以及产品防护(见 7.5.5 条款)。通过管理控制，保证顾客财产在组织控制下或使用时不受到损坏。

5. 当发生顾客财产丢失、损坏或不适用时，应及时向顾客报告，并做好记录。

6. 2008 版标准将顾客的个人信息也列为顾客财产，顾客的个人信息通常包括个人的基本信息、财产信息、身体状况信息、家庭信息等。如银行应对顾客的财产信息进行保管与保密、医院应对病人的病情等有关信息进行保管保密等。认证机构、注册机构、保险公司等，经常会涉及较多的个人信息的管理。

【2008 版标准的主要变化】

1. 英文原版标准 7.5.4 条款的注释中增加了“个人信息”，明确了顾客的个人信息也属于顾客财产。

2. 英文原版标准中“组织应向顾客报告”较 2000 版标准增加了“组织”，进一步明确是由组织向顾客报告有关顾客财产的情况。

【标准条款】

> **7.5.5 产品防护**
>
> 组织应在产品内部处理和交付到预定的地点期间对其提供防护，以保持符合要求。适用时，这种防护应包括标识、搬运、包装、贮存和保护。防护也应适用于产品的组成部分。

【目的和意图】

7.5.5 条款的主要宗旨是在生产和服务提供及交付到预定地点的过程中，组织应采取措施保管好产品和服务。

【理解与实施要点】

1. 本条款强调组织所提供的产品或服务及其组成部分的质量不得受到任何行为的影响，目的是防止产品遭到损坏。组织可以根据本组织产品和产品实现过程的情况，决定如何采取措施实现标准所规定的要求。部分产品防护的要求来自产品设计和开发的输出。

2. 产品防护的范围是从组织内部产品实现过程到交付到顾客的预定地点期间的所有过程，包括了最终产品，也包括中间产品、产品零部件或产品的组成部分，中间产品、产品零部件在贮存和转序等期间都要进行防护。因此不仅需要组织在自己内部遵守这些要求，还应在整个过程中，直至在指定交付产品或服务地点都应遵守相关的要求。如组织将产品委托(外包)某运输公司负责运输，也应有措施使运输公司在运输过程中做好产品防护。运输公司是否能够胜任，往往需要对其按 7.4.1 条款的要求进行评价。

3. 根据组织和产品的具体实际，在确保保持产品的符合性情况下，防护可以是以下标识、搬运、包装、贮存和保护活动的全部或任意组合。产品的防护可包括：

(1) 建立并保持与组织的产品适宜的防护标识，如加施必要的包装标识、运输过程中的防护标识。如产品包装上的易碎标识，可以用来向有关人员和顾客说明运输和搬运中的防护性要求。

(2) 搬运。针对不同产品的特性，选用适宜的搬运方式、搬运设备或工具、搬运人员，采取妥善的搬运方法，防止产品损坏。如商店的服务员在给顾客展示高档手表或首饰时均应佩戴手套，以免在取放过程中对商品的光泽造成影响。

(3) 包装。针对产品特性和顾客的要求，考虑有利于产品的运输和贮存的要求，选取适宜的包装材料和控制方法，确保产品在送达顾客处时符合要求。某些产品的包装容器和包装标识涉及国家有关强制性要求，应引起足够的重视，如易燃易爆物品的包装要求使用特定的容器，否则不允许运输。

(4) 贮存。建立仓贮制度，对贮存产品进行必要的标识、出入库管理、保管、放置、维护管理，保证在适当的设施和环境条件下贮存产品，防止产品在贮存过程中变质或损坏。如食品应在规定的温度下冷藏，如果产品容易变质或遭受污染，应对存放的产品进行定期的检查。检查的次数由组织根据产品的性质决定，如对坚实的产品的检查次数就比易腐坏和易碎产品的次数要少。

(5) 保护。在实现的过程(必要时包括交付过程)中，采取合适的措施防止产品受到伤害或损坏，如新楼销售过程中，往往会对电梯内部加装一些保护层，防止电梯内饰受到损坏。

【2008 版标准的主要变化】

1. 英文原版标准将 2000 版中的“针对产品符合性”更改为“以保持符合要求”，并增加了“适用时”的内容。这些变化表明：

(1) 明确了产品防护的目的是保持产品的符合性。

(2) “适用时”表明根据组织和产品的具体实际，在确保保持产品的符合性情况下，防护可以是标识、搬运、包装、贮存和保护活动的全部或任意组合。

2. 国家标准 7.5.5 条款的第一句描述有较大的编辑性变化，明确了在组织内部与产品有关的活动直至按合同或规定交付到预定的地点的整个期间，组织均应对产品提供防护。

六、监视和测量设备的控制

【标准条款】

> 7.6　**监视和测量设备的控制**
>
> 组织应确定需实施的监视和测量以及所需的监视和测量设备，为产品符合确定的要求提供证据。
>
> 组织应建立过程，以确保监视和测量活动可行并以与监视和测量的要求相一致的方式实施。
>
> 为确保结果有效，必要时，测量设备应：
>
> a）对照能溯源到国际或国家标准的测量标准，按照规定的时间间隔或在使用前进行校准和（或）检定（验证）。当不存在上述标准时，应记录校准或检定（验证）的依据（见 4.2.4）；
>
> b）必要时进行调整或再调整；
>
> c）具有标识，以确定其校准状态；
>
> d）防止可能使测量结果失效的调整；
>
> e）在搬运、维护和贮存期间防止损坏或失效。
>
> 此外，当发现设备不符合要求时，组织应对以往测量结果的有效性进行评价和记录。组织应对该设备和任何受影响的产品采取适当的措施。
>
> 校准和检定（验证）结果的记录应予保持（见 4.2.4）。
>
> 当计算机软件用于规定要求的监视和测量时，应确认其满足预期用途的能力。确认应在初次使用前进行，并在必要时予以重新确认。
>
> 注：确认计算机软件满足预期用途能力的典型方法包括验证和保持其适用性的配置管理。

【目的和意图】

7.6 条款主要是要求组织在产品实现过程中，应采取措施确保监视和测量工作可行、所采用的设备有效。旨在确保组织使用的监视和测量设备，包括测量软件，能够为产品符合规定的要求提供准确而有信心的证据。

【理解与实施要点】

1. 7.6 条款监视和测量设备控制的对象是为实施监视和测量活动所配备的设备。这些监视和测量设备主要是用来证实产品是否符合规定要求的，会对产品或过程质量是否符合要求产生直接的影响，所以要对其实施必要的控制。

2. 监视和测量设备是对生产和服务提供过程的工作状态和（或）对产品特性进行监视和测量的设备，有些是硬件设备，也有些不是硬件设备，是软件。如生产线上显示工作状态的仪器仪表，用于监视服务场所治安秩序情况的摄像设备等，属于硬件设备；对于非制造业的监视测量活动所采用的手段，往往不是传统的硬件设备，如旅馆、饭店、

教育和培训机构、咨询服务机构，根据其产品的性质，采用调查问卷、调查表、考试卷、统计报告等方式作为“监视和测量设备”来实施监视和测量活动。

3. 采用监视设备得出的可能是非量化的结论，如问卷调查。采用测量设备得出的往往是量化的结论，采用测量设备是测定量值，并通过测量提供数据，如检验或试验用仪表、过程监控中对工艺参数的测量仪器等。两类设备用途有所不同，管理要求也有所区别，测量设备可以进行校准或检定，而监视设备可以予以确认而不一定校准。

4. 组织应建立监视和测量的实现过程，确保监视和测量活动可行。在建立这个过程时可以参考 GB/T 19022—2003《测量管理体系　测量过程和测量设备的要求》(ISO 10012:2003,IDT)。组织应确定实施监视和测量的过程和需要实施的监视和测量活动，并通过选择适宜的监视和测量设备或软件以及对这些设备或软件进行必要的管理，确保这些过程和活动可行并符合监视测量要求。

5. 确定和选择满足监视和测量任务要求的监视和测量设备，其功能、准确度要求和量值范围等应与监视和测量任务的要求相一致。要考虑监视和测量方法的适宜性及实施监视和测量人员的能力条件，以确保策划的监视和测量活动得以实现。

6. 如果采用测量设备来检验产品或服务是否满足规定要求，就需要考虑如何对测量设备进行校准、检定(验证)、控制、贮存、使用，并使其精度控制在所要求的范围内。为了确保测定量值结果的有效、可靠，必要时应对测量设备实施以下控制措施：

(1) 按照规定时间间隔或在使用前进行校准和检定，校准和检定的标准应能溯源到国际或国家标准。

校准是组织为确保量值准确的活动，可以由自己、也可以委托外部组织完成，是确定测量示值与被测量的已知值之间关系的技术操作；检定是我国计量法规定的法定验证行为，由计量部门或其授权组织依法规要求进行，是确定或证实测量设备满足检定规程要求的活动。

无论是校准还是检定，量值都应能溯源到国际或国家标准。当不存在上述标准时，组织可以自行校准，但应制定自校规程和校准标准，对自我实施的校准过程要保留相关记录。

(2) 进行调整或必要时再调整。调整是使设备达到没有偏差处于正常使用的工作状态的操作。如衡器装置在使用前的归零、机械仪表的漂移调整等。调整可以在校准或检定时进行，也可以在使用前或其他组织认为必要的情况下进行。

(3) 标识校准状态。校准状态有合格(在校准有效期内)、不合格(未校准或超期)，还可以有停用、封存等状态。标识的方法可以是检定证书、校准标签、测量设备台账或校准记录的信息、各种颜色的标志等。

(4) 防止可能使测量结果失效的调整。控制措施可以是由经培训、有资格的人员操作，严格按规范实施，采用适宜的保护措施、防止误操作等。

(5) 在搬运、维护和贮存期间防止损坏或失效。

7. 测量设备出现不符合要求情况时要及时采取适当措施，如维修、保养、调整、校准等，以消除装置的不合格。同时需对该装置以往已经完成的测量结果的有效性进行评定或评估，如果发现无效，则要对有影响的产品采取相应措施挽回影响，避免和减少给顾客带来的损失。

8. 计算机软件用于监视和测量任务时，要对软件能否满足规定的监测任务的能力进行评估确认。确认应在初次使用前进行，必要时予以重新确认。确认的典型活动，含软件的验证和配置管理。软件的验证可包括评审、演示和测试。软件配置管理是标识、组织和控制修改软件的技术，使软件在其生命周期中的完整性、一致性和可追溯性得到保证，使各有关人员所见所用的都是有效版本。测试软件工具在使用前即应置于配置管理之下。需注意：此处的"确认"不同于 GB/T 19000—2008 标准术语和定义中的"确认"。

【2008 版标准的主要变化】

1. 英文原版标准 7.6 条款标题和第一段用"设备"取代了 2000 版标准的"装置"，这种表述更准确，且符合习惯。

2. 国家标准 7.6a)条款和第四段第二句在"检定"一词旁边均增加了"(验证)"，两者属于并列关系，这种表述与我国有关规定的表述保持协调。

3. 英文原版标准 7.6c)条款"具有标识，以确定其校准状态"的表述，较 2000 版标准"得到标识，以确定其校准状态"的表述，更清晰地表明对于测量设备，应具有其校准状态的标识，标识的方法由组织结合实际予以确定。

4. 国家标准 7.6 条款第五段"并在必要时予以重新确认"，较 2000 版标准的"必要时再确认"的表述更加明确。

5. 英文原版标准 7.6 条款的注释修改为"确认计算机软件满足预期用途能力的典型方法包括验证和保持其适用性的配置管理"，对确认计算机软件的满足预期用途能力的典型方法应包括的活动作出解释。

第八节　测量、分析和改进

一、总则

【标准条款】

8.1　总则

组织应策划并实施以下方面所需的监视、测量、分析和改进过程：

a)　证实产品要求的符合性；

b)　确保质量管理体系的符合性；

c)　持续改进质量管理体系的有效性。

这应包括对统计技术在内的适用方法及其应用程度的确定。

【目的和意图】

第8章明确了对质量管理体系、产品和过程的监视、测量、分析和改进的要求，要求组织应针对顾客满意(见8.2.1条款)，质量管理体系运行的符合性和有效性(见8.2.2条款)，过程的能力(见8.2.3条款)及产品的特性(见8.2.4条款)实施监视、测量、检查和评价，这些监视和测量提供的数据将依据8.4条款进行分析。8.3条款描述了当有不合格品时应采取的措施。8.2、8.3和8.4条款过程的输出可以为改进过程(见8.5条款)和管理评审(见5.6条款)提供输入。

监视、测量、分析和改进过程是PDCA循环中的C和A所描述的检查和处置过程，是在质量管理体系其他过程策划和实施的基础上实施的过程，其输入来自质量管理体系的所有过程，包括与管理活动、资源提供、产品实现和测量、分析、改进有关的过程。这是质量管理体系运行过程中非常重要的环节，其目的是为了证实组织提供的产品符合规定的要求，为了确保组织的质量管理体系符合要求，为了持续改进质量管理体系的有效性。

8.1条款是对第8章的总体要求，要求组织策划好监视、测量、分析和改进活动，并依据策划的安排实施监视、测量、分析和改进活动。

【理解与实施要点】

1. 8.1条款要求组织对监视、测量、分析和改进活动进行策划，目的是为了确保监视、测量、分析和改进活动的有效性。组织在建立质量管理体系之初就应对这些活动事先进行策划，策划越周密，实施效果就会越好。

2. 标准仅仅提出了监视、测量、分析和改进的要求，并没给出具体的监视和测量方法，因此，组织应该根据自身的实际情况和需要、产品和过程的性质和特点来确定具体的需要监视、测量、分析和改进的项目(如对过程监视的项目)、方法(如过程能力分析、检查、统计过程控制图、内部审核等)、频次、职责、权限和必要的记录等适当内容，并确定这些方法的应用程度。

3. 实施所需的监视、测量、分析和改进活动，可以采用适用的包括统计技术在内的方法。组织可以参阅GB/Z 19027—2005《GB/T 19001—2000的统计技术指南》，该指导性技术文件对与GB/T 19001条款的实施可能有关的定量数据的需求做了识别，并针对GB/T 19001每个条款已经识别的定量数据的需求列出了可能应用于这些条款的一个或多个统计技术方法(如描述性统计、过程能力分析、统计过程控制、抽样检验等)，它可以帮助组织评价这些统计技术的相关性和价值，决定选择何种统计技术，并确定将这些统计技术用于哪些过程。当然，除了该指导性技术文件中推荐的12种统计技术之外，还有很多统计技术方法，组织应结合自身产品、过程的性质、特点和实际情况选择适用的统计技术。

【2008 版标准的主要变化】

英文原版标准在 8.1a)条款的"产品"后面增加了"要求"一词，强调了监视、测量、分析和改进的重要关注点之一是产品与产品要求的符合性。

二、监视和测量

【标准条款】

8.2　监视和测量

8.2.1　顾客满意

作为对质量管理体系绩效的一种测量，组织应监视顾客关于组织是否满足其要求的感受的相关信息，并确定获取和利用这种信息的方法。

注：监视顾客感受可以包括从诸如顾客满意度调查、来自顾客的关于交付产品质量方面数据、用户意见调查、流失业务分析、顾客赞扬、索赔和经销商报告之类的来源获得输入。

【目的和意图】

8.2 条款主要要求组织实施四个方面的监视和测量活动，即对顾客满意的信息的监视和测量(见 8.2.1 条款)、对质量管理体系的内部审核(见 8.2.2 条款)、对过程的监视和测量(见 8.2.3 条款)、对产品特性的监视和测量(见 8.2.4 条款)，其目的是通过这些监视和测量，为其后的数据分析、纠正、纠正措施和预防措施提供输入信息，进而采取适宜的措施，以便实现对质量管理体系和过程的持续改进。

8.2.1 条款要求组织应监视顾客满意的信息，了解顾客满意状况如何。这是非常重要的一个条款，组织建立、实施和持续改进质量管理体系的一个重要目标就是增强顾客满意，顾客满意的信息是评价组织质量管理体系绩效的一个重要方面。

【理解与实施要点】

1. 监视和测量活动是 PDCA 循环中承上启下的过程，通过监视和测量活动，可以了解质量管理体系各个过程和活动的实施情况及其有效性，监视和测量的结果也为改进提供输入。正确理解监视和测量的含义及其方法对监视和测量活动的有效实施及随后的改进活动十分重要。

(1) 测量是指"通过与标准单位或已知大小的对象比较，以确定某物的大小、数量或程度"(见附录十一"ISO 9000 介绍及支持文件包：ISO 9001 与 ISO 9004 术语使用指南")。通过测量活动，通常可以获得具体的数值或量值，在一个组织的质量管理体系中有很多过程是需要测量的，如在生产过程中测量加工后的零件的尺寸、对过程能力进行分析等。

(2) 监视是指"在一定时期内观察并检查；定期保持对监视对象的密切观察"(见附录十一"ISO 9000 介绍及支持文件包：ISO 9001 与 ISO 9004 术语使用指南")。通过监

视活动(使用监视装置)可以使对象处于检查、监视和控制之下。同样,在一个组织的质量管理体系中也有很多过程是需要进行监视的,如监视顾客满意的信息、统计过程控制图等。

2. GB/T 19000 标准中"顾客满意"的定义是:"顾客对其要求已被满足程度的感受",由定义可见"顾客满意"描述的是一种程度,是顾客的亲身体验和感受,组织不能去推测和估计。顾客满意的程度基于顾客对组织提供的产品的要求和期望,其要求被满足的程度越高,则顾客的感受会越好,满意程度也就越高。然而,组织的顾客往往不只是一种类型,不同的顾客,其要求和期望是不同的,因此对产品和服务,特别是对服务的感受也会因人而异,组织有可能满足了一个顾客群体的需要,而没有满足另一个群体。如在餐饮业,同样的川菜,很多人会认为很好吃,而一些人则会认为不对口味。

需要理解的是,顾客没有抱怨或者投诉并不代表顾客满意,有时即使产品质量很好,顾客也不一定满意,顾客可能对产品满意,但对送货服务不满意。如果组织希望持续地改进质量管理体系的有效性,就需要持续地监视各类顾客对组织提供产品和服务的满意程度,研究如何满足各类顾客的需求,以不断增强顾客满意。

3. 对组织的顾客来说,重要的是质量管理体系输出的结果。如果一个组织声称符合 GB/T 19001 标准,则对顾客意味着这个组织应当具有能够持续稳定地提供符合顾客要求和适用的法律法规要求的产品的能力,因此,顾客满意是测量质量管理体系绩效的重要指标之一,是体现组织所建立的质量管理体系有效性的重要方面,也是管理评审的一个重要输入。

4. 获取顾客满意信息的渠道和方法

监视顾客满意的信息需要建立获取的渠道并使用适宜的方法。

(1) 获取顾客满意信息的渠道

可以来自组织的外部,也可以来自组织内部不同的部门,如:

① 来自顾客或媒体反馈的信息;

② 来自竞争对手的信息;

③ 来自经销商的报告;

④ 由外部专业机构做的调查统计;

⑤ 来自组织内销售或售后服务部门反馈的信息;

⑥ 来自质检部门关于产品合格率的信息等。

(2) 收集信息的方法

可以是书面的,也可以是口头的,有很多方法可以帮助组织获取顾客对组织的看法的信息,如:

① 对与顾客有接触的雇员进行内部询问;

② 发放书面顾客满意度调查表、用户意见调查表;

③ 回访、电话询问调查、召开顾客座谈会等。

2008版标准还特别增加了注释,列举了一些获得顾客满意信息的来源,“顾客满意度调查、来自顾客的关于交付产品质量方面的数据、用户意见调查、流失业务分析、顾客赞扬、索赔和经销商报告”等。这些来源为组织更好地选择获取顾客满意信息的渠道和方法提供了思路,可以帮助组织更有效地获取顾客满意的信息。例如,如果一个组织的业务流失情况严重,或发生了很多担保索赔的情况,无疑从一个侧面反映出顾客满意度呈下降趋势,这方面的信息可以帮助组织从一个侧面了解顾客满意的情况,而对来自顾客赞扬、经销商的报告和用户意见调查表的信息的分析同样可以帮助组织了解顾客的满意程度。

5. 获取顾客满意信息的内容

在获取顾客满意的信息、进行顾客满意度调查时应明确需要获取哪些信息,应仔细选择需要提出的问题和获取的信息,提出的问题应清晰明确,确保想要获取的信息真正对组织具有价值。顾客满意的信息可以涉及如下内容:

① 有关组织提供给顾客的产品特性方面的信息,如外观、包装、功能、性能等,使用的效果、可靠性和可维修性等;

② 顾客对组织有关过程及改进方面的看法、意见和建议;

③ 有关售后服务方面的信息,如送货的及时性,上门安装、维修和维护的实施情况,处理反馈的及时性和有效性等;

④ 组织的人员素质、态度、专业技术水平等方面的信息。

6. 理想的情况是对所有顾客的反馈信息都进行监视。然而,这通常是不可能的,组织需要考虑成本、时间的可行性等因素而有选择地获取信息。在获取信息时要根据顾客数量、类型和分布区域等因素,考虑对顾客信息样本的抽样策划,应保证一定的数量以确保获取的信息具有代表性。

7. 获取顾客满意的信息不是最终目的,这些信息只有被利用了才是有意义的,因此,组织不应仅是发发调查表,年底统计一下回收的调查表数量,而没有真正去认真分析顾客满意的信息、从中发现趋势进而采取有效的改进措施。组织应确定、选择适宜的方法对收集到的顾客满意信息进行分析,同时关注顾客的抱怨、投诉、建议和意见,在分析的基础上找出与顾客要求之间的差距,作为改进质量管理体系的依据,并在相关的活动和过程中采取适宜的改进措施,以提高满足顾客要求的程度,从而不断增强顾客的满意度。

【2008版标准的主要变化】

1. 英文原版标准增加了“注”,列举了可以获得顾客满意信息的七个方面的来源,以帮助组织更好地选择获取顾客满意信息的渠道和方法,更有效地获取顾客满意信息,为持续改进提供输入。

2. 如前所述,国家标准将“业绩”统一改成了“绩效”,目的之一是为了与GB/T 24001—2004标准保持一致。

【标准条款】

> 8.2.2　**内部审核**
>
> 组织应按策划的时间间隔进行内部审核，以确定质量管理体系是否：
>
> a)　符合策划的安排（见 7.1）、本标准的要求以及组织所确定的质量管理体系的要求；
>
> b)　得到有效实施与保持。
>
> 组织应策划审核方案，策划时应考虑拟审核的过程和区域的状况和重要性以及以往审核的结果。应规定审核的准则、范围、频次和方法。审核员的选择和审核的实施应确保审核过程的客观性和公正性。审核员不应审核自己的工作。
>
> 应编制形成文件的程序，以规定审核的策划、实施、形成记录以及报告结果的职责和要求。
>
> 应保持审核及其结果的记录（见 4.2.4）。
>
> 负责受审核区域的管理者应确保及时采取必要的纠正和纠正措施，以消除所发现的不合格及其原因。后续活动应包括对所采取措施的验证和验证结果的报告（见 8.5.2）。
>
> 注：作为指南，参见 GB/T 19011。

【目的和意图】

8.2.2 条款明确了对组织实施内部审核的要求，其目的是检查质量管理体系的实施效果是否达到了规定的要求，以及时发现问题并采取纠正措施持续改进质量管理体系的有效性。

【理解与实施要点】

1. 在 GB/T 19000 标准中“审核”的定义是：“为获得审核证据并对其进行客观的评价，以确定满足审核准则的程度所进行的系统的、独立的并形成文件的过程。”内部审核是组织内部的审核活动，是评价质量管理体系符合性和有效性的一个重要手段。通过对组织的质量方针、程序和相关要求的满足程度的评价，它能够识别质量管理体系的薄弱环节和潜在的改进机会，它也是对最高管理者的一个反馈机制，能够就体系是否符合 GB/T 19001—2008 标准的要求为最高管理者和其他利益相关方提供保证。最高管理者和管理者代表应重视内部审核过程，为内部审核的策划和实施提供必要的资源。

2. 内部审核的目的

(1) 通过内部审核来确定质量管理体系是否符合产品实现过程策划（见 7.1 条款）的安排、GB/T 19001 标准的要求和组织自己的质量管理体系的要求。

(2) 通过内部审核来确定质量管理体系是否得到有效的实施和保持。内部审核可以发现质量管理体系实施运行中存在的或潜在的不合格（不符合），并有针对性地采取相应的改进措施，以进一步提高质量管理体系的符合性和有效性。

但目前，很多组织并没有真正理解内部审核的目的和意图，没有有效地利用内部审核持续改进组织的质量管理体系，把内部审核当成一个任务，甚至是负担，实施内部审核不是基于组织自身的目的，不是为了持续改进，而是为了内部审核而内部审核，是做给认证机构看的，因此一些组织实施内部审核就是千篇一律的一年一次，走形式，没有任何收效，这种做法是非常不可取的。

3. 组织应对内部审核的时机、时间间隔及审核方案进行策划。

(1) GB/T 19000 标准中“审核方案”的定义是：“针对特定时间段所策划并具有特定目的的一组(一次或多次)审核。”审核方案包括策划、组织和实施审核的所有必要的活动。

由定义可见，审核方案包括了在一定的时间段内(如一年)，组织所有审核的策划、组织和实施活动，如考虑审核时间的安排、一定时间段内审核的频次、审核范围、审核的目的和重点、审核员的安排等，因此，审核方案实质上就是在特定的时间段内的审核活动及对审核活动的管理。审核方案的许多内容往往可能分散地体现在不同的文件和记录中，也可能会以一定的文件形式表述，如关于内部审核的年度工作计划。

(2) 要求组织对审核的时机和审核方案进行策划的意图是使内部审核重点关注那些重要的过程和区域。组织应根据质量管理体系实施运行的具体情况和运作的特点，对审核的时机、频次和审核方案进行策划，可以一年进行一次，也可以一年进行多次滚动式的内部审核。在策划时可以考虑下列因素：

① 有没有复杂的程序或过程需要特别关注?

② 质量管理体系的成熟程度如何?

③ 业务活动或操作方法(如手工操作或机械操作等)是否显示需要更加频繁的审核?

④ 是否有任何过程或区域以往曾经出现过问题，或发生的问题可能仍然存在，或可能有发生问题的潜在风险。

内部审核方案应当优先考虑产生缺陷或问题的风险较大、对质量管理体系的符合性和有效性影响大的过程和区域、以及以往审核中发现的容易出现问题或不合格的过程和区域，加大对这些区域的关注程度和审核力度，以帮助组织及时发现问题，及时采取措施解决问题，从而确保质量管理体系的符合性，持续改进质量管理体系的有效性。

(3) 需要指出的是，审核方案不同于审核计划。GB/T 19000 标准中“审核计划”的定义是：“对审核活动和安排的描述。”审核计划是对一次具体的审核活动进行策划后形成的结果之一，通常应形成文件；而审核方案不是一个单纯的文件，它是对一定的时间段内组织所要实施的所有审核的策划、实施活动。表 3-1 概括了审核计划和审核方案的区别。

表 3-1　审核计划和审核方案的区别

项　　目	审核计划	审 核 方 案
内容范围	一次具体审核的活动和安排	特定时间段内具有特定目的的一组审核(包括策划、组织和实施审核所必要的所有活动)
性质	描述一次审核活动和安排的文件	一组具有共同特点的审核活动及对审核活动的管理,包括审核计划的制定和实施、为实施审核提供资源所必要的所有活动和安排
编制/建立者	审核组长编制	审核方案的管理人员建立

4. 内部审核活动应保持客观和公正。

(1) 组织在选择内部审核的审核员时,需选择具有审核能力并与被审核的活动或过程无直接关系的人员,审核人员在实施审核时不能审核自己承担的工作,应独立于审核的工作或过程。但是这并不意味着,他们一定来自于不同的部门,对一些小型组织,部门少,人员少,很多情况下会一人身兼多职,实施审核时难免会审核自己所在的部门,只要不是审核自己的工作就可以。实施审核的人员也可以是组织外聘的人员。

(2) 在实施内部审核时,应以客观、真实的审核证据为基础,以确定的审核准则为准绳,作出准确的评价和判断,审核结论应客观地体现质量管理体系的实施运行情况和效果。

5. 组织应制定形成文件的内部审核程序,程序中应明确地规定策划审核、实施审核、报告审核结果以及保存记录方面的职责、要求和方法,通常组织会把相应的职责赋予某个部门,审核的方法和程序在 GB/T 19011 标准中有明确的规定,组织应结合自身的实际情况确定具体的实施审核的方法和模式。

6. 当内部审核显示有不符合审核准则的情况时,审核组通常会开具不符合报告,与该不符合有关的区域/部门的管理者应针对审核组指出的不符合项及时地进行纠正,同时分析产生不符合的原因,本着举一反三的原则采取相应的纠正措施,以消除不符合及其原因。

应该注意到,针对内部审核后所需采取的措施,2008 版标准明确了是"必要的纠正和纠正措施"。通常情况下组织针对内部审核发现的问题可能既要采取纠正又要采取纠正措施,但有些情况下也可能会有例外,如:有些不符合发生后已经无法纠正或者不宜先纠正,组织要做的可能应该是先分析原因,采取纠正措施,如汽车里"刹车片不足"的警示灯亮了,你没有先去看看是不是警示灯的传感器出了问题,就立即通过更换刹车片进行纠正,那么你可能不仅没解决问题,而且还会浪费时间和资源。

对采取措施的时间期限应作出规定,以敦促责任部门及时采取措施,确保纠正或纠正措施能及时付诸实施,以避免问题再次发生或使其发生的可能性降到最小。在这个过程中内部审核员可以提供帮助,提出改进建议。

7. 组织应对采取的纠正措施进行跟踪验证,确保纠正措施有效实施且达到防止同类不合格再发生的效果,并记录和报告验证的结果。

8. 内部审核与管理评审的对象都是质量管理体系,都是对质量管理体系的一种评价方法，但两者目的不同、方法也不同。管理评审是由最高管理者主持的活动，通常以会议的形式进行，其目的是为了评价质量管理体系的适宜性、充分性和有效性；而内部审核是由内部审核员用现场审核的方式实施的，其目的是评价质量管理体系运行的符合性和有效性。

9. 内部审核员的能力对内部审核的有效性十分重要，他们不仅应该了解本组织的生产、工艺或过程的运作特点，还应该熟知审核准则，掌握审核技巧，应通过培训和审核实践了解、掌握相关的知识和技能并提升审核能力。

【2008 版标准的主要变化】

1. 英文原版标准对“编制形成文件的程序”的相关要求，在语言顺序上做了调整，更易于理解。

2. 英文原版标准增加了“应保持审核及其结果的记录（见 4.2.4）”的内容。

3. 英文原版标准“负责受审核区域的管理者应确保及时采取必要的纠正和纠正措施”，在“措施”之前增加了“必要的纠正和纠正”，明确了是“必要的纠正和纠正措施”，更符合实际。

4. 国家标准将“跟踪活动”改为“后续活动”，以与 GB/T 19011 中的“后续活动”保持一致。

【标准条款】

8.2.3　过程的监视和测量

组织应采用适宜的方法对质量管理体系过程进行监视，并在适用时进行测量。这些方法应证实过程实现所策划的结果的能力。当未能达到所策划的结果时，应采取适当的纠正和纠正措施。

注：当确定适宜的方法时，建议组织根据每个过程对产品要求的符合性和质量管理体系有效性的影响，考虑监视和测量的类型与程度。

【目的和意图】

8.2.3 条款的意图是通过对质量管理体系过程的监视和测量，检查过程的能力是否满足组织对过程的要求，以实现对过程的改进。为了最终保证组织满足顾客的要求，增强顾客的满意度，组织的质量管理体系各个过程应具备实现策划结果的能力。

【理解与实施要点】

1. 过程监视和测量的对象是质量管理体系的所有过程，包括与管理活动、资源提供、产品实现和测量、分析、改进有关的过程，如生产和服务提供过程、采购过程、管理评审过程、内部审核过程和培训过程等，不应简单地把它理解为仅是对生产和服务提供过程的监视和测量。

2. 质量管理体系的每一个过程都直接或间接地影响产品的符合性，过程监视和测量的目的就是要证实这些过程是否具有实现预期结果的能力，以确保产品满足要求，也就是说，过程监视和测量的着重点是过程的能力，最终的目的是持续改进过程能力。过程能力体现的是综合能力，往往会涉及与过程相关的人、机、料、法、环、测等因素。

3. 不同组织的过程不同，不同过程要达到的过程能力及其预期的结果也不尽相同，所以，在2008版标准中特别增加了注释部分，提示组织在确定监视和测量的方法时要进行风险分析，要根据每一过程时对产品的最终结果的影响程度及对质量管理体系运行有效性的影响程度，充分考虑适用于每个过程的监视和测量的方法、类型和程度。不同的监视和测量方法以及这些方法的应用程度，对产品的最终结果的影响及对质量管理体系有效性的影响是不同的，组织应根据其过程的特点和重要程度，确定具体的监视和测量方法、内容、频次和判定准则，并采用适宜的方法对过程进行监视和(或)测量，评价这些过程的能力。一般来说，可以对所有的质量管理体系过程进行监视，但并非质量管理体系的所有过程都是可测量的，因此标准特别指出应“对质量管理体系过程进行监视，并在适用时进行测量”。监视和测量的概念在8.2条款的“理解与实施要点”中已进行了介绍，在此不赘述。

(1) 监视

如前所述，在质量管理体系运行过程中，很多过程，特别是管理过程需要进行监视。过程不同，监视的方法也不同，调查、绩效考评、监督、评审、检查等都是常用的监视方法。在各行业包括服务业有很多监视的实例，如：高速公路的质控部门用摄像头监视检查各收费口员工的收费过程是否符合规定的要求；宾馆的主管抽查服务人员的到岗情况；工厂的部门主管检查所辖部门的文件管理情况或标识情况等。

通常，组织会采用工艺纪律检查的方法对生产过程进行监视，这类工艺纪律检查可由生产过程的所有者自行进行，也可由对应的归口管理部门进行，内容可能涉及生产过程中的人员能力、人员操作、设备状况、工艺参数、操作环境、工艺文件、产品检测等，通过检查综合评价生产过程的能力；一些组织也会采用统计过程控制(SPC)图监视过程的变化，评价过程的稳定性，需要时，可对过程进行调整，保持过程的稳定性和对过程加以改进。

(2) 测量

同样，在质量管理体系运行过程中，也有很多过程是需要测量的，通过测量活动，通常可以获得具体的数值或量值。如：对最终产品的特性进行检验、对过程进行过程能力分析、通过监视顾客满意的信息对质量管理体系绩效进行测量以及其他的统计技术等都是测量的有效方法。

通常，在过程相对稳定受控的情况下，可以通过计算过程能力指数 C_P 和实际过程能力指数 C_{PK} 对过程能力进行测量，评价过程综合能力。根据计算值，对过程采取必要的措施；根据计算值，也可以了解不合格品率。

4. 对监视和测量方法的规定可以是书面的，也可以是口头的，可以在程序、作业指导书中规定，也可以在图表、规范中体现。

5. 组织在进行质量管理体系各个过程的策划时(见 5.4 条款和 7.1 条款),都明确了输入、输出、活动及相关资源,也会规定相应的过程目标,可以通过对过程输出的结果达到目标的程度的监视和测量来评价过程的能力。例如,监视参加完培训的人员的工作表现,以评价培训过程的能力,证实其有效性。

6. 如果在对过程进行监视和(或)测量的过程中,发现过程能力明显不足,影响其达到所策划的结果(或过程不具备达到所策划结果的能力),组织应采取适当的纠正和纠正措施,以改进和提高过程能力。

7. 需要提示的是,7.5.1e)、8.2.3 和 8.2.4 等条款都是对监视和测量的要求,存在相互关系,但又有所不同。8.2.3 条款是对质量管理体系全过程的监视和测量,7.5.1e)条款是对生产和服务提供过程的监视和测量,8.2.4 条款是对产品特性的监视和测量。8.2.3 条款的范围比 7.5.1e)条款的范围要广,但他们又和 8.2.4 条款监视和测量的对象不同。另外,每个条款要求的监视和测量的目的不同,7.5.1e)条款的目的是识别生产和服务过程出现的对要求的偏离或偏差,以便及时采取措施保证过程受控,得到合格产品;而 8.2.3 条款要求的监视和测量则是评价这些过程的能力(包括生产和服务提供过程),必要时采取措施提高过程的能力,目的是保持和改进过程能力;8.2.4 条款的目的是判定产品合格与否,以确定产品是否可以被接受或放行。

对于服务类型的产品,8.2.4 条款的监视和测量的对象是服务提供过程,因此,8.2.4 条款也和 7.5.1e)条款及 8.2.3 条款密切相关。所不同的是,8.2.4 条款的目的是检查服务质量,以确定能否交付服务;而 7.5.1e)条款的目的是识别服务过程出现的对要求的偏离或偏差,以便及时采取措施保证过程受控;8.2.3 条款的要求是评价所有质量管理体系过程(包括服务提供过程)的能力,必要时采取措施提高过程的能力,目的是保持和改进服务过程的能力。

【2008 版标准的主要变化】

1. 英文原版标准在"当未能达到所策划的结果时,应采取适当的纠正和纠正措施"的后面,取消了 2000 版中的"以确保产品的符合性",明确了纠正和纠正措施的目的不仅仅是为了确保产品的符合性。

2. 英文原版标准增加了"注",建议组织根据每个过程对产品要求符合性和质量管理体系有效性的影响程度,选择不同的、适宜的方法。

【标准条款】

8.2.4 产品的监视和测量

组织应对产品的特性进行监视和测量,以验证产品要求已得到满足。这种监视和测量应依据所策划的安排(见 7.1)在产品实现过程的适当阶段进行。应保持符合接收准则的证据。

记录应指明有权放行产品以交付给顾客的人员(见 4.2.4)。

除非得到有关授权人员的批准,适用时得到顾客的批准,否则在策划的安排(见 7.1)已圆满完成之前,不应向顾客放行产品和交付服务。

【目的和意图】

8.2.4 条款要求组织应对产品的特性进行监视和测量，以验证产品是否已符合产品要求。

【理解与实施要点】

1. 本条款规定的监视和测量的对象是产品的特性，不仅针对最终产品的特性，也包括采购产品和产品实现过程中形成的中间产品的特性。目的是验证产品特性是否满足产品要求。

2. 不同的产品，其特性不尽相同，所需实施的监视和测量也不尽相同，组织应针对产品的特点，对监视和测量的要求以及如何实施进行策划。这些策划活动通常在对产品实现过程进行策划时就已经进行了（见 7.1 条款），并通过 8.2.4 条款的要求予以实施。策划时可以考虑以下几个方面：

（1）何时何地需要对哪些产品的哪些特性进行监视和测量，即监视和测量的时机。在制造业，典型的时机包括进货检验、过程检验和最终检验；而在服务业，其监视和测量很难明显地区分出进货检验、过程检验和最终检验阶段，而是针对不同的服务阶段实施监视和测量。如饭店，其实施的监视和测量活动的时机、内容及实施监视和测量的人员都会和制造业有很大差别，对其所购买的用于制作菜肴的原材料和配料要进行检验和检查；在食品加工和准备阶段也要进行监视和测量，此时的对象和范围不仅包括食物的质量，还包括干净程度和卫生情况；在把饭菜端给顾客之前，还要检查一下饭菜以确保端给顾客的是顾客所点的；饭菜的制作和上菜的方式也要符合饭店的标准等。这些检查可以由厨师完成，也可以由服务员完成。

（2）产品实现的每个阶段进行监视和测量的依据是什么，即产品的接收准则。不同的组织、不同的产品，接受准则是不同的，可以是产品标准（包括国际标准、国家标准、行业标准和企业标准等）、验收细则、检验规程、顾客在合同中的要求等。在服务业，对服务过程的要求也可以是接受准则，如服务规范、规则、规章、制度等。

（3）实施监视和测量活动的人的能力要求。负责实施产品的监视和测量的人应具备必要的能力，他们可能需要接受必要的培训或曾经有过这方面的工作经验，并且得到了组织的授权。

（4）用什么方法进行监视和测量（如监视和测量的技术、方法和抽检方案等）。

（5）由哪个部门或哪些人员实施产品的监视和测量。

（6）谁有权力决定工作的完成，并且决定产品或服务可以放行或交付给顾客，他们应该得到组织的授权以具备这样的权限。

（7）监视和测量要形成什么证据（如检验或验证记录等）。

3. GB/T 19001 标准使用的监视和测量是一个广义的概念，既包括了制造业常见的检验和试验活动，也包括了其他行业（如服务业）实施的检查、验证、确认和监视活动等。以下是一些监视和测量的例子：

（1）测量产品实物尺寸；

（2）校对出版物；

（3）进行化学分析；

（4）查看事物以确定他们是否是所要求的事物。

验证也是一项监视和测量活动。在一些行业，如图书出版业，视觉验证可能也是实施监视和测量的形式。

4. 在对产品特性进行监视和测量时，组织应依据产品的接收准则来判断产品是否合格，并应保存相应的证据（如检验记录等），以证实产品是否符合规定的产品要求。这些记录应清楚地指明有权决定将产品放行给顾客的人员（如该产品的检验员等），这些人员应对其做出的监视和测量结果的真实性和可靠性承担责任。

5. 如果由于某些原因，在 7.1 条款所策划安排的某些监视和测量活动或过程没有圆满完成之前就需要向顾客放行或交付产品时，应经过组织内有关授权人员的批准；在合同或口头约定的情况下，或只有顾客同意才能提前放行或交付的情况下，这种放行或交付还需要得顾客的批准，以确保这种放行或交付不会影响最终产品和交付的服务质量。例如，设计院应顾客要求，在全部工程设计未完成前，经授权人员批准，提前将工程基础图纸交付给顾客；采购进来的零部件需要马上安装，来不及进行检验，此时不仅要得到授权人的批准，可能也需要得到顾客的批准；宾馆的顾客在房间休息时，正是规定的服务员打扫房间的时候，此时若顾客同意，服务员也可以不打扫房间，但是，这种情况也需要得到授权人确认批准。

但有些行业是不允许这样做的，如建筑业对水泥和钢材是不允许做这样的放行的，因为一旦不进行检验就放行，若之后水泥或钢材的质量出现问题，将无法追回，会对后续的过程和产品质量带来巨大影响，造成严重后果。需要注意的是，即使有授权人批准，必要时也得到了顾客的批准，但是这种放行也不应违反法律法规的要求。

6. 对通过监视和测量发现的产品和服务不合格，可根据 8.3 条款中的要求予以控制和处置。当某些不合格品或不合格服务反复发生，或性质严重时应考虑依据 8.5.2 条款的要求采取纠正措施。

【2008 版标准的主要变化】

1. 英文原版标准第二段中增加了“交付给顾客”的内容，强调了在产品或服务最终交付给顾客的阶段，对其特性的监视和测量的记录（如成品检验记录）必须由授权人签字，因为在这个阶段涉及组织的法律责任。

2. 英文原版标准最后一段中增加了“向顾客放行”的内容，强调了若没有得到授权人批准或顾客的批准，是不能向顾客例外放行的，这里也涉及组织的法律责任。

三、不合格品控制

【标准条款】

8.3　不合格品控制

组织应确保不符合产品要求的产品得到识别和控制，以防止其非预期的使用或交付。应编制形成文件的程序，以规定不合格品控制以及不合格品处置的有关职责和权限。

适用时，组织应通过下列一种或几种途径处置不合格品：

a）采取措施，消除发现的不合格；

b）经有关授权人员批准，适用时经顾客批准，让步使用、放行或接收不合格品；

c）采取措施，防止其原预期的使用或应用；

d）当在交付或开始使用后发现产品不合格时，组织应采取与不合格的影响或潜在影响的程度相适应的措施。

在不合格品得到纠正之后应对其再次进行验证，以证实符合要求。

应保持不合格的性质的记录以及随后所采取的任何措施的记录，包括所批准的让步的记录（见4.2.4）。

【目的和意图】

8.3条款的意图是针对识别出的产品或服务中的不合格实施控制和处置，防止他们不正确地被使用和交付，并对其及时采取措施，以降低影响，增强顾客满意。

【理解与实施要点】

1. 首先需要明确的是，本条款的对象是产品实现全过程中的不合格产品，包括在采购的产品、过程中的产品和最终提供给顾客的产品中识别出来的不合格品，也包括服务行业的不合格服务。

2. 为防止不合格品的非预期使用或交付，组织应确保对不符合产品要求的产品加以识别、控制和处置，如隔离、标识等以防误用，之后还要及时根据不合格的性质采取适宜的措施予以处置，以减少损失，降低影响。

为确保对不合格品进行有效的控制，并及时采取措施予以处置，标准要求组织应制定对不合格品进行控制的形成文件的程序，程序中应规定对不合格品进行控制和处置的职责、权限、控制要求和方法等内容。

3. 由于不合格品的性质和影响程度不同，对不合格品的处置可采取多种方法，组织可以根据不同的情况，对不合格品进行适当的处置。为此，标准在提出对不合格进行处置的要求时，特别增加了"适用时"一词，意在强调组织在对不合格处置时一定要结合实际，选择适宜的方法。对不合格品处置的方法可包括：

（1）采取措施，消除发现的不合格。此种处置不合格的措施是指组织针对不合格品采取适当措施后，可以消除其不合格而使其满足规定要求成为合格品。如返工，在

GB/T 19000 标准中“返工”的定义是:“为使不合格产品符合要求而对其采取的措施”,即重新加工产品使其符合要求,返工的目的是使不合格品成为合格品,但返工后的结果并不一定达到预期的目的。

(2) 让步使用、放行或接收不合格品。在 GB/T 19000 标准中“让步”的定义是:“对使用或放行不符合规定要求的产品的许可”,并在注释中明确了,让步通常仅限于在商定的时间或数量内,对含有不合格特性的产品的交付。

由定义不难理解,它针对的对象是那些虽然不合格但是可以使用、放行或接收的产品和服务。但是这种处置措施在实施前必须经过组织内有关授权人员的批准。在合同或口头约定的情况下,还需要经过顾客的批准,即与顾客协商,使顾客同意放行或接受虽然不合格但是可以使用的产品。

需要注意的是,并非所有的不合格品都可以让步。通常,组织需要对什么情况下、什么样的不合格品可以让步作出明确规定,并严格遵守执行有关让步批准的规定。对不合格品的让步也不能违反适用的法律法规的规定。例如,锅炉压力容器的耐压强度不合格时是不允许让步使用或放行的,因为这可能会导致人身和财产的安全问题。

(3) 采取措施,防止原预期使用或应用。对出现了不合格而不能按原来预期的要求使用或应用的产品,应采用适宜的方法予以处置。防止不合格品按原来预期的要求使用或应用的方法多种多样,如对不合格品的降级使用、把产品改作他用、拒收、报废产品、返修、和顾客协商、使顾客接受修理后的产品等。

在 GB/T 19000 标准中“返修”的定义是:“为使不合格产品满足预期用途而对其采取的措施”。返修包括对以前是合格的产品,为重新使用所采取的修复措施,如作为维修的一部分,返修与返工不同,返修可影响或改变不合格产品的某些部分,返修后通常还是不合格品,但可以使用。

在 GB/T 19000 标准中“报废”的定义是:“为避免不合格产品原有的预期用途而对其所采取的措施”。回收、销毁均属此范畴。在服务行业,对不合格服务的情况,可以通过终止服务来避免其使用。

在 GB/T 19000 标准中“降级”的定义是:“为使不合格产品符合不同于原有的要求而对其等级的变更”。

(4) 交付后不合格品的处置。通常情况下,组织应将不合格品控制在交付或使用之前。但是,有些不合格品是在交付给顾客之后或在产品投入使用后才被发现,如房屋的渗漏,粉刷的涂料在使用了一段时间后脱落等。在这种情况下,组织应根据不合格品已造成的影响或可能会造成的影响程度,采取适当的处置措施来控制不合格品。例如,对于影响或潜在影响较小的不合格品,可以采用更换、维修等措施;对于影响或潜在影响较大的不合格品,可以采用退还、赔偿和召回等措施。

4. 对不合格品采取适当的处置措施后,组织应对其再次进行验证,以证实其是否符合规定的要求或使用要求。因为采取措施后,不合格的产品不一定就变成了合格

品或可以使用，某些时候，采取的措施不当，结果可能反而更糟糕。例如，对加工后直径超差的零件进行返工，重新加工后，直径可能反而比标准要求小了很多，不仅没有达到预期的目的，且甚至无法补救，只能报废，对此如不验证就予以放行或使用，必将造成严重后果。

5. 对不合格品的性质和处置应保留记录，包括批准让步使用、放行或接收不合格品的记录。这里所谓的“性质”是指不合格的特性、特征和类型，当然也可以包括不合格的严重程度。

6. 一些顾客可能会要求通知他们任何不合格产品或服务，并审批要采取的措施。此时，在检测到不合格产品或服务后有必要通知顾客，包括告知所采取的措施的信息。

【2008 版标准的主要变化】

1. 英文原版标准对形成文件的程序的要求在语言顺序上做了调整，意思更加明确。

2. 英文原版标准在提出对不合格品进行处置的要求时，增加了“适用时”的要求，其目的是使组织在选择和规定对不合格品的处置措施时应切合实际，根据组织自身所具有的不合格品的类型、特点和性质选择和使用适宜的措施进行处置。

3. 英文原版标准将 2000 版中的最后一段改成 d)条款，强调这也是对不合格品采取的一种处置措施。

四、数据分析

【标准条款】

8.4 数据分析

组织应确定、收集和分析适当的数据，以证实质量管理体系的适宜性和有效性，并评价在何处可以持续改进质量管理体系的有效性。这应包括来自监视和测量的结果以及其他有关来源的数据。

数据分析应提供有关以下方面的信息：

a) 顾客满意(见 8.2.1)；

b) 与产品要求的符合性(见 8.2.4)；

c) 过程和产品的特性及趋势，包括采取预防措施的机会(见 8.2.3 和 8.2.4)；

d) 供方(见 7.4)。

【目的和意图】

8.4 条款的意图是通过数据分析，评价质量管理体系的现状，分析质量管理体系是否适宜，运行效果是否有效，进而发现趋势，寻找评价持续改进质量管理体系有效性的机会和需求。

【理解与实施要点】

1. 依据附录十一“ISO 9000 介绍及支持文件包：ISO 9001 与 ISO 9004 术语使用指南”，“数据”的含义是：“事实及（或）统计数据，用于参考或分析；基于事实的信息。”“分析”的含义是：“详细了解某个事物的要素或结构的内容以及它们之间的关系。”数据不是狭义的数字的概念，也包括信息、文字或文件，如关于年度的顾客反馈的汇总信息；对数据的分析也不仅仅指对数字的统计分析，也包括对文件、信息的总结、分析，如对顾客满意的信息的汇总分析报告。

2. 数据分析是改进质量管理体系、过程、产品和服务的一项非常重要和必要的活动，是“基于事实的决策方法”原则的具体体现。为证实质量管理体系的适宜性和有效性，评价持续改进质量管理体系有效性的机会和需求，组织应确定需要收集的与产品、过程和质量管理体系有关的数据和信息（包括监视和测量结果方面的数据）。

3. 组织应使用适宜的方式和渠道收集所需的数据和信息，“8.2 监视和测量”过程的输出可以为数据分析提供输入信息。来自质量管理体系其他各个过程的信息都可以是数据分析的来源，如对供方的控制情况。下面是一些可能需要记录和分析的数据和信息：

（1）顾客满意和顾客投诉；

（2）与产品质量有关的信息，如产品不合格信息、不合格率；

（3）与组织运行能力有关的信息，如对过程运行监视和测量的信息和记录；

（4）内部审核和管理评审的输出；

（5）培训有效性的评价；

（6）过程工作情况偏差；

（7）返工率；

（8）错过的交货日期；

（9）供方的情况。

4. 通过监视和测量活动会收集到很多的数据和信息，如果不对数据和信息进行评价、分析并转化为有用的输出，数据和信息收集本身是没有意义的。分析这些数据和信息可以找出趋势所在，发现的任何趋势都可能意味着质量管理体系存在问题或存在需要改进的地方。标准要求数据分析的输出应提供以下方面的信息：

（1）顾客满意。即顾客对组织提供的产品或服务的满意程度的汇总分析。对于顾客满意的分析可以帮助组织了解质量管理体系的绩效。

（2）与产品要求的符合性。即组织提供的产品与所确定的产品要求的符合情况，如产品的合格率等，它可以帮助组织发现生产过程中存在的问题和不足。

（3）过程和产品的特性和趋势，包括采取预防措施的机会。即质量管理体系过程和产品的特性方面的实际状况及其变化趋势情况。这种变化趋势方面的数据，可以帮助组织识别过程和产品特性中的潜在不合格，为组织提供采取预防措施的机会，从而避

免不良趋势的进一步发展。

(4) 供方。即与供方业绩有关的信息(可以包括供方提供的产品质量的信息、外包过程质量的信息、供方保持其按要求提供产品的能力的信息等),这些信息可作为组织调整、改进、增进与供方互利合作关系的依据,并帮助组织对供方实施更有效的控制。

5. 数据分析的结果和输出是改进过程的重要输入,这些结果可用于:

(1) 管理评审的输入(见 5.6 条款);

(2) 纠正措施(见 8.5.2 条款)和预防措施过程的输入(见 8.5.3 条款);

(3) 评定顾客满意的输入(见 8.2.1 条款);

(4) 符合顾客要求的证据。

6. 统计技术是数据分析过程中的有用工具,对其进行有效运用可以帮助组织提高解决问题的效率和有效性,更好地利用可获得的数据进行分析和决策。

7. 需要说明的是,标准虽然确定了 a)、b)、c)、d)四个需要进行分析的方面,但是数据分析可以应用到任何可为组织提供有用信息的领域。

【2008 版标准的主要变化】

英文原版标准将 2000 版 b)条款后的“(见 7.2.1)”改为“(见 8.2.4)”;在 c)条款的后面增加了“(见 8.2.3 和 8.2.4)”;在 d)条款的后面增加了“(见 7.4)”。进一步明确了数据分析的输入主要来自“8.2 监视和测量”的输出,以及来自对供方控制情况的输出。

五、改进

【标准条款】

8.5 改进

8.5.1 持续改进

组织应利用质量方针、质量目标、审核结果、数据分析、纠正措施和预防措施以及管理评审,持续改进质量管理体系的有效性。

【目的和意图】

8.5 条款明确了对质量管理体系实施改进的要求,是“持续改进”原则的具体体现,对整个质量管理体系而言,它也是 PDCA 循环中 A 的过程,当然 8.5 条款本身也是一个过程,并具有相应的子过程,每个过程也都包含 PDCA 循环。

8.5.1 条款是对改进的总体要求,要求组织不断地寻求对质量管理体系过程进行改进的机会,持续改进质量管理体系的有效性,以实现所设定的质量方针和质量目标。

【理解与实施要点】

1. GB/T 19000 标准中“持续改进”的定义是：“增强满足要求的能力的循环活动”。这是组织一个永恒的主题，组织应以顾客为关注焦点，而顾客的要求是不断变化的，所以一个组织要想持续地满足顾客的要求、不断地增强顾客满意的程度，就必须开展持续改进活动。这可以帮助组织持续地增强能力，提高效率，降低成本，更好地满足顾客要求，增强顾客满意度。

2. 组织应不断地寻求改进的机会，持续改进质量管理体系的有效性的措施可以是日常渐进的改进活动，如质量控制(QC)小组的活动；也可以是重大的改进活动，如年度的大规模技改项目。改进的动力源自于最高管理层设立的目标。持续改进既可以涉及产品、过程和体系的改进，也可以涉及内部效率和效益的改进，如政府部门在工作效率上的改进和提高。

3. 持续改进是一个反复采取措施、实施所策划的解决方案的过程，在 GB/T 19000—2008 标准中的质量管理体系基础“2.9 持续改进”，明确了持续改进的基本活动、步骤和方法，包括：

(1) 分析和评价现状，以识别改进区域；

(2) 确定改进目标；

(3) 寻找可能的解决办法，以实现这些目标；

(4) 评价这些解决办法并作出选择；

(5) 实施选定的解决办法；

(6) 测量、验证、分析和评价实施的结果，以确定这些目标已经实现；

(7) 正式采纳更改。

持续改进本身也是一个过程，实施这些过程，组织需要建立一个有效的改进机制，包括指定一个责任部门负责改进的策划、实施和控制，规定相应的改进过程、程序和要求，建立激励改进的机制，营造一个全员参与、主动实施改进的氛围和环境，以确保改进过程的有效实施和运行，并真正为组织带来改进的绩效。

4. 持续改进可以考虑如下活动：

(1) 通过质量方针和目标的制定、建立、实施和考核，营造一个激励改进的机制；

(2) 通过数据分析发现产品、过程的趋势和不足，评价顾客不满意的信息；

(3) 通过内部审核不断发现质量管理体系运行的薄弱环节，并及时采取有效的措施；

(4) 通过实施纠正措施和预防措施，实施改进；

(5) 通过管理评审评价质量管理体系的适宜性、充分性和有效性，并采取改进措施。

【2008 版标准的主要变化】

国家标准将 2000 版中的“纠正和预防措施”改为“纠正措施和预防措施”，含义更加

明确，以避免引起歧义。

【标准条款】

> 8.5.2 **纠正措施**
>
> 组织应采取措施，以消除不合格的原因，防止不合格的再发生。纠正措施应与所遇到不合格的影响程度相适应。
>
> 应编制形成文件的程序，以规定以下方面的要求：
>
> a) 评审不合格(包括顾客抱怨)；
>
> b) 确定不合格的原因；
>
> c) 评价确保不合格不再发生的措施的需求；
>
> d) 确定和实施所需的措施；
>
> e) 记录所采取措施的结果(见 4.2.4)；
>
> f) 评审所采取的纠正措施的有效性。

【目的和意图】

纠正措施是持续改进质量管理体系的一项重要活动和手段。其意图是纠正产生问题的原因，防止再发生。

【理解与实施要点】

1. 在 GB/T 19000 标准中"纠正措施"的定义是："为消除已发现的不合格或其他不期望情况的原因所采取的措施"。"纠正"的定义是："为消除已发现的不合格所采取的措施"。由此可见纠正措施不同于纠正，纠正是针对不合格本身所采取的处置措施(如对不合格品的返工等)，但该类不合格今后可能还会再发生。而纠正措施则是为消除导致不合格的原因所采取的措施，通过纠正措施的实施，可以达到防止同类不合格再次发生的效果。两种措施最本质的区别在于原因，消除原因的措施是纠正措施，未涉及原因的措施只是纠正。例如，对不合格品进行返工是纠正，而经分析发现造成该不合格品的原因是设备精度不够了，则对设备进行维修以解决问题是纠正措施。

2. 纠正措施是一项重要的改进活动，本条款的对象包括不合格品和不合格项，若仅仅理解为针对的是不合格项是不正确的。当出现内部不合格(产品、服务、过程或质量管理体系的问题)或出现外部问题(顾客投诉或与供方之间的问题等)时，都可能需要采取纠正措施，因为这些问题可能会对组织造成负面影响。纠正措施就是要找出某一特定问题的原因，并采取必要措施以防止问题再发生。

3. 标准要求组织应制定形成文件的程序，以规定如何实施纠正措施。程序应包括以下方面的内容：

(1) 评审不合格(包括顾客抱怨)。组织应针对已发生的不合格(包括体系、过程和产品质量方面的不合格，特别应关注由不合格所引发的顾客抱怨)进行评审，以判断不合格的性质及其影响。

(2) 确定不合格的原因。针对不合格进行调查分析，以确定产生不合格的原因，这一步是非常重要的，不合格的产生可能是多方面原因造成的，如机制问题、资源问题、技术原因、过程能力或者是文件规定的充分性和适宜性等。组织应充分地分析查找导致不合格发生的原因，只有正确地分析出产生的原因，才能帮助组织对症下药，寻找有效的解决办法。

(3) 评价确保不合格不再发生的措施的需求。对于组织发现或识别出的不合格，组织都应采取相应的措施进行处置/纠正，但是并不一定需要对所有不合格都采取纠正措施。纠正措施一般是针对那些带有普遍性、规律性、重复性或造成重大影响和后果的不合格采取的措施，而对于偶然的、个别的或需要投入很大成本才能消除原因的不合格，组织应综合评价这些不合格对组织的影响程度后，再作出是否需要采取纠正措施的决定。例如，组织已最大限度地利用了现有资源将成品的合格率提高到99.7%，如果组织想将成品合格率提高到100%，即消除0.3%不合格品的原因，组织可能需要投入很大的资金来改善设备和工艺，这时组织就需要综合评价不合格对组织的影响、成本效益关系等因素后，再决定是否采取纠正措施或采取何种纠正措施。

(4) 确定和实施所需的措施。如果经过评价认为需要采取纠正措施时，组织应在考虑此不合格造成的影响程度的基础上，根据分析评价所找出来的原因，制定切实可行的、适宜的纠正措施，并实施所确定的纠正措施。采取的纠正措施可以涉及设备、工艺、过程、设计等方面的改进，也可以涉及质量手册、程序文件和任何其他相关的文件的修改。例如，某企业的某个工序不合格品率增高，分析原因是由于设备能力下降，则采取的纠正措施就可以是维修或更换设备；又如，发现某个检验记录有三项内容未填写，分析原因是记录表格设计不合理，则采取的纠正措施就可以是修改记录表格。

(5) 记录所采取措施的结果。组织应将实施纠正措施后的结果进行记录，以作为采取了纠正措施的证据。

(6) 评审所采取的纠正措施的有效性。组织针对已发生的不合格及其原因采取了纠正措施后，应对所采取的纠正措施的有效性进行评价，以验证所采取的纠正措施是否已将不合格的原因消除了，是否能够防止不合格的再发生。对纠正措施有效性的评审不应走形式，关注的重点是效果，如果采取纠正措施后达到了防止同类不合格再次发生的效果，则可以认为该纠正措施是有效的，否则，组织应考虑确定并实施更为有效的纠正措施。

(7) 为使顾客满意，组织应特别关注对顾客的投诉、抱怨等的处理，相关处理方式可参见GB/T 19012—2008《质量管理 顾客满意 组织处理投诉指南》(ISO 10002:2004,IDT)和ISO 10003:2007《质量管理 顾客满意 组织外部争议解决指南》。

纠正措施的步骤可以用图3-2概括表述。

4. 应充分考虑到，采取何种措施取决于问题的大小和给组织带来的风险，对已造成或可能造成较严重影响和后果的不合格，组织通常会采取力度较强的纠正措施。但是也不需要花一百万去解决一个十元的问题，应着力解决的是对顾客影响重大的问题。

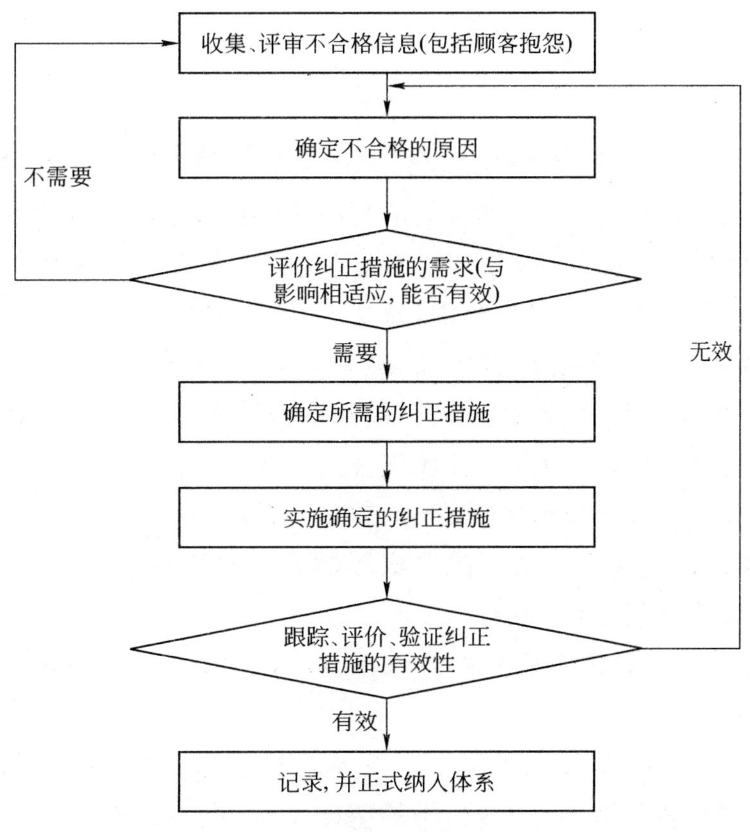

图 3-2　纠正措施实施流程

【2008 版标准的主要变化】

英文原版标准在 f)条款的后面增加了“有效性”的内容，进一步明确了对纠正措施进行评审的目的。

【标准条款】

8.5.3　**预防措施**

组织应确定措施，以消除潜在不合格的原因，防止不合格的发生。预防措施应与潜在问题的影响程度相适应。

应编制形成文件的程序，以规定以下方面的要求：

a)　确定潜在不合格及其原因；

b)　评价防止不合格发生的措施的需求；

c)　确定并实施所需的措施；

d)　记录所采取措施的结果(见 4.2.4)；

e)　评审所采取的预防措施的有效性。

【目的和意图】

预防措施是持续改进质量管理体系的一项重要活动和手段，其意图是预防潜在问题的发生。

【理解与实施要点】

1. 在 GB/T 19000 标准中“预防措施”的定义是：“为消除潜在不合格或其他潜在不期望情况的原因所采取的措施”。预防措施与纠正措施不同，预防措施是针对潜在不合格的原因所采取的措施，这时不合格还没有发生，但存在发生不合格的可能性。采取预防措施的目的是消除潜在不合格的原因，防止不合格的发生。

2. 预防措施是一项重要的改进活动，其目的是预防潜在问题的发生，一旦这些问题变成现实，会对组织的绩效、产品、过程、质量管理体系或顾客满意造成更严重的负面影响，因此组织对预防措施的信息及其实施应充分重视。

3. 同样，在考虑采取预防措施时，也要考虑问题的大小和给组织带来的风险，考虑风险、利益和成本之间的关系。对可能造成较严重影响和后果的潜在不合格，毫无疑问组织通常也会采取力度较强的措施。

4. 标准要求组织应制定形成文件的程序，以规定如何实施预防措施活动。程序应包括以下方面的内容：

(1) 确定潜在不合格及其原因。潜在的不合格通常不容易被识别，许多潜在的不合格可以通过数据分析预测，在数据分析的基础上可以发现组织的产品、过程及供方的产品质量变化的趋势，当出现不稳定趋势时，可以考虑分析原因、采取预防措施，另外，组织还可以根据同行业的其他组织中出现的一些质量风险事故，在组织内识别和确定是否存在类似的潜在风险。

确定了潜在不合格，组织应对产生潜在不合格的原因进行分析，确定产生潜在不合格的原因。

需要确定数据来源，这会帮助组织监视运行的发展趋势，从而在潜在的问题变成不符合标准的问题以前作出很好的应对。

(2) 评价防止不合格发生的措施的需求。并不要求对所有的潜在不合格都采取预防措施，而且消除潜在不合格的原因的措施也并非只有一种，组织应根据潜在不合格的性质及其影响程度，来确定是否需要采取预防措施以及采取何种预防措施。

(3) 确定并实施所需的措施。如果经过评价认为需要采取预防措施时，组织应在充分考虑此潜在不合格可能造成的影响程度的基础上，确定所需采取的预防措施，并实施所确定的预防措施。

为确保措施及时有效地完成，应为完成预防措施设定一个时限。

(4) 记录所采取措施的结果。组织应将实施预防措施后的结果进行记录，以作为采取了预防措施的证据。

(5) 评审所采取的预防措施的有效性。组织针对潜在不合格及其原因采取了预防措施后，应对所采取的预防措施的有效性进行评价，以验证所采取的预防措施是否已将潜在不合格的原因消除了，是否能够防止不合格的发生。如果采取预防措施后达到了

防止不合格发生的效果，则可以认为该预防措施是有效的，否则，组织应考虑确定并实施更为有效的预防措施。

5. 和纠正措施一样，预防措施也会涉及对质量手册、程序文件和任何其他相关文件的修改。文件修改应符合 4.2.3 条款的规定。为确保预防措施活动得以实施，重要的是最高管理者应给予足够的资源。

6. 需要说明的是，在实施改进的过程中不必机械地区分纠正措施和预防措施，有时候很难区分两者，同样的措施在不同的场合和时期，其性质可能是不一样的。例如，石化行业要求钻井队为了防止井喷带来的影响，要铺设放喷管线，对整个行业可以理解为是预防措施，但对一个已经发生过井喷的钻井队，又是一个纠正措施。

【2008 版标准的主要变化】

英文原版标准在 e)条款的后面增加了“有效性”的内容，进一步明确了对预防措施进行评审的目的。

ISO 和 IAF 联合公报
经认可的 ISO 9001:2008 认证的实施

经征求与质量体系有关的国际团体和认证机构审核员以及 ISO 9001 认证服务行业使用者的意见，ISO（国际标准化组织）和 IAF（国际认可论坛）同意实施本计划，以确保认可的 ISO 9001:2008 认证平稳过渡。

ISO 9001:2008 没有包含新要求

ISO 9001:2008 标准已被认同没有提出新的要求，只是对 ISO 9001:2000 标准的现存要求给予澄清，这是基于迄今为止在世界 170 个国家中已颁发了一百万张左右的认证证书，积累了八年标准实施的经验，同时也介绍了某些变化，旨在改善与 ISO 14001:2004 标准认证的一致性。

经批准的有关认证工作的实施计划具体表述如下：

认可的 ISO 9001:2008 认证只有作为国际标准发布之后才予批准

按照 ISO 9001:2008 和（或）国家等同标准的认证只有在 ISO 9001:2008（2008 年年底前）正式发布并且经过常规的监督或再认证后才能批准。

ISO 9001:2000 认证的有效

ISO 9001:2008 发布一年后，所有认可的认证（初次认证和再认证）将依据ISO 9001:2008 实施。

ISO 9001:2008 发布 24 个月后，依据 ISO 9001:2000 签发的现行认证应失效。

附录二

关于做好 GB/T 19001 标准换版工作有关问题的通知

（国认可函[2009]18 号）

认可中心，认证认可协会，各认证机构、认证培训机构、认证咨询机构：

2008 版 ISO 9001《质量管理体系　要求》国际标准已于 2008 年 11 月 15 日正式发布，中国国家标准 GB/T 19001—2008 已经发布并于 2009 年 3 月 1 日实施。修订后的国家标准不仅对原文变化部分作出了修改，同时结合我国采用 GB/T 19000 族标准的实践，对很多地方作了修正，更清晰、明确地表达标准的要求。为做好标准换版工作，并以标准换版为契机，提高各有关单位、人员对标准的认识与理解，促进质量管理体系认证有效性的不断提高，实现质量管理体系认证工作的一次整体提升，现就标准换版有关要求通知如下：

一、认证机构自 2009 年 11 月 15 日起，不得再颁发 2000 版标准认证证书。2010 年 11 月 15 日起，任何 2000 版标准认证证书均属无效。

二、认证机构在颁发 2008 版认证证书时，应确保审核员参加了经国家认监委批准的质量管理体系审核员培训机构提供的 GB/T 19001—2008 转换培训，取得培训合格证书后方可从事 GB/T 19001—2008/ISO 9001:2008 版认证审核工作。该培训课程应符合中国认证认可协会《GB/T 19001—2008 转换培训与考试大纲》要求。

认证机构颁发认证证书标注的认证依据标准为：GB/T 19001—2008/ISO 9001:2008。

三、各认证机构要切实做到在认证实施过程中，关注质量管理体系实效与产品质量，以最终产品质量和顾客满意为焦点，确认获证组织已符合 2008 版标准要求后，换发 2008 版标准证书。对存在问题或达不到 2008 版标准要求的获证组织，提出整改要求，并确保验证合格，避免认证工作中重文件程序审核，轻过程结果的做法。

四、中国认证认可协会要制定 2008 版标准培训及认证人员注册转换要求，重点做好审核员转换培训、考试和换发证书工作，确保转换工作满足获证组织和认证机构证书换版的需求。认证人员转换 2008 版注册证书时，应参加统一转换考试，对不能按要求完成转换的人员，应依据相关注册要求作出暂停、降级或撤销资格的处理决定。

五、中国合格评定国家认可中心要结合国际认可组织的统一要求，根据我国认证机构工作实际，制定标准换版工作要求，开展认可证书换证工作。要把认证机构从事质量管理体系认证的能力作为重点，依此确定人员能力和认可业务范围，对不具备能力的业务范围要依据认可规范要求作出缩小认可范围或撤销认可资格的处理决定。同时，结合GB/T 27021—2007《合格评定　管理体系审核认证机构的要求》标准实施，对存在问题或达不到认可规则要求的认证机构，提出整改要求并验证合格，严把认可证书换证工作质量关。

六、各认证培训机构要尽快依照中国认证认可协会《GB/T 19001—2008转换培训与考试大纲》要求，编制转换培训教案，加强对本机构培训教师GB/T 19001—2008版标准的学习与研讨，正确理解标准核心与要求，规范培训活动行为，向学员正确讲授标准换版的信息，帮助认证人员加深标准理解，以利于审核能力的提高。

七、各认证咨询机构要加强对GB/T 19001—2008版标准的学习，加深标准理解，提高自身能力。在咨询过程中，要向企业正确传达标准换版的信息，树立企业正确的质量管理观念，为企业提供应用标准解决组织实际问题方案，切实做到使企业管理与GB/T 19001—2008标准有机结合。

请各单位认真组织好有关人员对2008版标准的学习，制定标准换版工作方案予以落实，切实利用这次标准换版的机会提高工作质量，为促进认证认可行业工作质量和认证有效性的提高作出贡献。在标准换版过程中出现的问题及时与国家认监委沟通联系。

联系人：李凌志　　丁兆国　　林　峰

联系电话：010-82262793　　82262704　　82262747

中国国家认证认可监督管理委员会

二〇〇九年二月十二日

附录三

关于发布《认证机构实施依据 GB/T 19001—2008 的质量管理体系认证的认可转换说明》的通知

（认可委（秘）[2009]20 号）

各有关认证机构：

为确保 GB/T 19001—2008/ISO 9001：2008《质量管理体系 要求》的有效实施，落实国家认监委《关于做好 GB/T 19001 标准换版工作有关问题的通知》的相关要求，中国合格评定国家认可委员会（CNAS）于 2009 年 3 月 1 日发布了认可说明文件《认证机构实施依据 GB/T 19001—2008 的质量管理体系认证的认可转换说明》（CNAS-EC-028：2009）。

该认可说明适用于已获得 CNAS 认可的认证机构实施由依据 GB/T 19001—2000 向依据 GB/T 19001—2008 的质量管理体系认证的转换，同时也适用于 CNAS 对认证机构依据 GB/T 19001—2008 开展质量管理体系认证的能力的认可评审。

《认证机构实施依据 GB/T 19001—2008 的质量管理体系认证的认可转换说明》（CNAS-EC-028：2009）可在 CNAS 网站认可规范页面下载，请相关认证机构遵照执行。

特此通知。

中国合格评定国家认可委员会秘书处

二〇〇九年三月二日

附录四

认证机构实施依据 GB/T 19001—2008 的质量管理体系认证的认可转换说明

认可说明编号:CNAS-EC-028:2009

发布日期:2009 年 03 月 01 日

实施日期:2009 年 03 月 01 日

1 目的和适用范围

1.1 为确保 GB/T 19001—2008/ISO 9001:2008《质量管理体系　要求》的有效实施,落实 CNCA《关于做好 GB/T 19001 标准换版工作有关问题的通知》的相关要求,特制定本说明。

1.2 本文件适用于已获得中国合格评定国家认可委员会(CNAS)认可的认证机构实施由依据 GB/T 19001—2000 向依据 GB/T 19001—2008 的质量管理体系(以下简称"QMS")认证的转换;同时也适用于 CNAS 对认证机构依据 GB/T 19001—2008 开展 QMS 认证的能力的认可评审。

2 引用文件

CNAS-CC01:2007《管理体系认证机构要求》(等同采用 GB/T 27021—2007)

CNCA《关于做好 GB/T 19001 标准换版工作有关问题的通知》(2009 年 2 月 12 日)

ISO 和 IAF 联合公报《经认可的 ISO 9001:2008 认证的实施》

3 术语与定义

无。

4 基本要求

4.1 认证机构应对开展以 GB/T 19001—2000 标准为依据的 QMS 认证工作进行认真总结,深入研究 GB/T 19001—2008 标准,准确理解标准的目的和各项要求的内涵,不断提高 QMS 认证的有效性。

4.2 在 GB/T 19001—2008 标准发布实施后,认证机构可依据 GB/T 19001—2008 标准实施 QMS 认证(包括扩大认证范围),并应按照 CNAS-CC01:2007《管理体系认证机构要求》中 8.6.2"认证机构的变更通知"的要求和本文件的要求,对已获得 GB/T

19001—2000 的 QMS 认证证书的转换进行策划，在规定的转换时间内完成转换。

4.3　认证机构应将实施 GB/T 19001—2008 标准的有关要求通知获证客户，并利用 QMS 认证转换的契机，请获证客户依据 2008 版标准澄清了的要求识别原对 2000 版标准的要求理解是否不同；如有不同，需要确认新版标准对其 QMS 实施的影响，并制定必要的改进措施以提高其 QMS 的有效性。在此基础上，认证机构应掌握获证客户调整或完善其 QMS 的情况。

4.4　认证机构应在认证实施过程中，特别关注组织采用过程方法的情况和 QMS 的实效与产品质量，要以最终产品质量和顾客满意为焦点，在确认获证客户已符合 GB/T 19001—2008 标准要求的条件下换发 2008 版标准认证证书。必要时，认证机构还应对其获证客户按照 GB/T 19001—2008 标准修改后的 QMS 文件进行评审。

4.5　认证机构应识别 GB/T 19001—2008 与 GB/T 19001—2000 的差异，并按本文件 4.1 要求，对自身的管理体系与相关文件进行适当的评审和调整，以满足 QMS 认证转换的需要。

5　人员与能力

认证机构应确保与 QMS 认证相关的人员具备与 GB/T 19001—2008 认证相适应的能力，认证机构应完成以下工作：

a)　QMS 审核员成功地接受了 CNCA《关于做好 GB/T 19001 标准换版工作有关问题的通知》所要求的经批准的质量管理体系审核员培训机构提供的 GB/T 19001—2008 转换培训，具备准确理解标准的目的和内涵的能力；

b)　认证机构应识别参与认证决定的人员和其他相关认证活动的人员进行 GB/T 19001—2008 标准的培训需求，并确保相关人员获得了必要的培训；

c)　认证机构应结合上述 QMS 审核员、认证决定人员及其他认证人员掌握 GB/T 19001—2008 的情况，按照 CNAS-CC 01:2007《管理体系认证机构要求》和 CNCA《关于做好 GB/T 19001 标准换版工作有关问题的通知》的要求，识别 GB/T 19001—2008 对人员能力的影响，并对有影响的认证业务范围类型进行技术能力分析，确认本机构以 GB/T 19001—2008 标准为认证依据从事 QMS 认证的业务范围。

6　转换工作

6.1　转换时间

根据 ISO 和 IAF 联合公报《经认可的 ISO 9001:2008 认证的实施》的规定：从 2009 年 11 月 15 日起，所有认证机构只能依据 GB/T 19001—2008 颁发新的 QMS 认证证书；从 2010 年 11 月 15 日起，所有已经颁发的依据 GB/T 19001—2000 的 QMS 认证证书均不再有效。

为此，CNAS 接收认证机构提出认可转换申请的截止时间是 2010 年 5 月 15 日，

CNAS在2010年9月15日前结合对认证机构的年度监督评审或复评进行认可转换评审;CNAS于2010年11月15日前完成对已获得认可的认证机构QMS认可证书附件的变更工作。

6.2 转换准备

认证机构应按照本文件4.5.6条款所提出的要求,为转换工作进行必要的准备。

6.3 转换实施

6.3.1 认可证书附件的认可转换

认证机构在完成QMS认证转换的相关准备工作后,可以向CNAS提出变更认可证书附件的申请。

CNAS将根据机构的申请和CNCA的相关要求,为认证机构在确认的认证业务范围内更换认可证书附件。确认评审的方式是在后续的监督或复评中对认证机构实施GB/T 19001—2008认证审核转换工作的有效性进行核查,并至少见证一次GB/T 19001—2008的现场审核,必要时对支持某一认证业务范围(大类和带星号的中、小类)的审核员和(或)技术专家以及认证决定人员的能力进行面谈。

CNAS在认可转换评审中还需要获得以下证据:

——根据CNAS-CC 01:2007《管理体系认证机构要求》中8.6.2"认证机构的变更通知"的要求和本文件的要求,认证机构的转换策划方案和已向其获证客户提供的有关公开文件(或在其网站上的信息);

——认证机构以GB/T 19001—2008为依据从事QMS认证的业务范围清单和支持每一业务范围大类(含支持带有星号的认证业务范围大类中的中类或小类)的审核员和(或)技术专家以及认证决定人员名单及相关支持材料。相关支持材料包括审核员根据CNCA《关于做好GB/T 19001标准换版工作有关问题的通知》的要求通过中国认证认可协会考试的证据。

6.3.2 认证证书的转换

自本文件实施之日起,认证机构可委派获得CNCA文件要求的培训合格证书的审核人员对获证客户通过监督或再认证审核的方式(需要时也可以通过专项现场审核),为符合要求的获证客户换发GB/T 19001—2008认证证书,也可以按照GB/T 19001—2008标准开展对新申请认证的组织的审核工作。

选择监督或专项现场审核方式换版的,GB/T 19001—2008认证证书的有效期保持原证书的有效期;选择再认证(或提前再认证)审核换版的,GB/T 19001—2008认证证书的有效期从重新签发证书之日起三年。

认证机构应证实获证客户对GB/T 19001—2000标准的目的和内涵理解不准确并影响到质量管理体系应用的问题,在这次认证转换中已得到解决。

如果在后续的评审中经CNAS评价认证机构的某认证业务范围不具有能力,认证机构应负责收回已经颁发的带有CNAS认可标志的相应认证业务范围的GB/T 19001—2008认证证书。

7　相关事项

7.1　自本说明实施之日起，CNAS 仅受理依据 GB/T 19001—2008 进行 QMS 认证的认可申请（包括扩大 CNAS 认可的认证业务范围）。

7.2　CNAS 结合监督或复评对认证机构实施 GB/T 19001—2008 认证审核转换工作的认可评审将适当地增加评审人天。鉴于当前金融危机的形势，为给认证机构与获证客户减轻负担，CNAS 在本次认可转换评审中不增加收取认可评审费用。

附录五

关于开展质量管理体系审核员、认证咨询师 GB/T 19001—2008标准换版注册工作的通知

（中认协注[2009]17号）

各认证机构、认证培训及咨询机构，质量管理体系注册审核员、认证咨询师：

2008版ISO 9001《质量管理体系　要求》国际标准已于2008年11月15日正式发布，中国国家标准GB/T 19001—2008已经发布并于2009年3月1日实施。修订后的国家标准不仅对原文变化部分作出了修改，同时结合我国采用GB/T 19000族标准的实践，进行多处修正。为了保证注册人员及时、准确地更新知识，满足认证工作的需要，根据国家认监委《关于做好GB/T 19001标准换版工作有关问题的通知》（国认可函[2009]18号）要求，我会决定对注册的质量管理体系（QMS）审核员、认证咨询师开展新版标准换版注册工作。现将有关要求和安排通知如下：

一、自2009年3月1日至2010年11月15日，我会对注册的QMS审核员、认证咨询师开展新版标准换版注册工作。在此期间，各级别（含实习）QMS审核员、认证咨询师（参加过CCAA新版标准审核员全国统一笔试者除外）应参加一次新版标准转换培训并通过转换考试，以作为2009～2010年度的指定专业发展活动。

二、新版标准转换培训、转换考试工作将采取以下方式实施

（一）转换培训：注册人员应参加由CNCA批准的QMS审核员培训机构提供的、符合《GB/T 19001—2008转换培训与考试大纲》要求的转换培训课程，并取得统一格式的培训合格证书。

（二）转换考试：注册人员应在完成转换培训并取得培训合格证书后，参加CCAA在培训机构举办的现场集中笔试，或参加CCAA每季度末举办的QMS审核员全国统一笔试（基础知识部分）。现场集中笔试和新版标准全国统一笔试均从2009年3月开始实施。

三、对通过转换考试的人员，CCAA将公布合格名单。该名单与有效的人员注册证书一并使用，可作为注册人员完成新版标准转换的证明。CCAA将结合注册人员再注册或升级注册，陆续换发新版标准注册人员证书。考试不合格人员允许补考，补考与上述转换考试规定相同。

四、自2009年11月15日起，各级别（含实习）QMS审核员、认证咨询师在初次注册、再注册、升级注册或年度确认时，均应提供转换考试合格证明或新版标准统一笔试合格证明。

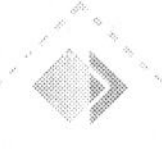

五、2010 年 11 月 15 日后，对于未按要求完成转换的注册人员，CCAA 将依据注册准则给予暂停、降级或撤销注册资格的处置。

特此通知。

中国认证认可协会

二〇〇九年二月二十日

附录六

关于开展质量管理体系审核员培训课程及培训教师GB/T 19001—2008标准换版工作的通知

（中认协培[2009]19号）

各有关培训机构及教师：

2008版ISO 9001《质量管理体系　要求》国际标准已于2008年11月15日正式发布，中国国家标准GB/T 19001—2008也已发布并于2009年3月1日实施。修订后的国家标准不仅对原文变化部分作出了修改，同时结合我国采用GB/T 19000族标准的实践，对很多地方做了修正，更清晰、明确地表达标准的要求。为了满足认证培训工作的需要，根据国家认监委《关于做好GB/T 19001标准换版工作有关问题的通知》（国认可函[2009]18号）要求，我会经研究决定对培训机构的QMS审核员培训课程和CCAA-QMS审核员培训教师开展新版标准的换版工作，现将有关要求和安排通知如下：

一、审核员培训课程转换安排

经CNCA批准和CCAA确认的QMS审核员培训机构在CCAA新版QMS审核员培训课程确认准则及新版QMS国家注册审核员考试大纲发布后3个月内应修订其培训课程，并提交CCAA备案。未备案之前，培训机构不得颁发2008版标准审核员培训证书。培训课程现场见证将在今年的课程监督时进行。

二、培训教师转换安排

（一）所有CCAA QMS审核员培训教师应完成CCAA组织的新版标准教师研讨，作为2009年度指定的专业发展活动。通过研讨的教师方可讲授新版标准转换培训课程和审核员培训课程，并视同完成审核员转换培训和转换考试。

（二）自2009年11月15日起，所有QMS审核员培训教师在年度确认时，均应提交新版标准教师研讨证明。不能按要求完成转换的QMS审核员培训教师，CCAA将依据注册准则给予暂停、降级或撤销注册的资格处置。

（三）自2009年2月起，CCAA将陆续在北京、上海和深圳等地举办教师研讨班，详见有关文件通知。

特此通知。

中国认证认可协会

二〇〇九年二月二十日

附录七

ISO/TC 176 关于 ISO 9001:2008 标准常见问题的解答

为支持 ISO 9001:2008 的发布及 ISO 9004 的修订,ISO/TC 176/SC 2 准备了下列常见问题解答列表。该列表中包涵了世界各地的 ISO 9000 标准专家及用户在各类研讨会和培训班上经常提出的问题。

为保持准确性,本列表将定期审核和更新,并在适当时增加新的问题。希望本列表能为标准的新用户提供良好的信息资源。

如需了解本列表的最新版本,可访问 ISO/TC 176 的公开网站 www.iso.org/tc176/sc2。

1. 什么是 ISO?

国际标准化组织(ISO)始建于 1947 年,是由大约 157 个(目前)代表各自国家的国家标准化组织组成的联合会。ISO 通过技术委员会、分委员会和工作组的体制制定国际标准。除国家标准化组织之外,ISO 还接受其他从事标准制定活动的国际组织为联络员,使这些组织能够参与 ISO 的工作。ISO 依据一系列约定的程序规则(ISO/IEC 工作导则)开展工作,规则中也包含了对标准发布的要求。欲了解详情请登录 ISO 的官方网站 www.iso.org。

2. 各国在 ISO 中的代表机构是哪个机构?

请点击 ISO 网站上的链接,上面给出了包括联系信息在内的各国家标准化组织的详细情况:www.iso.org/iso/about/iso_members.htm。

编者注:中国国家标准化管理委员会是中国的国家标准化组织,在 ISO 中代表中国参加各项活动。详细情况请访问:http://www.sac.gov.cn。

3. 什么是 ISO 9000 族标准?

ISO 9000 族标准是关于质量管理的一系列国际标准、技术规范、技术报告、手册和网络文件的统称。其中大约有 25 个文件,还有一些新文件或修订文件正在持续制定。

注:一些 ISO 9000 族中的国际标准,其编号在 ISO 10000 范围内。

4. 谁负责制定 ISO 9000 族标准?

ISO 第 176 技术委员会(简称 ISO/TC 176)及其各分委员会,负责制定 ISO 9000 族标准。标准的制定工作由各国家标准化组织提名的各界质量和行业专家在“协商一致”

的基础上进行。

5. 在哪里能得到 ISO 标准文本?

ISO 标准文本可从你所在国家的国家标准化组织或 ISO 本部(sales@iso.org)购买。许多国家标准化组织都有本国语言版的标准文本。

6. 有哪些 ISO 9000 的支持性指南说明或其他类似文件?

"ISO 9000 介绍及支持文件包",内容包括:

- ISO 9001:2008 条款 1.2"应用"指南
- ISO 9001:2008 文件要求指南
- ISO 9001 与 ISO 9004 术语使用指南
- 管理体系过程方法的概念及应用指南
- "外包过程"指南

"质量管理原则",详细内容见:www.iso.org/tc176/sc2。

"ISO 9001 审核实践小组指南",详细内容见:www.iso.org/tc176/ISO 9001 AuditingPracticesGroup。

ISO/TC 176 批准的 ISO 9001"解释",详见:www.tc176.org。

7. 在哪里能得到关于 ISO 9000 标准的信息?

有许多关于 ISO 9000 质量管理体系标准的信息来源,包括 ISO 的网站(www.iso.org),上面载有关于 ISO 9000 标准的信息。你所在国家的国家标准化组织应能提供 ISO 9000 标准的文本,认证机构也能提供关于认证活动的指南。

8. 为什么要对标准进行修订?

- ISO 的正式审核过程:
  - 需要不断评审以保持标准不过时,评审必须在标准公布三年内开始。
- 源于用户的输入:
  - 全球用户问卷调查;
  - 市场研究;
  - 解释过程中提出的建议;
  - 增加与 ISO 14001 相容性;
  - 更清楚、易用和改进译文的需要。
- 目前趋势:
  - 跟上管理体系实践最新发展的步伐。

9. 谁负责修订标准?

修订过程由 ISO 176 技术委员会的第 2 分委员会(简称 ISO/TC 176/SC 2)负责,

由各国家标准化组织提名的各界质量和行业专家在“协商一致”的基础上进行修订。

10. 什么时候可以获得经修订的新版标准?

修订后的质量管理体系标准(ISO 9000、9001和9004)安排如下:

- ISO 9000:2005已发布——到2009年无大的改动。
- ISO 9001微小改动(修正),于2008年11月发布。
- ISO 9004重大改动(修订),计划于2009年中期发布。

11. 执行新版标准会发生多少费用?

ISO/TC 176/SC 2的目标之一就是制定标准并通过稳步执行这些标准,能最大程度地降低潜在成本。任何附加费用可认为是增值投资。制定ISO 9001:2008的一个关键因素是限制改动对用户的影响。

12. 从哪里能得到关于新版标准的信息?

ISO网站www.iso.org上面载有关于修订计划的总体情况。你所在国家的国家标准化组织也可为你提供其他信息,而认证机构也能提供标准转换安排的指南。

13. 如果组织需要ISO 9001:2008标准的其他说明或解释,在哪里可以获得?

任何要求解释的请求应当首先向你所在国家的国家标准化组织提出。ISO中央秘书处和ISO/TC 176/SC 2不接受个人对ISO 9000标准解释的直接请求。ISO/TC 176下属一个工作组,该工作组只接受国家标准化组织的正式解释请求。在www.tc176.org网站上,可找到已答复的一些请求。

14. 新版标准发布后,组织需要进行一次全面的重新评审吗?

这是认证机构与组织之间的事情。ISO/TC 176与国际认可论坛(IAF)及ISO合格评定政策委员会(ISO/CASCO)正协同工作,以便及时提供相关信息。ISO/CASCO负责认证机构相关标准(ISO/IEC 17021)的相关工作,而认可机构则负责监视和批准其地理区域内的认证机构的工作情况。

认证机构将在定期监督和复审时对组织与ISO 9001:2008标准的符合情况进行一次评审。但是,需要注意的是ISO和IAF已达成一致,要求所有ISO 9001认证证书应在修正标准发布两年内升级到ISO 9001:2008版。

15. ISO新版标准发布后,我能够立即得到本国语言版的标准吗?

世界各地专家积极参与准备新标准,以及标准草案的广泛发行,将有助于国际标准的及时翻译。

考虑到质量管理体系标准对全球的重要性，许多国家标准化组织已着手翻译事宜。ISO 也将出版新版标准的英语和法语版，但如果你所在国家的国家标准化组织目前可提供本国语言标准，我们认为在 ISO 发布标准后不久，他们会及时发布修订标准的译文。

欲了解详情，请联系本国的国家标准化组织。

编者注：中国国家标准 GB/T 19001—2008 已于 2008 年 12 月 30 日发布，2009 年 3 月 1 日实施。

16. 组织必须重新编写所有文件吗？

不必。与 ISO 9001:2000 相比，ISO 9001:2008 并未对要求作出重大改动。不过，为了从改动中受益，我们建议你熟悉新版标准及增加的注释说明。在分析这些注释说明时，如果发现与你对 9001:2000 的理解有分歧，你应该分析其对现有文件的影响，并作出必要的安排以更新文件。ISO 9001 的修订对文件的影响应当很小或几乎没有。

17. 新版标准会涉及财务问题吗？

财务问题并未在 ISO 9001:2008 中提及，ISO 9001:2008 是质量管理体系要求标准。

在指南性标准 ISO 10014:2006 和 ISO 9004 中，将对实施和改进质量管理体系所必需的财务资源给予强调。

18. 新版标准的优点是什么？

ISO 9001:2008 的主要优点是：

- 简单易用；
- 语言清晰；
- 易于翻译和容易理解；
- 与其他管理体系如 ISO 14001 相容。

ISO 9004 的主要优点是：

- 有助于改进用户的质量管理体系。
- 为组织建立质量管理体系提供了指南，包括：
    - 通过提供的产品，为其顾客创造价值；
    - 为所有相关方创造价值；
    - 平衡所有相关方的观点。
- 为管理者领导组织走向不断成功提供指南。
- 与组织现有质量管理体系更加相容。

19. ISO 9001:2008 中的主要改动是什么？

ISO 9001:2008 的制定是为了对 ISO 9001:2000 的现有要求引入注释说明，并增加

与 ISO 14001:2004 的相容性。ISO 9001:2008 既未引入新的要求，也未改变 ISO 9001:2000 标准的意图。

ISO 9001:2008 认证并非是认证的“升级”。通过 ISO 9001:2000 认证的组织与通过 ISO 9001:2008 新版认证的组织具有相同的地位。

ISO 9001:2000 和 ISO 9001:2008 间的所有变化均详细列于 ISO 9001:2008 的附件 B 中。

20. 实施 ISO 9000 质量管理体系主要有哪些好处？

ISO 9000 标准通过关注组织的主要过程，为组织提供了不断增值其活动和提升其绩效的机会。标准强调使质量管理体系贴近组织的过程和持续改进。因此，这些标准帮助用户取得卓越绩效，包括实现顾客和其他相关方的满意。

组织的管理者应将采用质量管理体系当作有利的商业投资，而不仅仅是应付要求的认证活动。

使用该标准的已知优点是：

- 将组织过程与质量管理体系相联系。
- 鼓励提升组织绩效，通过：
  - 应用质量管理原则；
  - 采用“过程方法”；
  - 强调最高管理者的作用；
  - 要求在有关部门和层次建立可测目标；
  - 以“持续改进”和“顾客满意”为导向，包括将监视“顾客满意”信息作为测量体系绩效的尺度；
  - 对质量管理体系、过程和产品实施测量；
  - 考虑法律法规要求；
  - 关注资源的可获得性。

21. 如何通过实施新版标准帮助组织提高效率？

ISO 9001:2008 的目的是保证组织的有效性（而非针对效率）。如果为了提高组织效率，通过在实施 ISO 9001:2008 的基础上应用 ISO 9004 可以取得最好的结果。指导性的质量管理原则是为了帮助组织持续改进，也会提高整个组织的效率。

22. 实施 ISO 9004 对组织有什么益处？

如果正确实施质量管理体系，用好八项质量管理原则，并遵守 ISO 9004 标准，组织的所有相关方都能受益。例如：

顾客和用户将通过收到具有如下特点的产品（见 ISO 9000:2005）受益：

- 符合要求；

- 可靠且值得依赖；
- 需时可用；
- 可维护性。

组织人员将受益于：

- 更好的工作环境；
- 增加岗位满意度；
- 改善健康和安全；
- 提升士气；
- 改进职业的稳定性。

所有者和投资者将受益于：

- 增加投资回报；
- 改进运行结果；
- 增加市场份额；
- 增加利润。

供方及合作方将受益于：

- 稳定性；
- 成长性；
- 伙伴关系和相互理解。

社会将受益于：

- 法律法规义务的履行；
- 改进健康和安全；
- 减少环境影响；
- 增加安全感。

23. ISO 9000 族标准与国家质量奖励评价准则相容吗？

ISO 9000 族标准基于八项质量管理原则，这与大部分质量奖励的宗旨和目标是相符的。这些原则是：

- 以顾客为关注焦点；
- 领导作用；
- 全员参与；
- 过程方法；
- 管理的系统方法；
- 持续改进；
- 基于事实的决策方法；
- 与供方互利的关系。

ISO 9004 推荐将组织自我评估作为组织系统和过程管理的一部分，并附有这个方

法指南的附件。这点与许多质量奖励制度相似。

24. 为什么 ISO 9001 中包括监视“顾客满意”的要求?

“顾客满意”被认为是一切组织的推进准则。为评价产品是否符合顾客的需要和期望,有必要监视顾客满意的程度。可通过处理特定问题和关注事项,改进“顾客满意”程度。

25. ISO 9001 标准能改善“顾客满意”吗?

ISO 9001 标准中所描述的质量管理体系细节均基于质量管理原则,原则中包括“过程方法”和“以顾客为关注焦点”。采用这些原则应能提高顾客的信心,使他们相信产品将满足他们的需要和增加他们的满意度。

26. “持续改进”是指什么?

持续改进是关注于不断增加组织有效性和(或)效率的过程,以实现组织的方针和目标。持续改进(这里“持续”突出了要求稳步前进的改进过程)反应了不断上升的顾客需要和期望,保证了质量管理体系的动态发展。

27. 什么是过程?

任何接受输入并将其转化为输出的活动或操作,都能认为是过程。几乎所有涉及生产产品和提供服务的活动和操作都是过程。

对于运行的组织,他们必须界定和管理众多相互联系的过程。通常一个过程的输出将直接形成另一个过程的输入。对组织中不同过程以及这些过程之间的相互作用的系统识别和管理,被称为是管理的“过程方法”。

欲了解详细信息,可从 www.iso.org/tc176/sc2 网站查阅“ISO 9000 介绍及支持文件包:管理体系过程方法的概念及应用指南”。

编者注:见本书附录十二“ISO 9000 介绍及支持文件包:管理体系过程方法的概念及应用指南”。

28. 什么是“过程方法”?

“过程方法”是一种将活动和相关资源作为过程进行管理,以取得预期结果的方法。“过程方法”是 ISO 9000 标准的关键要素。欲得到更多指南,请查阅“ISO 9000 介绍及支持文件包:管理体系过程方法的概念及应用指南”。

编者注:见本书附录十二“ISO 9000 介绍及支持文件包:管理体系过程方法的概念及应用指南”。

29. “过程方法”能应用于其他管理体系吗?

能。“过程方法”是一般性的管理原则,它能够提高组织实现既定目标的有效性和效率。

30. 如何能在“过程方法”中使用 PDCA 循环?

PDCA 循环是一种确定的、合理的方法,可用于改进过程。

其要求:

P——策划:根据顾客的要求和组织的方针,为提供结果建立必要的目标和过程;(做什么和怎么做)

D——实施:实施过程;(做计划好的事)

C——检查:根据方针、目标和产品要求,对过程和产品进行监视和测量,并报告结果;(是否按计划进行)

A——处置:采取措施,以持续改进过程绩效。(下次如何改进)

PDCA 循环能用于单个过程,也可贯穿一组过程。

31. 任何组织都能使用“过程方法”吗?

能。许多组织已经无意识地在应用“过程方法”。通过理解和掌握这种方法,他们能够取得更多收益。

32. 为什么组织应当使用“过程方法”?

通过使用“过程方法”,组织应能获得以下益处:

- 对过程进行排列和整合,以获得策划的结果;
- 专注于过程有效性和效率的能力;
- 让顾客和其他相关方相信组织稳定的绩效;
- 组织内运作的透明度;
- 通过有效使用资源,降低费用,缩短周期;
- 获得不断改进的、一致的和可预料的结果;
- 为受关注的和需优先安排的改进活动提供机会;
- 鼓励人员参与,并说明其职责;
- 消除不同职能单位之间的壁垒,并将其关注点集中到组织的目标上;
- 改进了过程接口的管理。

33. 过程的“顺序”及“相互作用”是指什么?

过程的“顺序”显示了过程之间如何跟随或连接,以取得最终的输出。

例如,一个过程的输出,可能成为下一个或多个过程的输入。

过程的“相互作用”显示了每个过程如何影响或改变其他过程。例如,对一个过程的监视或控制可能会建立于另一个过程之中。

34. 怎么确定组织中的过程?

识别该组织的预定输出和取得这些输出所需的过程。这些过程需要包括管理、资

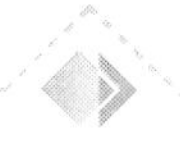

源、产品实现和测量与改进的过程。

- 识别所有过程的输入和输出，以及供方和顾客，可能是内部的或外部的。
- 识别过程的顺序和相互作用。

35. 组织应当确定它的所有过程并将其形成文件吗？

形成文件的主要目的是使组织的过程始终如一地、稳定地运行。

虽然法律法规、标准或顾客要求可能要求形成文件，但除了 ISO 9001 标准明确指出的那六条外，不存在必须形成文件的过程“目录”或清单。

组织应该根据以下情况决定哪些过程应形成文件：

- 组织的规模和活动的类型；
- 过程及其相互关系的复杂程度；
- 过程的重要性；
- 能力胜任的人员的可获得性。

可使用很多不同的方法将过程形成文件，如图形表示法、书面指导书、检查清单、流程图、视频媒介或电子的方法。

36. 过程文件的详细程度如何确定？

详细的程度取决于以下因素：

- 组织的规模和活动的类型；
- 过程及其相互关系的复杂程度；
- 人员能力（教育、培训、技能和经验水平）。

37. 有描述过程的标准方式吗？

没有。没有描述过程的标准方式。这取决于文化、管理风格、员工文化程度、个人素质以及它们的相互作用。

过程可用流程图、模块图、职责矩阵、书面程序或图片来描述。

过程流程图或模块图能显示方针、目标、影响因素、工作职能、活动、原材料、设备、资源、信息、人员等与决策在逻辑顺序上的相互作用和（或）相互联系。

38. 要采用“过程方法”，组织应做什么？

要采用“过程方法”，组织应做以下几步：

- 识别组织的过程；
- 策划过程；
- 实施和测量过程；
- 分析过程；
- 改进过程。

39. “过程责任者”(process owner)是什么?

被赋予管理某一特定过程的职责和权限的个人,有时被称为“过程责任者”。

指定“过程责任者”并确定其职能和责任,对于组织的管理层是有用的,它应包括确保特定过程及其相互作用的实施、保持和改进的职责。

不过,应当注意的是 ISO 9001:2008 中并没有明确要求指定“过程责任者”。

40. 如何对过程进行测量?

有各种对过程控制和过程执行进行测量的方法,从简单的监视系统到复杂的基于统计学的系统(如统计过程控制系统,或 SPC 系统)。选择和使用任何特定方法都取决于组织过程和产品的性质及其复杂性。个别过程的有效性可通过其输出或产品与顾客要求的一致性来测量,其效率可通过资源的使用情况来测量。任何情况下,过程的测量是用以确定过程的可测量目标是否已达到。有时只要求通过监视确保过程运行。

当识别过程控制和过程绩效的测量时,应考虑下列有用的典型因素:

- 与要求的符合性;
- 顾客满意程度;
- 供方绩效;
- 交付及时性;
- 订交货间的时间;
- 故障率;
- 废品;
- 过程费用;
- 事故频次。

41. “过程”与“程序”之间有什么区别?

“过程”可解释为一系列相互作用或相互联系的活动,用于增值。“程序”则是描述全部或部分过程活动如何执行的方法。

ISO 9000:2005 将程序定义为“为进行某项活动或过程所规定的途径”,不必形成文件。

42. 组织有一系列精心制定的程序,这些程序能用于帮助描述其过程吗?

能,如果这些程序描述了满足顾客要求所必需的输入与输出、适当的责任、控制和资源。

43. ISO 9001 标准对文件有哪些要求?

ISO 9001:2008 只明确要求六个形成文件的程序。不过,为了对那些质量管理体系

有效运行所必需的过程实施管理,组织可能需要具有其他文件(包括 ISO 9001:2008 未明确要求的形成文件的程序)。这将取决于组织的规模、组织从事的活动种类及其复杂性。更多指南请查阅“ISO 9000 介绍及支持文件包:ISO 9001:2008 文件要求指南”。

44. 组织应采用哪个标准进行认证?

组织应采用 ISO 9001:2008 进行质量管理体系的认证。认证的范围需要准确清晰地反映组织质量管理体系所覆盖的活动;任何不适用标准(由 ISO 9001 条款 1.2“应用”许可)要求的删减情况,需形成文件并在质量手册中说明(见 ISO/TC 176/SC 2“ISO 9000介绍及支持文件包:ISO 9001:2008 条款 1.2‘应用’指南”)。

45. 为符合 ISO 9001,组织需要做什么?

当初次使用 ISO 9001 时,组织应让其人员熟悉质量管理原则,分析标准(特别是 ISO 9000 和 ISO 9004),并考虑标准指南和要求将如何影响组织的活动及相关过程。如果希望继续进行认证,在制定和执行保证实现符合要求的附加过程之前,组织应对照 ISO 9001 的要求进行差距分析,从而确定其当前质量管理体系不适用 ISO 9001:2008 要求的地方。

46. 2000 版 ISO 9001 将发生什么改变?

ISO 9001:2008 将取代 ISO 9001:2000。然而,IAF/ISO-CASCO/ISO TC 176 协议规定 2000 版的认证在 ISO 9001:2008 发布两年内依然有效。在此期间,甚至更长的时间内,ISO 9001:2000 标准仍可从 ISO 和国家标准化组织处获得。

47. 组织能继续保持 2000 版认证吗?

能。ISO 9001:2008 认证并非“升级”,通过 ISO 9001:2000 认证的组织应获得与通过 ISO 9001:2008 新标准认证的组织相同的地位。然而,ISO 9001:2000 认证只在 ISO 9001:2008 发布两年内有效。欲了解认证过渡过程详情,请联系你的认证机构。

48. 2000 版 ISO 9000 族标准中的其他标准和文件将发生什么变化?

ISO 9000 族中的四个主要标准如下:

- ■ ISO 9000:2005 已发布——预计到 2009 年不会有大变化。
- ■ ISO 9001:2000,被 ISO 9001:2008 取代。
- ■ ISO 9004 预计有更重大的改动,计划于 2009 年下半年发布。
- ■ ISO 19011:2002 目前已开始修订,预期在 2011 年发布新版。

其他标准和文件将根据需要进行评审和更新。

49. 组织还要多久才能寻求 ISO 9001:2008 认证?

在 ISO 9001:2008 公布为国际标准后,即可授予 ISO 9001:2008 认证。

50. 组织能依据 ISO 9004:2009 获得认证吗？

ISO 9004:2009 是个指南文件，它不用于第三方认证。

51. 组织正打算制定符合 ISO 9001 的质量管理体系，应等到新版标准发布后开始吗？

不必，你不应拖延将质量管理体系引入你的组织。像那些正在申请认证的组织一样，你在组织中做的任何事，只要为建立质量管理体系奠定基础，都是有益的。

52. 略

53. 略

54. 组织的 ISO 9001 认证适用于它的所有产品吗？

当组织寻求依据 ISO 9001:2008 对质量管理体系进行认证时，要求组织与认证机构在“认证范围”上达成一致。这将限定该组织质量管理体系适用的产品，并依据此体系来评估这些产品。不强制组织将其提供的所有产品(注：ISO 9000:2005“产品”定义包括“服务”)包括在“认证范围”内，它可以选择包括哪些产品。组织质量管理体系需列出 ISO 9001:2008 的所有适用要求，并适用于“认证范围”内的所有产品。

顾客应确保潜在供方的“认证范围”包括了他们要定购的所有产品。

55. 如果组织不能符合 ISO 9001 的所有要求，怎么办？

ISO 9001 允许对一些要求进行删减(由条款 1.2“应用”所述)，但只有当能表明这些要求不适用该组织时才可以。

删减仅限于第 7 章“产品实现”所述的要求，如果能表明这些删减不影响组织提供符合顾客要求或相关法律法规要求的产品的能力，此时个别要求方可被删减。这些删减的理由也要求逐条列于组织质量手册中。

例如，如果组织不要求设计活动证实其符合顾客要求和相关法律法规要求，或者其产品是根据已有设计提供的，那么组织可删减一些“设计”要求，但它仍能进行 ISO 9001:2008 认证。

欲了解更多指南，见“ISO 9000 介绍及支持文件包：ISO 9001:2008 条款 1.2‘应用’指南”。

56. 小型组织如何能适应 ISO 9001 的要求？允许有什么灵活性？

修订后的 ISO 9001:2008 的要求仍适用于小型、中型和大型组织，这些组织应熟悉 ISO 9001:2008 的说明。ISO/TC 176 已发布了一本手册《小企业的 ISO 9001——做什

么》,为小企业提出了特殊建议。

ISO 9001 的要求适用于小型、中型和大型组织。通过条款 1.2“应用”中关于组织不必执行的特殊过程的某些要求的删减,ISO 9001:2008 提供了一些灵活性。

例如,如果产品的性质不要求你进行设计活动,或者你的产品是根据已有设计提供的,你可以与认证机构讨论和说明这些对要求的删减(见“ISO 9000 介绍及支持文件包:ISO 9001:2008 条款 1.2‘应用’指南”)。然而,个别组织仍需要证明其产品性能符合顾客要求和相关法律法规的要求,并需要在确定其质量管理体系复杂性时考虑这个问题。

欲了解小企业的更多指南,请见 ISO 手册《小企业的 ISO 9001——做什么,来自 ISO/TC 176 的建议》。

57. ISO 手册《小企业的 ISO 9001——做什么》将发生什么变化?

它仍然完全适用。为反映 ISO 9001:2008 的变化,ISO 已经着手更新该手册。

58. ISO 9001 与 ISO 14001 有什么关系?

与 ISO 14001:2004 的相容性已被维持和增强。“相容”意味着组织可以同时全部或部分执行标准的共同要素,不会有重复的或相互矛盾的要求。

59. 有针对联合实施 ISO 9001 和 ISO 14001 的指南吗?

这两个标准是一致的,目前不必有关于这个问题的 ISO 指南。如果需要此类文件,ISO 会将此作为新计划。然而,ISO 9001 和 ISO 14001 都含有显示二者之间一致性的附件。

60. 有依据 ISO 9001 和 14001 对 QMS 和 EMS 进行联合审核的通用指南吗?

有,ISO 19011:2002 给出了质量和(或)环境管理体系审核指南。

注意:ISO 19011 的修订计划已于 2008 年开始,预计于 2011 年完成。

61. ISO 9000 族标准如何适用于提供服务的组织?

ISO 9000 族标准适用于各种类型、各种业务领域的组织,包括服务提供商。

注意:ISO 9000:2005 中“产品”的定义也包括“服务”。ISO 9001:2008 和 ISO 9004:2000 都反映了这个定义。

62. 新版 ISO 9001:2008 标准适用于提供服务的组织吗?

ISO 9001 适用于各个行业,包括服务提供商。此标准适用于所有类型的组织。

63. 质量管理从业人员(咨询师、审核员或培训师)需要掌握标准的什么内容?

质量管理从业人员至少应熟悉 ISO 9001:2008 的要求,以及 ISO 9000:2005、

ISO 9004的内容和观念,以及质量管理原则。

在根据 ISO 9001:2008 标准进行审核或提供培训和咨询之前,已熟悉 ISO 9001:2000 的从业人员应了解 ISO 9001:2008 中引入的注释说明及其含义。

为了给顾客的运作增值,在提供标准要求的适当解释之前,他们应了解客户的活动和过程。

ISO/TC 176 已制定了 ISO 10019《质量管理体系咨询师的选择及其服务使用的指南》,可查阅更多的相关指南。

64. 略

65. 审核员需掌握标准的哪些内容?

无论内部还是外部审核员,应能证实他们具有理解和掌握标准结构、内容、术语,以及质量管理原则方面的能力。

标准要求审核员能够理解组织的活动和过程,并能联系组织的目标,根据 ISO 9001 要求进行恰当审核。根据国际认可论坛(IAF)、国际标准化组织合格评定政策委员会(ISO/CASCO)和 ISO/TC 176 的联合建议,审核员应能证明其具有以下几方面的能力:

- 全面理解 ISO 9001:2008 的要求;
- 全面理解 ISO 9000:2005 的概念和术语;
- 全面理解八项质量管理原则;
- 对 ISO 9004 的一般了解;
- 熟悉 ISO 19011 审核指南标准。

ISO/TC 176,ISO/CASCO 和 IAF 已建立了 ISO 9001 审核实践小组,该小组已发行了一些网络指南说明对审核员提供帮助(见 www.iso.org/tc176/ISO9001AuditingPracticesGroup)。

66. ISO 9001:2008 如何与特定行业的需要相互衔接?

ISO 9001:2008 与特定行业的质量管理体系标准具有相容性,如 ISO/TS 16949、AS 9000/EN 9100 和 TL 9000 等。

建议特定行业的用户向负责该行业制度的组织进行咨询,例如:

- ISO/TS 16949 咨询 IATF;
- TL 9000 咨询 QuEST 论坛;
- AS 9000/EN 9100 咨询 IAQG。

67. 如果组织已经符合了 ISO 9001:2000 的要求,还需要干什么?

已根据 ISO 9001:2000 要求建立质量管理体系的组织应核查他们是否符合新版标准 ISO 9001:2008 中引入的注释说明。

制定ISO 9001:2008的目的就是对ISO 9001:2000要求引入注释说明。ISO 9001:2008既未引入其他要求,也未改变ISO 9001:2000标准的内容。

68. ISO 9001:2008对认证有什么影响?

ISO 9001:2008认证并非"升级",通过ISO 9001:2000认证的组织与通过ISO 9001:2008新版标准认证的组织具有相同的地位。

关于获得认可的ISO 9001:2008认证,ISO和国际认可论坛(IAF)就"实施计划"达到以下共识:

"在ISO 9001:2008公布为国际标准前,不应颁发ISO 9001:2008认证证书。

只能在ISO 9001:2008正式公布后,并根据ISO 9001:2008进行例行监督或再认证审核后方可颁发ISO 9001:2008(或等同的国家标准)认证证书。

ISO 9001:2000认证的有效期:

ISO 9001:2008公布一年后,所有认证(包括新认证或再认证)均应依据ISO 9001:2008。ISO 9001:2008公布24个月后,一切依据ISO 9001:2000发布的认证证书将无效。"

69. 如何参与标准的制定?

如果组织对某标准项目感兴趣,可以与你们国家的国家标准化组织联系以了解详情。

ISO成员国家标准化组织的信息见http://www.iso.org/iso/about/iso_members.htm。

附录八

ISO 9001:2008 实施指南

（ISO/TC 176/SC 2/N 836）

2008 年 10 月 15 日

1 引言

本实施指南制定的目的在于帮助标准的用户了解在 ISO 9001:2000 和 ISO 9001:2008 并存期间需要考虑的问题。

尽管 ISO 9001:2000 和 ISO 9001:2008 的变化对用户的影响是有限的，但仍需要对实施作一些安排。

注：为了反映新标准有限范围的变化，现在使用“实施”一词以明确区别以前从 ISO 9001:1994 到 ISO 9001:2000 所使用的“转换”一词。与 ISO 9001:1994 比较，当时 ISO 9001:2000 的整个标准有重大变化。

建议广泛推广本实施指南，尤其是 ISO 9001:2008 标准附录 B 所列的“ISO 9001:2000 与 ISO 9001:2008 之间的对照表”。

ISO 9001:2008 标准制定的目的在于澄清现有 ISO 9001:2000 标准的要求，增强与 ISO 14001:2004 的相容性。ISO 9001:2008 既没有增加额外的要求，也未改变ISO 9001:2000 标准的意图。

依据 ISO 9001:2008 标准的认证并不是“升级”，获得 ISO 9001:2000 标准认证的组织应与获得 ISO 9001:2008 标准新认证的组织具有相同地位。

虽然新版标准并未引入新的要求，但为了从 ISO 9001:2008 标准的澄清中受益，原版标准的用户仍需要考虑所引入的澄清是否会影响他们对 ISO 9001:2000 的理解，从而确定修改其质量管理体系的必要性。

2 ISO 9001 修订为 2008 版过程的背景

了解 ISO 9001 修订为 2008 版的过程，了解这次修订是如何反映来自标准使用者的输入和制定过程中考虑的利益和影响，这将有助于组织对新的 ISO 9001:2008 标准的全面理解。

对一项管理体系标准进行修订（或修正）之前，ISO 指南 72:2001《管理体系标准论证和制定指南》建议作一次“调整研究”，介绍提议项目的当前情况，概述支持论据的输入和数据。

与 ISO 9001:2008 标准有关的用户需求是从以下方面识别出来的：

- 由 ISO/TC 176/SC 2 成员在 2003～2004 年期间实施的对 ISO 9001:2000 标准正式的"系统评审"的结果；
- 来自 ISO/TC 176"解释工作组"的反馈；
- 由 ISO/TC 176/SC 2/WG 18 及类似的国家调查部门获得的世界范围的"ISO 9001 和 ISO 9004 用户的反馈调查"的结果。

"调整研究"识别了修正的需求，限制标准的修订对用户的影响，并确保在明显有利于用户的情况下才进行修订。

ISO 9001:2008 修正的关键点是提高 ISO 9001:2000 的清晰度，增强与 ISO 14001:2004 的相容性。

为了帮助标准起草者决定采纳哪些修改建议，并帮助其依据所识别的用户需求去验证草案，建立了一个对被提议的修改针对利益的影响进行评价的工具，应用了下列决策原则：

1) 在标准中不进行有重要影响的修改；

2) 中等影响的修改只能在其能对标准的用户提供相应的中等或高利益时进行；

3) 即使某项修改影响程度较低，也必须在修改前证明其能对标准用户有益。

纳入 ISO 9001:2008 版标准的修改，按其影响分为下列几类：

——用户的文件(包括记录)没有变化或最小变化；

——组织现有的过程没有变化或最小变化；

——没有额外的培训要求或只需极少的培训要求；

——对现有的认证无影响。

已识别 ISO 9001:2008 版标准的益处有以下几类：

——实现了清晰表述；

——增强了与 ISO 14001 的相容性；

——保持了与 ISO 9000 族标准的一致；

——提高了可翻译性。

3 用户群

3.1 使用 ISO 9001 的组织(包括行业协会)

a) ISO 9001:2000 现有的用户

此用户群已按 ISO 9001:2000 通过认证或正处在实施过程中，不论其是否已取得认证或是否打算取得认证。

b) 新的用户

新的用户是指首次使用 ISO 9001:2000 或 ISO 9001:2008 的组织或本标准的潜在用户。

c) 建立在 ISO 9001:2000 基础上的特定行业用户

此用户群是指那些基于 ISO 9001:2000 并包含附加的质量管理体系方案的用户，可按特定的行业领域的指南要求进行认证或认可(例如：ISO/TS 16949《质量管理体系 汽车行业供应商 应用 ISO 9001:2000 的特定要求》)。

3.2 其他用户群

这些用户群是指：

a) 国家标准化机构(NSBs)；

b) 认可机构(ABs)；

c) 认证/注册机构(CBs/RBs)；

d) 培训师和咨询师。

4 实施指南

4.1 通用指南

强烈建议所有用户都要特别关注 IAF 与 ISO 发布的“经认可的 ISO 9001:2008 认证的实施”的联合公报，它详细叙述了已达成共识的经认可的认证实施计划，内容如下：

在 ISO 9001:2008 标准未发布作为国际标准前，不准许进行经认可的依据 ISO 9001:2008 标准的认证。

只有在 ISO 9001:2008 标准作为国际标准正式发布(2008 年底前发布)后，且按 ISO 9001:2008 标准进行监督或再认证审核后才能颁发符合 ISO 9001:2008 或等效国家标准的认证证书。

关于 ISO 9001:2000 认证的有效性。ISO 9001:2008 标准发布一年后，所有获得认可的质量管理体系认证(初次认证或再认证)应依据 ISO 9001:2008 标准进行。ISO 9001:2008 标准发布 24 个月后，任何按 ISO 9001:2000 颁发的认证证书将失效。

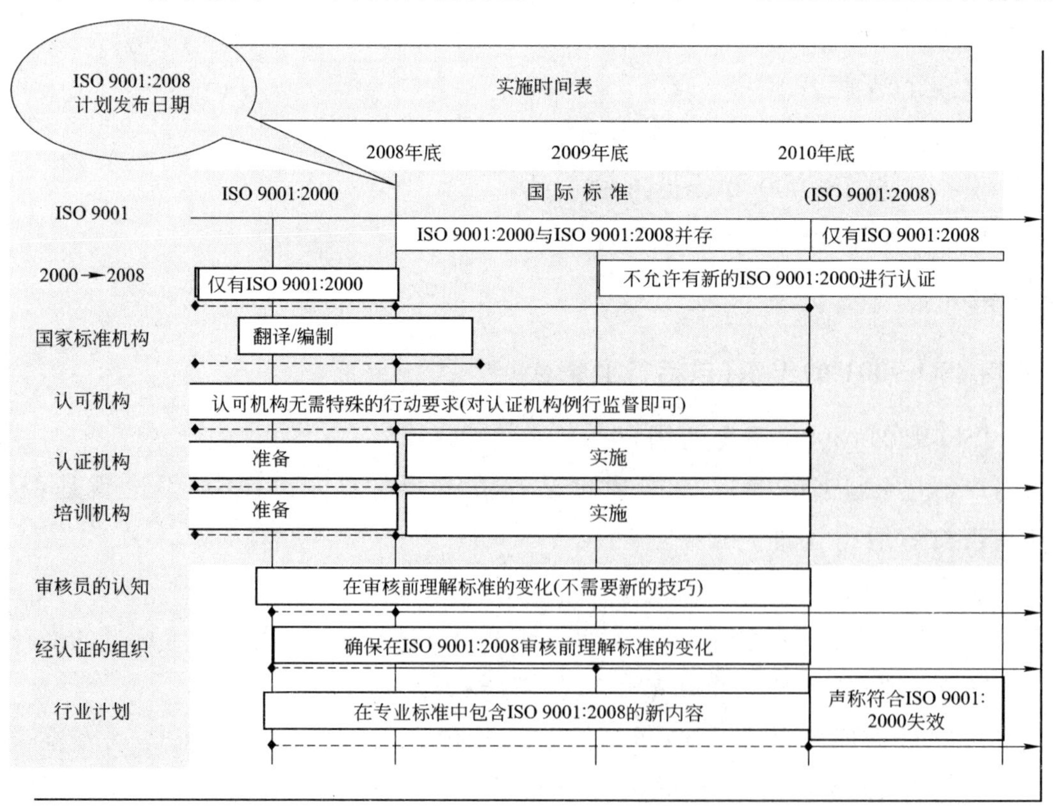

图 1 ISO 9001:2008 实施时间表(适用于所有用户)

为了从 ISO 9001:2008 澄清中受益，用户（所有用户群）应当注意下表中给出的建议，4.2 条列出了对特殊用户群的建议。

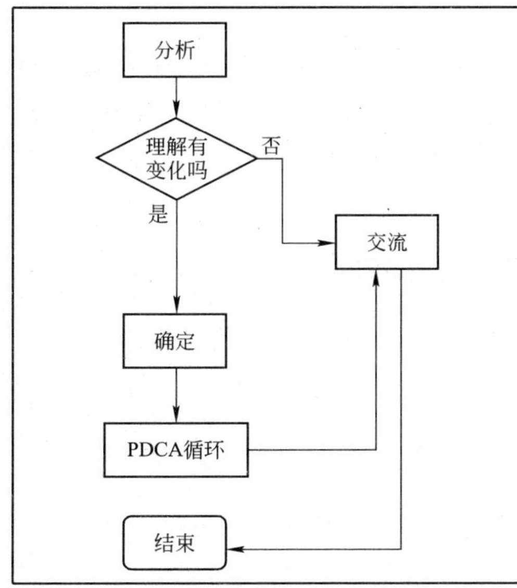

建议
熟悉新版标准，使用 ISO 9001:2008 中附录 B，便于识别澄清之处。
你以前对 ISO 9001:2000 的解释是否与 ISO 9001:2008 所作出的澄清不同？
如果不是，请与内、外部有关方交流你实施 ISO 9001:2008 的结论和结果。
如果是，确定新版标准的澄清对你现在使用 ISO 9001 的影响，并策划必要的任何补救措施。
使用 PDCA 循环方法管理补救措施的实施，但要牢记图 1 中提供的时间表。 注意：补救措施可能需要根据你所在的用户群情况而有所不同（见下面 4.2）。

4.2　对特殊用户群的指南

此指南是对上述“3　用户群”中给出的所有用户群都适用的通用指南的补充。

4.2.1　使用 ISO 9001:2000 的组织

a）　现有的用户

已按 ISO 9001:2000 取得认证的组织应当与其认证/注册机构取得联系，来分析 ISO 9001:2008 的澄清与其各自的质量管理体系的关系，及时更新认证证书。

已获认证的组织应当记住，在两个标准共存期间，ISO 9001:2000 证书与新的 ISO 9001:2008 证书有相同的地位。

正处于 ISO 9001:2000 认证过程中的组织，应改为申请 ISO 9001:2008 认证。

b）　新用户

新用户应从开始就使用 ISO 9001:2008。

c）　特定行业用户

建议特定行业用户与负责该行业的组织取得联系，如：

——ISO/TS 16949 并参照 IATF；

——TL 9000 并参照 QuEST 论坛；

——AS 9000/EN 9100 并参照 IAQG。

4.2.2　国家标准机构

国家标准机构应当及时向标准的用户传达关于 ISO 9001:2008 标准的信息，建议国家标准机构的行动与 ISO 和 ISO/TC 176 保持同步。

国家标准机构应负责在国家层面上与相关方沟通从 ISO 9001:2000 到 ISO 9001:2008 的变化，提供本国语言新版标准的译本，建议国家标准机构与本国其他相关方（如认可机构、认证机构/注册机构、行业质量协会等)做好交流。

如果有新版标准翻译的要求,翻译过程应尽早开始,以便尽快提供等同的国家标准。

国家标准机构应当分析在其 ISO 9001:2000 国家标准的翻译中是否存在问题。如果存在,国家标准机构应当提供一份可广泛接受的标准译文。如果解释仍然存在分歧,建议国家标准机构使用 ISO/TC 176 已建立的"解释"过程,向"ISO/TC 176 解释工作组"申请澄清。

如国家标准机构在 ISO 9001:2000 标准的翻译中没有问题,它可利用 ISO 9001:2008 的附录 B 作为对其翻译标准提供快速准备的指南。

4.2.3 认可机构

认可机构应当参阅 IAF 与 ISO 的联合公报来实施依据 ISO 9001:2008 标准认证的认可(见 4.1)。

4.2.4 认证机构

认证机构应当参阅 IAF 与 ISO 的联合公报来实施经认可的 ISO 9001:2008 认证(见 4.1)。

认证机构应记得只有在修订的标准正式发布后,才能颁发符合 ISO 9001:2008 标准和(或)等同采用的国家标准的认证证书。

重要的一点是:经认可的认证机构确保其审核员在按 ISO 9001:2008 审核前,已清楚理解 ISO 9001:2008 的澄清和其含义。

4.2.5 培训机构和咨询师

所有培训机构和咨询师应清楚 ISO 9001:2008 的澄清,建议所有培训机构和咨询师根据他们所提供的服务,确定更新培训计划和文件的需求或任何必要的修改。

5 常见的问题

虽然本实施指南提供了在新旧两版标准共同存在期间,不同的用户群面临的一些问题的建议,但未涉及更多的关于 ISO 9000 族标准的一般性问题,ISO/TC 176/SC 2 已准备了一套常见的问题(FAQ)供参考。

可以预计对常见的问题(FAQ)的解答比本实施指南更需要经常更新,请查阅 www.iso.org/tc176/sc2 网站。

6 有关 ISO 9001:2008 信息的真实性

关于 ISO 9001:2008 要求的信息首先应当与你所在国家的标准机构联系(ISO 成员的国家标准机构的名单请查阅 www.iso.org/iso/about/iso_members.htm)。

其他推荐的信息源是:

——ISO 网站 www.iso.org，提供关于 ISO 9001:2008 和 ISO 9004 修订方案的一般信息(及成员国国家标准机构的细节)；

——ISO/TC 176 网站 www.tc176.org，提供 ISO/TC 176 结构及工作安排的更多的详细信息，并发布正式的 ISO 9001 的“解释”信息；

——ISO/TC 176/SC 2 网站 www.iso.org/tc176/sc2，提供 ISO 9001/9004 修订程序的详细信息，并定期更新。

附录九

ISO 9000 介绍及支持文件包：ISO 9001:2008 条款 1.2“应用”指南

（ISO/TC 176/SC 2/N 524R6）

2008 年 10 月 15 日

1　序言

ISO 9001:2008 旨在成为适用于所有组织的通用标准，无论组织种类、组织规模和产品类型。但并非该标准的任何要求都能适用于所有的组织。在某些特定的情况下，组织可能会考虑在其质量管理体系中删减 ISO 9001:2008 标准的某些要求。ISO 9001:2008 在条款 1.2“应用”中考虑了这类情况。

ISO/TC 176/SC 2 推出这套 ISO 9001:2008 支持文件包，旨在为使用者提供有关 ISO 9001:2008 条款 1.2 “应用”方面的信息，包括应用案例分析。

2　“删减”(exclusions)的概念

ISO 9001:2008 标准条款 1.2“应用”：

> **1.2　应用**
>
> 本标准规定的所有要求是通用的，旨在适用于各种类型、不同规模和提供不同产品的组织。
>
> 由于组织及其产品的性质导致本标准的任何要求不适用时，可以考虑对其进行删减。
>
> 如果进行删减，应仅限于本标准第 7 章的要求，并且这样的删减不影响组织提供满足顾客要求和适用法律法规要求的产品的能力或责任，否则不能声称符合本标准。

组织应根据自身性质、产品类型以及用于满足顾客与法律法规要求所使用的过程，考虑本标准的所有要求是否都适用于组织活动。另外，组织还应考虑其在质量方针和目标上作出的承诺，以及这些承诺对执行特定过程的影响。这都会对该组织质量管理体系范围产生影响。

3　“删减”的理由

如果一个组织确定 ISO 9001:2008 第 7 章的要求无法应用于某些活动，而且理由充分，则可以考虑删减这些要求。

如要删减 ISO 9001:2008 第 7 章的某些要求，必须保证“删减不影响组织提供满足顾客要求和适用法律法规要求的产品的能力或责任”。删减是否合适，应考虑以下因素：

——顾客是谁？

——产品是什么？

——产品的相关要求是什么（明确规定与未明确规定的要求）？

有时，仅凭顾客及产品的具体情况，无法决定是否删减某些要求。

应注意的是，ISO 9001:2008 条款 1.2 可应用于个别条款或第 7 章“产品实现”。例如：如果组织不承担交付活动，可以考虑删减条款 7.5.1 中 f）列项产品控制和服务的部分要求。

ISO 9001:2008 中 4.2.2 质量手册要求：

> 组织应编制和保持质量手册，质量手册包括：
>
> a）　质量管理体系的范围，包括任何删减的细节和正当的理由（见 1.2）；

所有的删减（有合理的理由）都应该在质量手册中加以说明且与组织的质量管理体系的范围相一致。在任何公开声称符合 ISO 9001:2008 标准要求的文件中，组织都应通过不引起顾客和最终用户误解的方式清楚地说明质量管理体系的范围。组织应确保使用者得到必要的信息，以确定管理体系包括哪类产品和产品实现过程。另外，在描述质量管理体系的范围时还应清楚地阐明产品的设计、开发以及制造、销售和服务等基本过程的责任归属。

当评估一个组织机构是否可以删减质量管理体系的某些要求时，应该从顾客的角度仔细评估删减这些要求所带来的影响和后果。如果对顾客有影响，这些条款就不能被删减。因为确保产品符合顾客要求是 ISO 9001:2008 标准的关键要素。

组织考虑删减要求时，还应意识到顾客常常对组织的运行缺乏了解，他们只是从组织购买产品（实际上，顾客并不真正关心组织在哪里或者怎样设计、制造这些产品，或者如何提供产品支持）。顾客将组织看作一个整体，期望组织的各个组成要素（设计、制造、采购、维修）一起发挥作用确保产品的符合性。

4　一致性要求

ISO 9001:2008 条款 1.2 最后一段指出：

> 如果进行删减，应仅限于本标准第 7 章的要求，并且这样的删减不影响组织提供满足顾客要求和适用法律法规要求的产品的能力或责任，否则不能声称符合本标准。

如果组织对质量管理体系所做的删减不符合条款 1.2，组织不应声称或暗示符合 ISO 9001:2008 标准要求。例如，以下情况不符合 ISO 9001:2008 标准要求：

——监管机构没有明确要求遵守第 7 章中的某些要求，组织因此删减这些要求，但是这些要求会影响组织满足顾客要求的能力。

——因为组织以前的质量管理体系中没有第 7 章的某项要求,组织删减该要求,但没有考虑 ISO 9001:2008 标准中对要求的阐明是否会影响现行的 ISO 9001:2000 标准。若先前 ISO 9001:2000 的解释与 ISO 9001:2008 不符,应按照 ISO 9001:2008 标准要求完善组织的质量管理体系。

——组织因将某过程外包而删减针对该过程的要求(进一步的说明见“ISO 9000 介绍及支持文件包:‘外包过程’指南”)。

5 案例应用

本节提供一些案例,说明组织应该如何采用 ISO 9001:2008 中的特定要求。需要强调的是,这些案例都是虚拟的,在实际情况下必须考虑每个组织的特定情况。

本标准允许对单项要求进行删减,也可考虑对一些子条款的全部要求进行删减。

在所有案例中均假定删减要求不会影响组织提供满足顾客要求及相应法律法规要求的产品的能力。

例 1 —— 由银行控制的顾客财产(知识产权)

状况:

银行为顾客提供各种服务(例如个人和公司银行账户),但仅对网络银行服务业务实施质量管理体系标准。银行声称此方面的服务符合 ISO 9001:2008 标准要求,并在质量手册里明确说明该项服务符合质量管理体系标准的要求。银行在提供网上服务时删减了条款 7.5.4“顾客财产”要求。银行认为作为银行从事网上服务不占有任何顾客财产,所以从质量管理体系中删减了条款 7.5.4“顾客财产”。

问题:

银行能够删减条款 7.5.4“顾客财产”的要求并声称符合 ISO 9001:2008 标准要求吗?

分析及结论:

银行删减条款 7.5.4“顾客财产”的要求显然是不正确的,因为银行确实从顾客那里得到了顾客的信息,例如个人隐私和保密信息。在 ISO 9001 标准中,条款 7.5.4“顾客财产”要求组织保护好组织控制的或者组织正在使用的各种顾客财产。条款 7.5.4 明确表明“顾客财产可包括知识产权和个人信息”。在这种情况下,顾客接受银行提供服务的时候,向银行提供了重要的保密信息,也构成了“顾客财产”。因此银行必须在质量管理体系中阐明顾客财产的要求。

例 2 —— 制造商通过合同删减设计及开发的要求

状况:

XYZ 电子公司正在建设一家新工厂,制造移动电话。作为分供方,该公司只有一

个顾客并且该顾客负责产品设计。XYZ电子公司负责采购所有配件并承担手机制造活动。顾客提供给XYZ公司制造规范及零件的规格,也负责通报XYZ公司设计变更及提供适当的更改信息。

XYZ电子公司在开发其质量管理体系的过程中,删减了ISO 9001:2008条款7.3"设计和开发"的要求。XYZ电子公司认为顾客提供的各种规范就是顾客提供的产品,因此根据ISO 9001:2008条款7.5.4"顾客财产"要求做适当控制。

问题:

XYZ电子公司能够删减条款7.3"设计和开发"并且声称符合ISO 9001:2008标准要求吗?

分析及结论:

XYZ电子公司删减条款7.3关于设计和开发的结论是正确的,因为他们没有任何权力或责任对移动电话产品进行设计,设计是由顾客完成的。

例3——监管机构允许删减相关要求

状况:

KML公司依照各种强制的压力容器规范为发电站设计和制造压力容器。监管机构尚未考虑依照ISO 9001:2008标准修订其对制造商的要求,但是对制造商的质量管理体系仍然不要求包括设计。因此KML决定从质量管理体系中删减条款7.3"设计和开发",并声称符合ISO 9001:2008标准要求。

问题:

KML公司能够删减条款7.3"设计和开发"的要求并声称符合ISO 9001:2008标准要求吗?

分析及结论:

因为监管机构没有要求制造商在质量管理体系中包含设计和开发的内容,KLM公司删减了条款7.3,但KML公司并不能声称符合ISO 9001:2008标准。因为设计和开发可能影响到组织满足顾客需求的能力,所以KML公司不应删减条款7.3"设计和开发",即使法律法规允许这样的删减。

例4——外包设计和开发过程的情况

状况:

CDH建筑有限公司为各类开发商提供工程及建筑服务,但是该公司不具备内部设计能力。该公司聘请了一个项目经理负责设计管理活动。这些设计开发工作被外包给一家工程咨询公司——TPL工程有限公司。

TPL公司的活动按照条款7.4"采购"的要求进行管理。CDH公司的项目经理全程监控设计活动并参与设计研讨会、设计论证及确认活动。另外,项目经理负责确保设计活动的实施符合ISO 9001:2008条款7.3的各项要求。然而CDH公司从其质量管理体系中删减了条款7.3“设计和开发”,因为他们的设计活动是外包的。

问题:

CDH建筑有限公司能够删减条款7.3“设计和开发”,并声称符合ISO 9001:2008标准要求吗?

分析及结论:

CDH建筑有限公司不能删减条款7.3,因为该公司对设计及开发负有责任。

注:也可见“ISO 9000介绍及支持文件包:‘外包过程’指南”。

例5——可追溯性

状况:

AKP集团公司根据特许为有资格的经销商制造电机。产品零部件的可追溯性不是公司内部或外部的要求。该公司从质量管理体系中删减了条款7.5.3“标识和可追溯性”的要求,并声称符合ISO 9001:2008标准要求。

问题:

AKP能够删减条款7.5.3“标识和可追溯性”并声称符合ISO 9001:2008标准要求吗?

分析和结论:

该组织删减可追溯性的要求是可以接受的。然而,这种删减是没有必要的,因为ISO 9001:2008质量管理体系认为只有在必要时才对可追溯性进行要求。

例6——服务设计

状况:

JWB是一家咨询公司,依据ISO 9001:2008标准为中小企业做内部审核。JWB以ISO 19011:2002为指导为顾客的内部审核提供方法和工具。他们根据不同的顾客服务提供不同的、书面的内部质量审核报告和所有支持审核的各种数据资料。该公司希望删减条款7.3“设计和开发”,理由是作为提供服务的公司不涉及任何设计和开发活动。

问题:

JWB能够删减条款7.3“设计和开发”并声称符合ISO 9001:2008标准要求吗?

分析及结论:

该公司删减条款7.3“设计和开发”是不正确的,因为该公司提供的是满足顾客要求的定制服务,包括开发在执行审核及提供书面报告时所需的技术和工具。

例7——交付后活动

状况:

ABC咨询公司为大型制造企业提供财务审计服务。提供给顾客的产品是内部财

务审计报告。内部财务审计服务合同中规定，当ABC公司向顾客提供清楚的、经顾客评审并且经顾客同意最终签字后的审计报告时，合同完成。超出签字范围的活动要签补充合同。该咨询公司从质量管理体系中删减条款7.5.1“生产和服务提供的控制”中f)列项关于“交付后活动”的要求，并声称符合ISO 9001：2008标准。

问题：

ABC咨询公司能够删减条款7.5.1f)列项关于“交付后活动”的要求并认为符合ISO 9001：2008标准要求吗？

分析和结论：

条款7.5.1“生产和服务提供的控制”相关部分要求：

“组织应策划并在受控条件下进行生产和服务提供。适用时，受控条件应包括：……

f)　实施产品放行、交付和交付后的活动。”

这是一个组织选择删减标准的某一子条款中单项要求的例子。

组织删减条款7.5.1f)的要求是正确的，因为合同排除了任何有关服务交付后的活动。

注：条款7.5.1只要求在“适用时”控制交付后活动，没必要正式声明删减。另外，f)条款中所有其他要求，例如产品“放行”及“交付”的要求是不能够被删减的。

例8 —— 程序确认

状况：

一个小型服装加工厂执行服装剪裁工作，裁好后交给公司内部缝纫部门进行下道工序。裁剪工作的质量可以进行检验验证。该厂执行的质量管理体系删减了条款7.5.2“生产和服务提供过程的确认”并声明符合ISO 9001：2008标准。

问题：

这个小型服装加工厂能够删减条款7.5.2“生产和服务提供过程的确认”并声明符合ISO 9001：2008标准要求吗？

分析和结论：

该组织删减条款7.5.2的要求是正确的，因为可以通过检测裁剪过程的结果以确定是否符合规范要求。

例9 —— 监测和测量设备

状况：

一个小型培训机构为目前没有工作和想提高技能的人员提供培训。该机构提供实用的技能培训。在培训期间学员学习使用简单的测量设备如：尺子、水平仪、铅锤等。该组织给学员提供的产品是技能培训，而不是学员们在培训期间制造出来的物品。此培训机构已执行ISO 9001：2000标准,但删减了条款7.6“监视和测量设备的控制”的要求,并声称符合ISO 9001：2000标准。

问题:

此小型培训机构能够删减条款7.6“监视和测量设备的控制”并声明符合ISO 9001:2008标准要求吗?

分析和结论:

考虑删减条款7.6时,在例子中提到的简单的测量工具(尺子、水平仪和铅锤)不是应关注的适宜对象。应该关注的是该培训组织的产品——培训。组织应该控制所需要的监测设备,提供证据以证明符合产品(培训/教育)的要求,例如技能测试及学员满意度调查、毕业学员就业情况等。(在此案例中,对检测测量设备的确认和控制证明是必要的,例如通过问卷调查的方式。)

如果简单的测量设备不必进行校准,组织可以删减与测量设备校准有关的要求[如条款7.6中的a)~e)列项]。但是,为学员提供培训的组织应当检测其测量设备的准确度(如尺子、水平仪等),在这种情况下这些要求不能被删减。

结论是条款7.6的要求不能被全部删减,只能是部分删减。

例10——结构复杂的组织(环球电视公司)

(1)介绍

这个例子用图解的方式描述了有多个工作中心的跨国企业在实施ISO 9001:2008标准时所面临的主要问题。

环球电视公司(GTV)是一家集电视设计、制造、销售、配送于一体的全球性企业。GTV把它的产品销售给零售商,零售商再销售给终端顾客。总部为全球范围内的运营部门提供质量管理支持、所有的采购功能以及销售和配送合同。GTV包括一个设计中心、一个配件工厂、一个制造中心以及配送中心,这些机构为GTV独资所有。

GTV决定在其全球范围内的所有分支机构中实施ISO 9001:2008标准,希望所有分支机构都应建立自己的质量管理体系(QMS),但并不要求所有的分支机构都通过认证。另外,GTV要求所有分支机构都要遵守公司的质量方针,即“提供满足GTV顾客要求和预期的产品和服务,持续改进质量管理体系”。

注:

1. 为了实现复杂组织机构简单化的目的,中心和工厂的数量减少到每类一个(设计中心、配件工厂、制造中心及配送中心)。
2. 当不影响组织提供满足顾客和适用法律法规要求的产品的能力或责任的要求,ISO 9001:2008允许删减第7章中任何要求。
3. 当在复杂组织(环球电视公司)中应用条款1.2“应用”时,必须考虑到组织的顾客。GTV最终的顾客是从零售商那里购买产品的终端使用者。每个中心和工厂的顾客是接受产品的中心和工厂(例如设计中心的顾客是配件商和制造中心)。

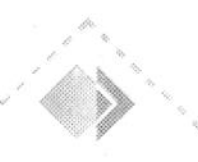

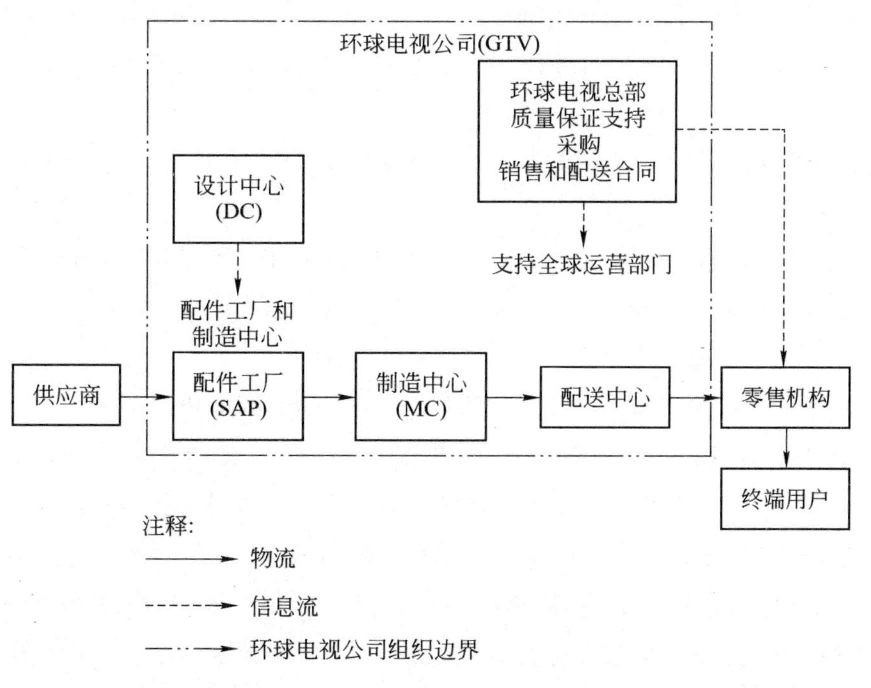

附图 环球电视公司(GTV)过程流程图

(2)制造中心

状况:

制造中心接受总部的指令并向配送中心提供产品。制造中心在GTV质量方针的指导下已建立与之相符的质量管理体系。制造中心实施ISO 9001:2008所有方面的要求,唯一例外的是产品的设计和开发。制造中心决定从质量管理体系中删减条款7.3“设计和开发”,因为制造中心不负责设计和开发活动。制造中心在质量手册里包含了删减产品设计、开发程序的综述及说明,并进一步说明:

a) 顾客是GTV总部(给制造厂下达指令),并且

b) GTV总部负责保证设计中心的质量管理体系符合ISO 9001:2008标准。

问题:

制造中心能够删减条款7.3“设计和开发”并声称符合ISO 9001:2008标准要求吗?

分析和结论:

删减条款7.3“设计和开发”是正确的,因为GTV总部(顾客)定购产品是依照设计中心提供的设计而制造的。GTV总部负责保证设计中心的质量管理体系符合ISO 9001:2008标准要求。制造中心可以通过把GTV总部列入顾客来说明这样的删减是正确的。因为这样,制造中心的认证将只涉及内部顾客,对环球中心的外部顾客——购买电视服务的终端使用者没有直接影响。

(3)环球电视公司(GTV)

状况:

GTV总部通过零售商对终端使用者销售他们的产品。GTV总部实施ISO 9001:2008标准,并要求所有机构按照ISO 9001:2008标准要求实施质量管理体系。到目前

为止只有设计中心没有实施质量管理体系。GTV总部在质量管理体系手册中声明所有机构都符合ISO 9001:2008标准的要求，并且组织未作任何删减。

问题：

GTV能声称自己符合ISO 9001:2008标准要求吗?

分析和结论：

GTV不能声称符合ISO 9001:2008标准，因为GTV负责产品设计和开发，并且它的设计中心没有实施符合ISO 9001:2008标准要求的质量管理体系。

（4）总结

任何结构复杂的组织（例如环球电视公司）在声称符合ISO 9001:2008标准要求时都要慎重。组织对影响其提供满足顾客和法律法规要求的产品的能力的ISO 9001:2008的所有要求负有责任。因此，为了在集团的层次符合ISO 9001:2008标准的要求，必须保证所有分支机构均符合ISO 9001:2008标准要求。在明确自己的顾客是集团公司的另一个分支机构而不是最终使用者的情况下，组织的分支机构可以删减第7章的相关要求。只涉及内部顾客的符合性认证，对组织的外部顾客没有直接的影响。

附录十

ISO 9000 介绍及支持文件包：ISO 9001:2008 文件要求指南

（ISO/TC 176/SC 2/N 525R2）

2008 年 10 月 15 日

1 引言

修订 ISO 9000 系列标准的两大目标包括：

—— 制定一套简化标准，不仅适用于大中型组织，同样适用于小型组织；

—— 使所需文件的数量和具体内容更适应组织过程活动的预期结果。

ISO 9001:2008 已实现上述目标。本指南旨在进一步说明 ISO 9001:2008 关于文件的要求。

在质量管理体系的文件化方面，ISO 9001:2008 赋予组织很强的灵活性。这一做法使得每个组织都能够制定最少的文件来确保过程的有效策划、运作和控制，实施质量管理体系，并实现质量管理体系有效性的持续改进。

需要强调的是，ISO 9001 要求的是一个（一直都这样要求）“文件化的质量管理体系”，而非“文件的体系”。

2 什么是“文件”—— 定义和参考

无论一个组织是否已实施了正式的质量管理体系，组织的文件都有以下几项主要目的：

a） 信息交流和沟通

—— 信息交流和传输的工具。文件的类型及其篇幅取决于组织产品和过程的性质、沟通系统的正规程度、组织内部交流技巧水平以及组织文化。

b） 符合性证据

—— 提供策划已执行的证据。

c） 知识共享

—— 传播和保护组织经验。代表性的例子就是组织的技术规范，它是筹划和开发新产品的基础。

附件 A 中列出了常用的文件化相关术语（摘录于 ISO 9000:2005）。ISO 9001:2008 条款 4.2“文件要求”强调，文件可采用任意形式的媒介；并且，ISO 9000:2005 条款 3.7.2

的“文件”定义部分给出了下面的例子:

—— 纸质;

—— 磁性;

—— 电子或光学电脑磁盘;

—— 照片;

—— 标准样品。

使用者可以进一步参考ISO/TR 10013《质量管理体系文件指南》。

3 ISO 9001:2008文件要求

ISO 9001:2008条款4.1“总要求”要求组织:“组织应按本标准的要求建立质量管理体系,将其形成文件,加以实施和保持,并持续改进其有效性。”

条款4.2.1“总则”指出质量管理体系文件应包括:

a) 形成文件的质量方针和质量目标;

b) 质量手册;

c) 本标准所要求的形成文件的程序和记录;

d) 组织确定的为确保其过程有效策划、运作和控制所需的文件,包括记录。

条款4.2后的备注清楚地指出了标准明确要求“形成文件的程序”的地方,即需要建立、形成文件、实施和保持的程序。同时强调,不同组织的质量管理体系文件的多少与详略程度取决于:

a) 组织的规模和活动的类型;

b) 过程及其相互作用的复杂程度;

c) 人员的能力。

作为质量管理体系一部分的所有文件均要依据ISO 9001:2008条款4.2.3得到控制,或鉴于记录的特殊性,按照条款4.2.4进行控制。

4 ISO 9001:2008条款4.2的指南

以下内容旨在帮助ISO 9001:2008的使用者更好地理解文件总体要求的目的。

a) 形成文件的质量方针和质量目标

—— ISO 9001:2008条款5.3提供了质量方针要求。文件化的质量方针应根据条款4.2.3进行控制。

注:首次修订其质量方针的组织,或者是为了符合ISO 9001:2008中的变更要求的组织,需要特别注意条款4.2.3中的c),d)和g)列项要求。

—— ISO 9001:2008条款5.4.1提供了质量目标要求。文件化的质量目标应根据条款4.2.3进行控制。

b) 质量手册

—— ISO 9001:2008条款4.2.2详述了质量手册内容的最低要求。质量手册的版式和结构是由每个组织决定的,同时也取决于该组织的规模、文化及其复杂

程度。有些组织除了通过质量手册使质量管理体系形成文件外，还将质量手册用于其他目的。

——一个小型组织可能会发现将整个质量管理体系的描述纳入一本手册是适宜的，包括所有标准要求的文件化程序。

——大型和跨国组织需要全球性的、国家的、地区级的若干质量手册，同时需要一个更为复杂的文件层次。

——组织应根据条款 4.2.3 对质量手册进行有效控制。

c) 形成文件的程序

——ISO 9001:2008 明确要求组织在下面六类活动要建立“形成文件的程序”：

- 4.2.3 文件控制；
- 4.2.4 记录控制；
- 8.2.2 内部审核；
- 8.3 不合格品控制；
- 8.5.2 纠正措施；
- 8.5.3 预防措施。

——形成文件的程序必须按 4.2.3 条款要求予以控制。

——有些组织可能会认为把几种活动的程序联合成一种形成文件的程序更为方便些(例如，纠正措施和预防措施)，另外一些组织可能会选择对单一指定的活动制定出多个形成文件的程序(例如，内部审核)。这两种做法都是可以接受的。

——有些组织(尤其是大型组织，或者是拥有更为复杂过程的组织)可能需要额外的形成文件的程序(尤其有关于产品实现过程的)来有效地实施质量管理体系。

——其他组织可能需要增加程序，但是组织的规模或(和)文化可以使这些程序得以有效实施而不必将其形成文件。然而，为了证明自己符合 ISO 9001:2008 标准，组织必须提供客观证据(不一定形成文件)，以证实质量管理体系已被有效实施。

d) 组织为确保其过程的有效策划、运作和控制所确定的文件

——为了证明自己有效实施了质量管理体系，组织除了形成文件的程序之外，可能有必要制定其他文件。ISO 9001:2008 特别提及的文件仅有：

- 质量方针[条款 4.2.1 a)]
- 质量目标[条款 4.2.1 a)]
- 质量手册[条款 4.2.1 b)]

——对 ISO 9001:2008 中的有些要求组织可通过制定其他文件增加其质量管理体系的价值和证实符合性，或通过编制其他文件来证明符合性，尽管标准对这些文件没有明确的要求。例如：

- 过程图、流程图和(或)过程描述；
- 组织结构图；

- 规范;
- 工作和(或)测试指导书;
- 含有内部沟通的文件;
- 生产计划;
- 批准的供方清单;
- 测试和检查计划;
- 质量计划。

——所有这些文件组织都应依据条款4.2.3和(或)条款4.2.4的要求加以控制。

e) 记录

——附件B中记载了ISO 9001:2008明确要求的记录事例。

——组织可自由建立其他为证实过程、产品和质量管理体系的符合性所需的记录。

——关于记录控制的要求与其他文件控制不同,组织应根据ISO 9001:2008条款4.2.4对所有记录进行有效控制。

5 准备实施质量管理体系的组织

对于那些正在实施质量管理体系并希望满足ISO 9001:2008要求的组织,下面的内容可能有用:

——对于正在实施或尚未实施质量管理体系的组织,ISO 9001:2008强调过程方法,包括:

- 识别为有效实施质量管理体系所必需的过程;
- 理解过程之间的相互作用;
- 将过程文件化到确保过程的有效运作和控制所需程度。(使用过程图文件化过程可能是适宜的,然而,需要强调的是,形成文件的过程图并非ISO 9001:2008的要求。)

——过程包括管理活动过程、资源提供过程、产品实现过程和测量过程;它们都和有效实施质量管理体系有关。

——考虑到ISO 9001:2008的要求,过程分析应成为规定质量管理体系所需文件的驱动力,并不应使文件化来决定过程。

6 希望调整现有质量管理体系的组织

下面的内容旨在帮助已建立质量管理体系的组织更好地理解有关文件的变更,这些变更可能是向ISO 9001:2008转换所需或所鼓励的。

——已具备质量管理体系的组织不需要为了符合ISO 9001:2008的要求而改写其所有文件。尤其是当组织运用过程方法,在有效操作的基础上已经制定了其质量管理体系。这种情况下,现有的文件可能是适当的,并且可以在质量手册修订版中引用。

——以往没有使用过程方法的组织需要特别注意其过程的定义,过程之间的顺序和相互作用。

——为了简化其质量管理体系,组织可以简化和(或)合并其现有的文件。

7 证实符合 ISO 9001:2008

由于认证、合同或其他原因,对想要证实符合 ISO 9001:2008 要求的组织来说,提供有效实施质量管理体系的证据是非常重要的。

——组织不需要大量的文件也可以证明自己的符合性。

——为了声称符合 ISO 9001:2008 要求,组织必须能够提供一些客观证据来证明其过程和质量管理体系的有效性。ISO 9000:2005 条款 3.8.1 把“客观证据”定义为“支持事物存在或其真实性的数据”,并且表明“客观证据可通过观察、测量、试验或其他手段获得”。

——客观证据不一定依赖于形成文件的程序、记录或其他文件,除非在 ISO 9001:2008 中有明确要求的。在一些情况下[例如,条款 7.1“产品实现的策划”d)列项和条款 8.2.4“产品的监视和测量”],为了提供客观证据,是由组织决定哪些记录是提供客观证据所必需的。

——对于某一特殊活动,组织没有明确的内部程序,而且标准也未要求(例如,条款 5.6“管理评审”),可以以 ISO 9001:2008 中的相关条款为基础来指导这一活动。在这些情况下,为了评价符合性,内部审核和外部审核都可以使用 ISO 9001:2008 中的文本内容。

附 件 A
相关文件的术语和定义

下面的术语和定义摘录于 ISO 9000:2005。

术语	ISO 9000:2005 条款	定 义
文件	3.7.2	信息及其承载媒介
程序	3.4.5	为进行某项活动或过程所规定的途径 (注:程序可以形成文件,也可以不形成文件)
质量手册	3.7.4	规定组织质量管理体系的文件
质量计划	3.7.5	对特定的项目、产品、过程或合同,规定由谁及何时应使用哪些程序和相关资源的文件
记录	3.7.6	阐明所取得的结果或提供所完成活动的证据的文件
规范	3.7.3	阐明要求的文件

附 件 B

ISO 9001:2008要求的记录

条款	所需记录
5.6.1	管理评审
6.2.2 e)	教育、培训、技能和经验的适当记录
7.1 d)	为实现过程及其产品满足要求提供证据所需的记录
7.2.2	产品有关要求评审结果及评审所引起的措施的记录
7.3.2	与产品要求有关的设计和开发输入
7.3.4	设计评审结果及任何必要措施的记录
7.3.5	设计验证结果及任何必要措施的记录
7.3.6	设计确认结果及任何必要措施的记录
7.3.7	设计更改的评审结果及任何必要措施的记录
7.4.1	供方评价结果及评价所引起的任何必要措施的记录
7.5.2 d)	当结果输出不能被随后的监督和检测确认时,组织需要证实的确认
7.5.3	在有可追溯性要求的场合,组织应控制产品的唯一性标识
7.5.4	如果顾客财产发生丢失、损坏或发现不适用的情况,组织应向顾客报告,并保持记录
7.6 a)	当没有国际或国家标准的测量标准时,应记录校准或检定(验证)的依据
7.6	当发现设备不符合要求时,组织应对以往测量结果的有效性进行评价和记录
7.6	校准和检定(验证)结果的记录
8.2.2	内部审核结果和后续活动
8.2.4	有权放行产品以交付给顾客的人员
8.3	不合格的性质以及随后所采取的任何措施的记录,包括所批准的让步的记录
8.5.2 e)	纠正措施的结果
8.5.3 d)	预防措施的结果

附录十一

ISO 9000 介绍及支持文件包：ISO 9001 与 ISO 9004 术语使用指南

（ISO/TC 176/SC 1/N 339，ISO/TC 176/SC 2/N 526R2）

2008 年 10 月 15 日

本文件由 ISO/TC 176/SC 1 制定，并得到了 ISO/TC 176/SC 2 的协助（ISO/TC 176/SC 1 负责制定 ISO 9000：2005《质量管理体系　基础和术语》）。

1　引言

在制定 ISO 9001 与 ISO 9004 的过程中，有关方面很重视使用正确的英语词语和术语来描述它们的概念与要求，以便于阅读和翻译。其目的在于使用简单、准确的技术术语，并在最大程度上采用通用的词典定义。与大部分技术专业一样，有些术语的具体含义与通用词典含义存在差异。如果出现这种情况，下列文件会提供正确的技术定义。

- ISO 9000：2005　质量管理体系　基础和术语
- ISO/IEC 指南 2：1996　标准化与相关活动　通用术语
- ISO/IEC 导则第 2 部分：国际标准的结构和起草规则
- 国际计量学词汇　基本概念和通用概念及相关术语（VIM），第三版，JCGM 200：2008

在所有其他情况下，本指南专门从《简明牛津词典》中选择了定义。鉴于 ISO 9000：2005 中的定义已标准化，因此，这些定义优先于通用词典定义。

下表提供了对常用词汇所选择的词典定义，当使用标准时应予以采用。

注：ISO/IEC 导则第 1 部分、第 2 部分可登录 ISO 官方网站 www. iso. org 获取；国际计量学词汇可登录 www. bipm. org/en/publications/guides/vim. html 获取。

2　ISO 9000 族标准中使用的重要术语一览表

术　语	词性	含　义
符合　accordance	名词	（依照）按合乎……的方式
活动　activity	名词	为实现某个目标而做的事情
充分性　adequacy	名词	满足要求或达到需要的充足程度

续表

术　语	词性	含　义
调整　adjustment	名词	使测量工具达到适合于其用途的性能状态的操作过程[VIM]
分析　analysis	名词	详细了解某个事物的要素或结构的内容以及它们之间的关系
适当的　appropriate	形容词	适合于……的
适用的　applicable	形容词	—— 相关的 —— 适当的
评定、评估　assess	动词	—— 评价 —— 估计价值
确保　assure	动词	同义词:保证 使……确定
权限、当局　authority	名词	—— 发出命令或作出最终决定的权力 —— 拥有合法权威和权力的机构
可用的　available	形容词	可以使用或得到的
意识　awareness	名词	对某种情况或事实的知识或感知
校准　calibration	名词	在规定条件下,为确定计量仪器或测量系统的示值或实物量具或标准物质所代表的值与相对应的被测量的已知值之间关系的一组操作[VIM]
能,可能,可以　can	动词	ISO/IEC 导则第 2 部分附件 G —— 能够 —— 有……的可能性 —— 可能……
不能,不可能　cannot	动词	ISO/IEC 导则第 2 部分附件 G —— 不能够 —— 没有……的可能性 —— 不可能……
承诺　commitment	名词	投入一项事业或政策的状态
沟通　communication	名词	分享或交换信息及观点的动作
抱怨　complain	动词	表达不满及不快
遵守　comply	动词	(个人或组织)达到规定标准
妥协、折中　compromise	名词	支持或建立……确定性和效力
确认　confirm	动词	(项目)满足规定要求
一致的　consistent	形容词	(与……一致的)遵守……或与……相统一
一致地　consistently	副词	长期不变的
控制、控制权　control	名词	—— 指导或约束抑制某事的权利 —— 抑制或监管的途径
控制　control	动词	—— 指导或限制某事 —— 抑制或监管
数据　data	名词	—— 事实及(或)统计数据,用于参考或分析 —— 基于事实的信息
不足　deficiency	名词	缺少或短缺

续表

术　语	词性	含　义
定义、规定　define	动词	准确陈述或描述……的本质、范围或含义
证实、演示　demonstrate	动词	(用客观证据)明显地展示
部署、展开　deploy	动词	使用或行动起来
部署　deployment	名词	实施
确定　determine	动词	通过研究、分析或计算,有把握地确立或认识
分配　distribution	名词	分发给接受人的行动
处置　disposition	名词	以特定方式处理事情的行动
文件　documentation	名词	参见 ISO 9000:2005 第 3.7.2 条注解 2。 一组文件,例如规范及记录,通常统称为"文件"
增强　enhance	动词	提高……的质量、价值或程度
保证　ensure	动词	同义词:确保 使……确定
重要的、本质的　essential	形容词	绝对必要的、根本的
建立、确立　establish	动词	建立
评价　evaluate	动词	评估
排除、删减　exclusion	名词	—— 不包括或阻止……发生的过程或状态 —— 特定不包括的事项或可能性
期望、期待　expectation	名词	—— 对未来的信念(或设想) —— 有信心实现的愿望
经历、经验　experience	名词	对事实及事件的实际接触或观察
便利、促进　facilitate	动词	—— 使……容易或更容易 —— 促进、帮助(行动及结果等)前进
设施、设备　facility	名词	为特定目的而提供的建筑物、服务或设备
反馈　feedback	名词	对于产品或某个人完成任务的表现进行回应时提供的信息,用以作为改进的依据
焦点　focus	名词	兴趣或活动的中心
框架　framework	名词	重要的支撑或基础结构
功能的　functional	形容词	为实用及有用进行设计,而非为吸引力
硬件　hardware	名词	参见 ISO 9000:2005 第 3.4.2 条中"产品"的定义
识别　identify	动词	确定某事或人的身份
身份　identity	名词	一个事物或人得以辨认或认出的个性化特点
可识别的　identifiable	形容词	通过独特的特征可以辨别的
公正　impartiality	名词	毫无偏见或成见的状态
执行、实施　implement	动词	付诸实际
改进、提高、完善 improvement	名词	使……更好或变得更好的动作或流程,也参照本表中的"持续改进"及"质量提高"

续表

术　语	词性	含　义
独立的　independent （名词：独立性 independence）	形容词	—— 不与另一个相连；分离的 —— 不接受另一个的管制
完整性、正直　integrity	名词	—— 完整无缺的状态；建构上统一或健全的状态 —— 拥有坚定的道德标准的素质
不管的，不顾的　irrespective	形容词	无论任何事情
合理性、理由　justification	名词	证明某事正确或合理的证据
学习型组织 learning organization	名词	机构、地点、组织等，其中人们可以开展掌握技能和知识的认知过程
清晰的　legible	形容词	能够由某个人或机器为特定目的而阅读
联合　liaison	名词	人员或组织间的交流或合作
保持、维持　maintain	动词	使得或使（事件的状态）能继续下去
维修、维护　maintenance	名词	通过定期检查或修理而使（系统、建筑物、机器等）处于良好状态的过程或状态
可能、可以　may	动词	ISO/IEC 导则第 2 部分附件 G —— 被许可 —— 被允许 —— 可以允许的
可测量的　measurable	形容词	能够被测量的
测量　measure	动词	通过与标准单位或已知大小的对象比较，以确定某物的大小、数量或程度
方法论　methodology	名词	在特定领域中使用的方法体系
监督、监视　monitor	动词	在一定时期内观察并检查； 定期保持对……的密切观察
必要的　necessary	形容词	需要完成、实现或呈现
需求　need	名词	想要或需要的事情
目标　objective	名词	希望达成的事情
客观的　objective	形容词	在考虑或代表事实时不受个人情感或观点的影响
过时的　obsolete	形容词	不再生产或使用、过期的
起源　origin	名词	某个事物开始或出现的点
外包　outsource	动词	从外部供应商那里得到商品或服务
认识、观念、感受　perception	名词	看待、理解或解释事物的方式
绩效表现　performance	名词	—— 达成某事的能力 —— 成果
周期的、定期的　periodic	形容词	—— 每隔一定（时间或空间）间隔而重复或再现 —— 间歇的
可允许的、可容忍的 permissible	形容词	—— 可以或应该被许可的 —— 容许的
个人资格 personal qualification	名词	必须达到或符合的、使某个人适合某事的属性（素质）

续表

术　语	词性	含　义
物理的、物质的　physical	形容词	有形的或非抽象的
计划　plan	名词	为实现某个目标事先制定的方案、项目或方法
策划　plan	动词	提前决策和安排
保存　preservation	名词	使事物处于其原有或现有状态的行动或行为
防止　prevention	名词	使某事不发生或出现的行动
以前的　previous	形容词	在时间或顺序上存在或发生于某事物前
过程方法　previous	名词	系统地识别和管理组织所应用的过程,特别是这些过程之间的相互作用
促进、推动　promote	动词	助长进展,支持或鼓励
财产　property	名词	属于某个人、某些人或组织的事物
保护　protect	动词	保证不受破坏
报价　quotation	名词	承包商(供应商)对于某个特定工作的估算
原理的说明　rationale	名词	阐明原则或理由
实现　realization	名词	达成预期或预计事件的行动;完成
认同　recognize	动词	完全意识到
法律法规要求的　regulatory	形容词	由某一权利机关批准的规定或指令而要求、许可或成法的
相关的　relevant	形容词	与提及事物密切联系或适应的
要求　require	动词	为实现某个事物而需要
资源　resource	名词	材料或资产的储备或供应
责任　responsibility	名词	一个人或组织按要求应做或控制的,作为其工作、分工或法律义务组成部分的事物
负责的　responsible	形容词	有义务做某事,控制或关注某人
保持、保留　retain	动词	一直占有……,不废除、放弃或更改
可检索的　retrievable	形容词	能取回的
维护　safeguard	动词	保护或避免不良的事件(发生)
范围　scope	名词	某事涉及或与其相关的领域或内容
顺序　sequence	名词	相关事件及运动等依次跟随的特定次序
应　shall	动词	ISO/IEC导则第2部分附件G ——将要 ——按要求做 ——按要求应 ——不得不 ——只有……被允许 ——有必要
不应　shall not	动词	ISO/IEC导则第2部分附件G ——不被容许[允许][可接受][可允许] ——要求不 ——按要求不应 ——将不会

续表

术　语	词性	含　义
应当　should	动词	ISO/IEC 导则第2部分附件G —— 建议…… —— 应该
不应当　should not	动词	ISO/IEC 导则第2部分附件G —— 不建议…… —— 不应该
技能　skill	名词	做好某事的能力
软件　software	名词	参见 ISO 9000:2005 第3.4.2条“产品”的定义
具体的，特定的　specific	形容词	有关或涉及特殊主题的
明确说明　specify	动词	明确、清晰及确切地阐明
法令的、法定的　statutory	形容词	按立法机构批准的书面法律而要求、批准或成法的
战略、策略　strategy	名词	一套详细、系统的行动计划
适合、适当　suitability	名词	符合及适应某个特定目的特征
合适的　suitable	形容词	符合及适应特定目的的
供应　supply	动词	提供使用
系统的　systematic	形容词	根据确定的计划或系统而做或行动；有条理的
培训　training	名词	通过实践及指导，传授某个特殊技能或某类行为的行动
明确的　unambiguous	形容词	只有一个含义的
公用服务　utilities	名词	例如煤气、水、电及电信等服务
确认　validate	动词	参见 ISO 9000:2005 第3.8.5条
有效性　validity	名词	符合事实、准确性或精确度
验证　verify	动词	参见 ISO 9000:2005 第3.8.4条
工作场所　workspace	名词	开展工作的区域

附录十二

ISO 9000 介绍及支持文件包：管理体系过程方法的概念及应用指南

（ISO/TC 176/ SC 2/N 544R3）

2008 年 10 月 15 日

1 引言

本文件为理解“过程方法”的概念、目的及其在 ISO 9000 族质量管理体系标准中的应用提供指南。在任何管理体系中采用过程方法时也可使用本指南，不论组织的类型和规模。包括（但不限于）以下方面的管理体系：

—— 环境（ISO 14000 系列标准）；

—— 职业健康和安全；

—— 经营风险；

—— 社会责任。

本指南的另一个目的是促进过程描述以及在使用与过程有关的术语方面的一致性。

过程方法旨在提高组织实现既定目标方面的有效性和效率。在 ISO 9001：2008 的要求中，这是指通过满足客户需要来增强客户满意度。

过程方法的优点包括：

- 对过程的协调一致和整合，使预期结果得以达成；
- 专注于过程的有效性和效率的能力；
- 向顾客和其他相关方提供有关组织连续一致绩效的信任；
- 增加组织内部运作的透明度；
- 通过有效使用资源，降低费用，缩短周期；
- 有改进的、一致的和可预期的结果；
- 为受关注的和需优先安排的改进活动提供机会；
- 鼓励人员参与，并说明其职责。

2 什么是过程？

“过程”可以定义为“将输入转化为输出的一组相互关联、相互作用的活动”。这些

活动需要配置资源，如人员和材料。附图 1 所示为一般的过程。

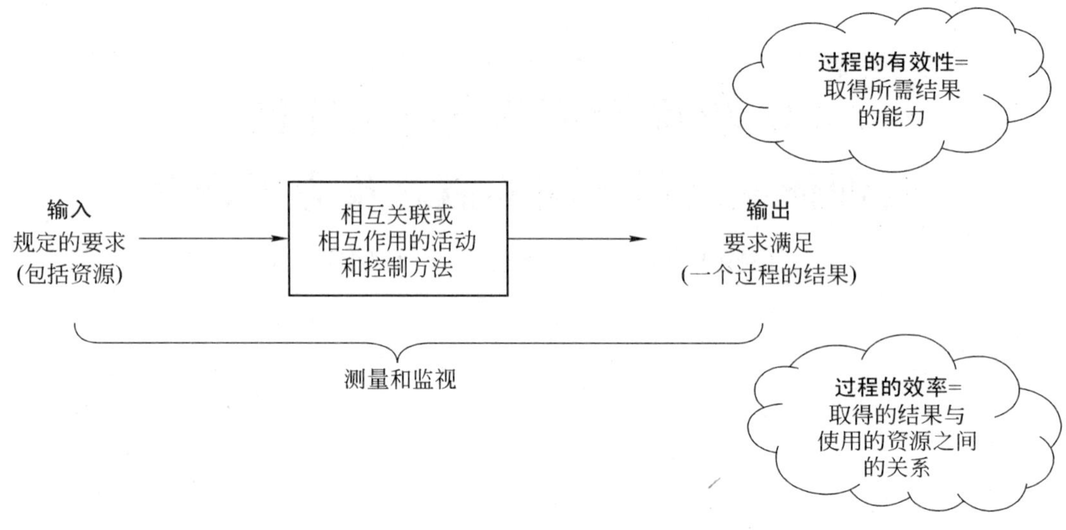

附图 1　一般的过程

与其他方法相比，过程方法的主要优点是对这些过程间的相互作用和组织的职能层次间的接口进行管理和控制（在第 4 节中详细说明）。

输入和期望的输出可以是有形的（如设备、材料和元器件）或无形的（如能量或信息）。输出也可能是非期望的，如废料或污染。

每个过程都有顾客和受过程影响的其他相关方（他们可以是组织内部的，也可以是外部的），他们根据其需求和期望规定所需要的输出。

应通过系统进行收集数据、分析数据，以提供有关过程业绩的信息，并确定纠正措施或改进的需求。

所有过程都应与组织的目标、规模和复杂程度相一致，要规定所有过程都增值。

过程的有效性和效率可通过内部和外部评审过程来进行评审。

3　过程的类型

3.1　ISO 9001:2008 有关过程的参考内容

ISO 9001:2008 规定：

条款 0.1“总则”规定，“一个组织质量管理体系的设计和实施受下列因素的影响：

a)　组织的环境、该环境的变化以及与该环境有关的风险；

b)　组织不断变化的需求；

c)　组织的具体目标；

d)　组织所提供的产品；

e)　组织所采用的过程；

f)　组织的规模和组织结构。

统一质量管理体系的结构或文件不是本标准的目的。”

条款 0.2“过程方法”规定，“为了产生期望的结果，由过程组成的系统在组织内的应

用，连同这些过程的识别和相互作用，以及对这些过程的管理，可称之为‘过程方法’”。

条款4.1“总要求”规定，“组织应按本标准的要求建立质量管理体系，将其形成文件，加以实施和保持，并持续改进其有效性。

组织应：

a) 确定质量管理体系所需的过程及其在整个组织中的应用(见1.2)；

b) 确定这些过程的顺序和相互作用；

c) 确定所需的准则和方法，以确保这些过程的运行和控制有效；

d) 确保可以获得必要的资源和信息，以支持这些过程的运作和监视；

e) 监视、测量(适用时)和分析这些过程；

f) 实施必要的措施，以实现所策划的结果和对这些过程的持续改进。

组织应按本标准的要求管理这些过程。”

根据上述规定，每个组织都应确定实现其经营目标所必需的过程的数量和类型。根据ISO 9001:2008的规定，一个过程可以成为组织现有的一个(或多个)过程的组成部分，或是可以由组织根据不同于ISO 9001的条款进行界定。

3.2 可确定的典型过程

根据上述3.1的规定，组织必须确定实现其经营目标所必需的过程的数量和类型。虽然每个组织的过程具有独特性，但是，仍可以确定一些典型过程，例如：

——组织管理过程：这包括与战略规划、制定方针、设定目标、确保交流、确保组织其他质量目标和预期结果可获得必要的资源以及管理评审等相关的过程。

——资源管理过程：这包括一切提供资源的过程，而这些资源是实现组织的质量目标及预期结果所必需的。

——实现过程：这包括能实现组织预期结果的一切过程。

——测量、分析与改进过程：这包括测量、收集绩效分析数据、改进有效性和效率所必需的过程，具体包括测量、监视、审核、绩效分析及改进(例如，纠正与预防措施)。测量过程通常被记录为管理、资源和实现过程的组成部分，而分析及改进过程一般作为独立过程，这种独立过程与其他过程相互作用，接受测量结果的信息，同时为改进其他过程而输出信息。

4 过程方法的理解

过程方法是为顾客和其他相关方创造价值的、有力的组织与管理活动。

组织经常被设计成职能部门的层级结构，根据在职能部门间责任划分，进行垂直管理。

对于所有的参与者而言，最终顾客或其他相关方并不总是明确的。因此，在部门接口边界出现的问题往往不会像本部门的短期目标那样得到优先考虑。这就导致很少或没有针对相关方的改进，因为措施往往关注职能，而不是预期的产出。

过程方法引入水平管理，跨越不同职能部门之间的壁垒并把他们的关注焦点集中到组织的主要目标上。

过程方法也改进了过程接口的管理。（参见附图2）

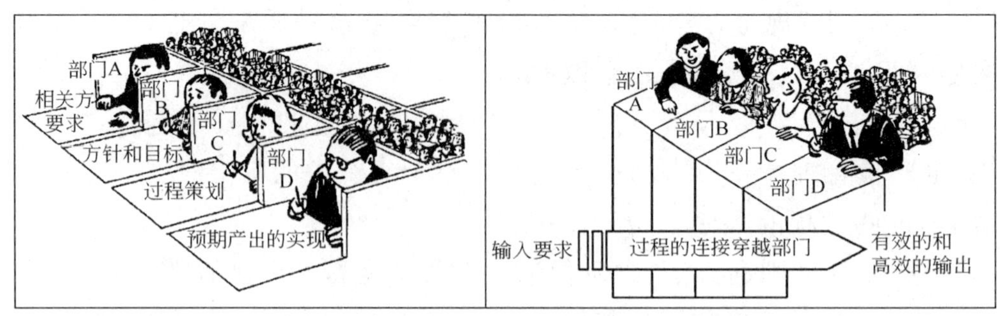

附图2 一个组织中过程联系的例子

组织采用过程方法可提升其绩效。组织可将其过程当作一个“系统”进行管理，此系统包括过程网络和过程间的相互作用，便于组织对增值有更好的理解。

注：组织过程网络的协调运作常被称作管理的“系统方法”。

一个过程的输出可能是其他过程的输入，并与整个网络或系统相互联系在一起（要了解一般例子，参见附图3和附图4）。

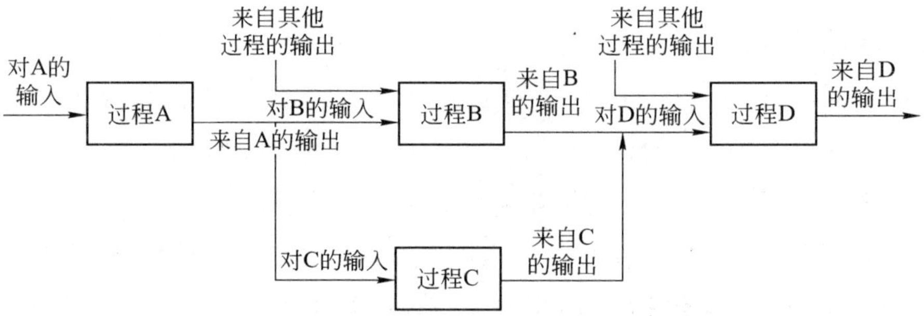

附图3 一般过程顺序的例子

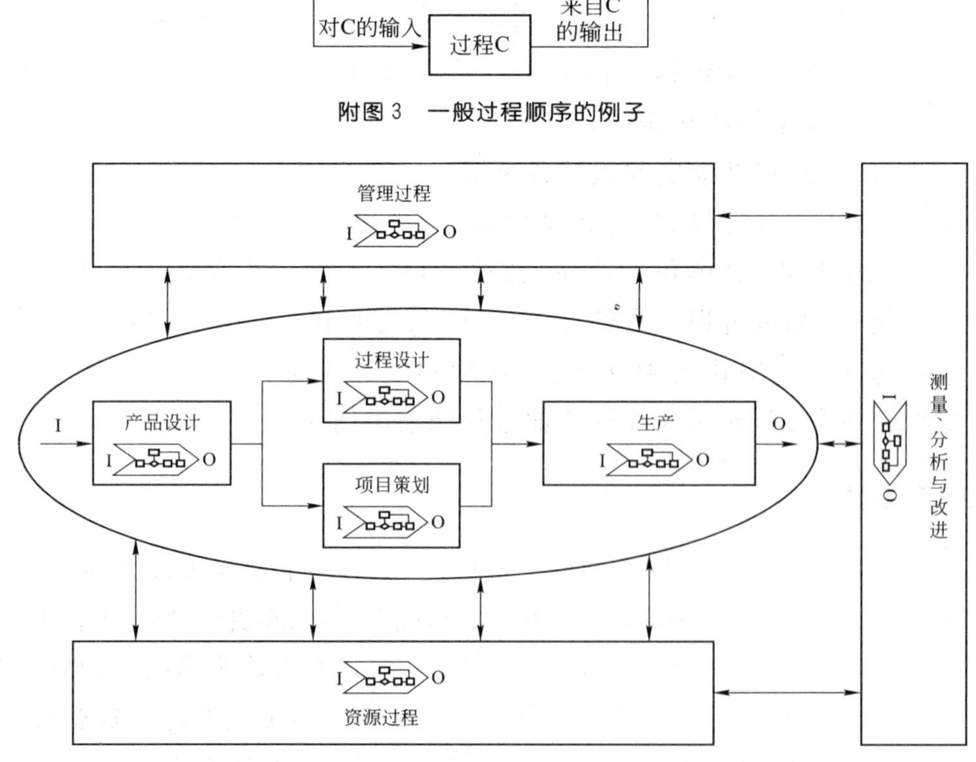

注：I—— 输入；O—— 输出。

附图4 过程顺序和它的相互作用

5 实施过程方法

下列实施方法可应用于任何类型的过程。这些步骤顺序仅是一种供参考的方法，而并非固定不变，某些步骤也可同时进行。

5.1 组织过程的识别

过程方法实施步骤	做什么？	指 南
5.1.1 确定组织的宗旨	组织应识别其顾客和其他相关方，以及他们的需求和期望，以确定组织的预期输出。	收集、分析和确定顾客和其他相关方的要求、其他需求与期望。经常与顾客和其他相关方沟通来确保持续了解他们的要求、需求与期望。 确定将要应用到组织内的质量管理、环境管理、职业健康与安全管理、商业风险、社会责任和其他管理体系的要求。

⇓

过程方法实施步骤	做什么？	指 南
5.1.2 确定组织的方针与目标	根据要求、需求和期望，确定组织的方针和目标	最高管理者应决定组织应该致力于哪些市场并制定相关的方针政策。然后管理者应根据这些方针政策，为预期的输出建立目标（即产品、环境绩效、职业健康与安全绩效等）。

⇓

过程方法实施步骤	做什么？	指 南
5.1.3 确定组织中的过程	识别产生预期输出所需的所有过程。	确定取得预定输出所需的过程。这些过程包括管理、资源、产品实现和测量与改进的过程。识别所有过程的输出和输入，以及供方、顾客和其他相关方（可能是内部的和外部的）。

⇓

过程方法实施步骤	做什么？	指 南
5.1.4 确定过程的顺序	确定各过程如何按顺序和相互作用运行。	确定并建立对过程网络和相互作用的描述。考虑下列内容： ● 每个过程的顾客； ● 每个过程的输入和输出； ● 哪些过程相互作用； ● 接口及其特性； ● 相互作用的过程的时间安排和顺序； ● 顺序的有效性和效率。 注：作为一个例子，产品实现过程（将产品交付给顾客）将与其他过程（如管理、测量与监视及资源提供过程）相互作用。 组织可以使用例如模块图、矩阵和流程图等方法和工具支持过程顺序和相互作用的开发。

5.1.5　确定过程的责任者（process owner）	为每个过程分配职责和权限。	管理者应确定相应人员分工和职责来确保每个过程和其相互作用的实施、保持和改进。该类人员通常被称为“过程责任者”（process owner）。 组织建立一支通览所有过程，并由来自所有相互作用过程的代表所组成“过程管理团队”，将有助于有效管理过程间的相互作用。

5.1.6　确定过程文件	确定那些要形成文件的过程以及如何形成文件。	没有必须形成文件的过程“目录”或清单。形成文件的主要目的是使各过程一致地、稳定地运行。 组织应根据下面的因素来确定哪些过程要形成文件： ● 组织的规模和活动的类型； ● 过程及它们相互作用的复杂性； ● 过程的重要性； ● 具有能力人员的具备情况。 当需要把过程形成文件时，可使用很多不同的方法，如图形表示法、书面指导书、检查清单、流程图、可视媒介或电子的方法。 注：更详细的指南可参见“ISO 9000 介绍及支持文件包：ISO 9001：2008 文件要求指南”。

5.2　过程的策划

过程方法实施步骤	做什么？	指　　南
5.2.1　确定过程内的活动	确定达到预期的过程输出所需的活动。	定义过程所要求的输入和输出。 确定将输入转变为预期输出而需要的活动。 确定和定义在过程中的活动的顺序和相互作用。 确定每一活动实施方式。 注：在某些情况下，顾客不仅会对输出提出要求，而且也会对过程的实施方法提出要求。

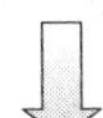

5.2.2 确定监视和测量要求	确定应在何处和如何实施监视与测量。应考虑对过程与预期输出的控制和改进。监视可在任何情况下进行，而测量未必可行。但是，测量可以提供更多的过程绩效客观数据，因此，它是一种极其有效的管理和改进工具。 确定进行结果记录的需求。	确立过程控制和过程绩效的测量和监视准则，以确定过程的有效性和效率，应考虑下列因素： ● 与要求的符合性； ● 顾客满意度； ● 供方绩效； ● 及时交付； ● 订货与交货间隔； ● 故障率； ● 废品； ● 过程费用； ● 事故频率。

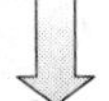

5.2.3 确定所需的资源	确定每个过程有效运行所需的资源。	资源的例子包括： ● 人力资源； ● 基础设施； ● 工作环境； ● 信息； ● 天然资源； ● 材料； ● 财务资源。

5.2.4 根据既定目标来验证过程	确认过程的特性和组织的目的是一致的(参见5.1.1)。	验证在5.1.1中识别的所有要求得到满足。若未满足，则应考虑需要什么其他的过程活动并回到5.2.1对过程加以改进。

5.3 过程的实施和测量

组织应按策划实施过程和过程活动。

组织可制定过程实施项目，包括但不限于：

- 沟通；
- 意识；
- 培训；
- 变更管理；
- 管理层参与；
- 适用的评审活动。

组织应按计划实施测量、监视和控制。

5.4 过程的分析

组织应分析并评价从监视和测量中获得的过程数据,来量化过程绩效。适当时,使用统计方法。

将过程绩效测量的结果与过程要求比较,以确认过程的有效性、效率和是否需要纠正措施。

根据对过程信息的分析结果来识别过程改进的机会。

适当时,向最高管理者和组织内的其他相关方报告过程绩效。

5.5 过程的纠正和改进措施

组织应确定实施纠正措施的方法,其中包括识别并消除问题(例如错误、缺陷、缺少适当的过程控制)的根本原因。应评审所采取行动的有效性。按计划实施纠正措施并验证其有效性。

一旦实现了预期的过程结果并满足了过程要求,组织应持续将工作关注放在将过程绩效提高到更高水平的措施上。

组织应规定和实施改进的方法(例如过程的简化、增加效率、提高有效性、降低过程周期时间等),并验证改进的有效性。

组织可以使用风险分析工具来识别潜在问题。这些潜在问题的根本原因应得到识别和消除,以避免其在所有含同类所识别风险的过程中发生。

PDCA 方法是确定、实施和控制纠正和改进措施的一种有用工具。关于 PDCA 循环已有大量各种语言的论述。

P—— 确定产生与顾客、法律及规定的要求和组织的方针相符的结果所必需的目标和过程。

D—— 实施各过程。

C—— 对照方针、目标和产品要求,监视和测量过程和产品,并报告结果。

A—— 采取措施持续改进过程绩效。

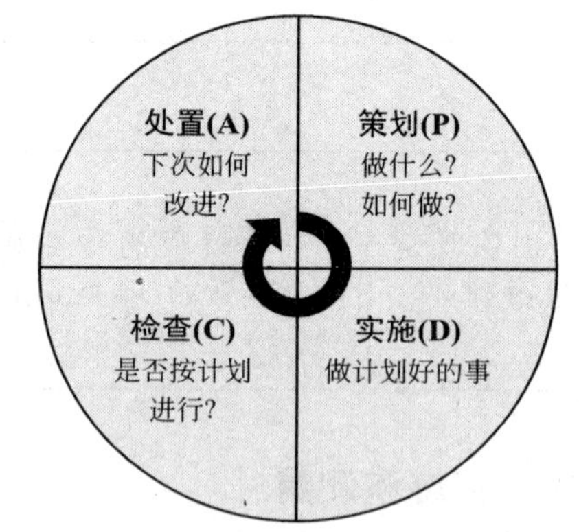

PDCA 是一种动态方法,可以在组织内的各个过程中及过程间的所有相互作用间进行实施。它与策划、实施、验证及改进等过程密不可分。

通过在组织内的各个层面上运用 PDCA,可以达到保持并改进过程绩效的效果。这也适用于全部过程,从高层次的战略过程,到简单的运营活动。

附录十三

ISO 9000 介绍及支持文件包:“外包过程”指南

（ISO/TC 176/SC 2/N 630R3）

2008 年 10 月 15 日

1 引言

本文件旨在就 ISO 9001:2008 的条款 4.1 有关外包过程控制的内容提供指南。

ISO 9001:2008 条款 4.1:

“组织如果选择将影响产品符合要求的任何过程外包,应确保对这些过程的控制。对此类外包过程控制的类型和程度应在质量管理体系中加以规定。

注 1:上述质量管理体系所需的过程包括与管理活动、资源提供、产品实现以及测量、分析和改进有关的过程。

注 2:“外包过程”是为了质量管理体系的需要,由组织选择,并由外部方实施的过程。

注 3:组织确保对外包过程的控制,并不免除其满足所有顾客要求和法律法规要求的责任。对外包过程控制的类型和程度可受诸如下列因素影响:

a) 外包过程对组织提供满足要求的产品的能力的潜在影响;

b) 对外包过程控制的分担程度;

c) 通过应用 7.4 实现所需控制的能力。”

2 指南

2.1 “外包过程”是什么?

根据《牛津英语词典》的定义,“外包”这个动词是指“通过签订合同,从组织或区域外的某个来源获得;把(工作)承包出去”。

根据 ISO 9001:2008 条款 4.1 注 2 的定义,“外包过程”是指组织内质量管理体系需要、组织决定由外方实施的过程。

注:根据 ISO 9000:2005 条款 3.4.1 的定义,“过程”是指“将输入转化为输出的一组相互关联、相互作用的活动”。

外包过程可以由完全独立于组织的供应商来实施,也可以由同属某一组织的其他机构(例如不属同一质量管理体系的不同部门)来实施。可以在组织内的办公场所或工作环境内提供,也可以在独立地点提供,或是以其他方式提供。

2.2 条款 4.1 的目的

ISO 9001:2008 条款 4.1 旨在强调,当组织决定外包(永久性或临时性)某个影响产品质量符合性的过程(参见ISO 9001:2008条款7.2.1)时,组织不可忽视这个过程,也不可将其排除在质量管理体系之外。

组织必须证明其施加了足够的控制,以保证该过程的实施符合ISO 9001:2008的相关要求以及组织质量管理体系的任何其他要求。对外包过程控制的性质将取决于外包过程的重要性、相关风险以及供应商满足过程需要的能力。根据控制的性质,组织应考虑质量管理体系涉及的过程,包括管理活动、资源供应、产品实现与测量、分析及完善的过程。外包组织未必需要经过质量管理体系认证,但是,该组织必须证明其有能力控制上述过程。

外包过程会与组织质量管理体系中的其他过程发生相互作用(这些其他过程可能由组织自身实施;可能其自身也是外包过程)。组织也需要对上述过程间的相互作用进行管理[参见ISO 9001:2008条款4.1a)与b)]。

2.3 外包过程的控制

2.3.1 外包过程的获得一般取决于组织运用ISO 9001:2008条款7.4“采购”及条款4.1“总要求”的要求来实现必要控制的能力。

如注解所述,组织在有些情况下可能不会从传统意义上“采购”外包过程。例如,组织可能会从公司总部或同一组织的其他部门得到服务,没有发生金钱交易(参见上述第2.1条)。但是,在这样的情况下,ISO 9001:2008条款7.4及条款4.1仍然适用。

2.3.2 在确定外包过程的适当控制程度时,有两种情况经常需要考虑:

a) 组织有能力实施某个过程,但决定将该过程外包(出于商业或其他原因):

在这种情况下,外包过程控制准则应已具备,并可转化为针对外包过程供应商的要求(如果必要的话);

b) 组织没有能力独立实施某个过程,决定将该过程外包:

在这种情况下,组织务必要保证外包过程的供应商所提出的控制措施是充分的。有时需要聘请外部专家来进行评估。

2.3.3 当组织与供应商签订合同时,双方规定控制外包过程的某些或全部方法可以省去不少麻烦,或者甚至是必要的环节。外包过程的潜在影响取决于发包方在提供符合规定的产品方面的能力。然而,应特别注意,不要妨碍供应商对外包过程的创新。

组织对外包过程的控制程度取决于产品符合要求的必要性。

确保控制外包过程,不免除组织符合客户及法规的所有要求的责任。

2.3.4 某些情况下,后续的监视或测量也无法对外包过程的输出进行核实。如果遇到这种情况,组织要确保对外包过程的控制包括了符合ISO 9001:2008条款7.5.2规定的过程确认。